广东构建竞争力导向的新型农业政策与体制研究

谭砚文　李丛希 等　著

中国农业出版社
北　京

图书在版编目（CIP）数据

广东构建竞争力导向的新型农业政策与体制研究/谭砚文等著．—北京：中国农业出版社，2019.12

ISBN 978-7-109-25768-9

Ⅰ.①广…　Ⅱ.①谭…　Ⅲ.①农业政策-政策体系-研究-中国　Ⅳ.①F320

中国版本图书馆 CIP 数据核字（2019）第 158214 号

中国农业出版社出版

地址：北京市朝阳区麦子店街 18 号楼

邮编：100125

责任编辑：贾　彬　　文字编辑：耿增强

版式设计：杨　婧　　责任校对：吴丽婷

印刷：北京中兴印刷有限公司

版次：2019 年 12 月第 1 版

印次：2019 年 12 月北京第 1 次印刷

发行：新华书店北京发行所

开本：700mm×1000mm　1/16

印张：14.25

字数：288 千字

定价：48.00 元

参与本书撰写的人员名单

本书撰写过程中，以下人员付出了辛勤劳动和智慧，特此表示感谢！

张梦鸽，华南农业大学经济管理学院硕士研究生，参与撰写第2章

曾华盛，华南农业大学经济管理学院博士研究生，参与撰写第4章

王蓓欣，华南农业大学经济管理学院硕士研究生，参与撰写第5章

罗观长，华南农业大学广东农村政策研究中心研究助理，参与撰写第8章及文献的整理工作

林晓贤，华南农业大学经济管理学院硕士研究生，主要负责文献搜集、整理工作

摘　要

当前，在中国特色社会主义进入新时代，经济发展步入新常态背景下，提质增效、转型升级已然成为深化改革的迫切要求。广东省地跨热带、亚热带，农业资源丰富，然而农业生产成本较高、土地细碎化、经营规模小、资源禀赋约束及农业技术创新动力不足等短板，导致了广东省农业比较优势及竞争力不断下降，使广东正面临着农产品有效供给不足、粮食安全及农产品质量难以保证等困境。为此，急需结合广东农业生产与贸易的发展情况，对全省农产品竞争力进行全面测度，并在此基础上重构农业政策框架，调整农业政策导向，改革农业政策体系和制度，以实现农民增收、粮食增产、农产品提质增效、农业竞争力增强以及加快农业现代化发展。本研究的主要内容及结论如下：

（1）本研究通过对广东农业生产与贸易发展情况进行总结，对比主要农产品成本情况收益。研究发现，2000年以来，广东农业持续发展，产业结构和布局不断优化，生产和贸易的总体规模不断扩大。但农业生产增长速度相对缓慢，区域生产地位趋于下降，传统优势农产品优势地位明显弱化，生产萎缩与农产品进口需求旺盛等一系列矛盾进一步加大。通过对广东主要农产品的成本收益进行分析后发现，主要农产品生产成本均呈大幅增长的态势，截至2016年，稻谷、花生、蔬菜、水果、甘蔗总成本年均上涨幅度分别为7.33％、8.67％、9.09％、8.97％和6.62％。成本的大幅上涨导致农产品利润空间极大压缩，近三年来，稻谷和生猪的成本利润率分别仅为0.58％和4.79％，甘蔗种植出现连续亏损；与其他省份相比，广东主要农产品生产成本偏高，利润偏低。

(2) 本研究为了客观了解广东农产品竞争力状况，运用曼奎斯特指数方法对主要农产品的生产效率进行了测度，并通过构建包括资源禀赋系数、区位商在内的综合比较优势指数，对诸如稻谷、木薯、甘蔗、蔬菜、水果等广东主要农产品的比较优势进行了综合评估。研究发现，近年来，广东主要农产品中，水稻、蔬菜、水果以及禽畜产品的生产效率均在不断提高，但与其他主产地相比仍存在提升动力不足的问题，这主要是由于技术效率偏低。同样，农产品加工行业的生产效率也在提高，但技术进步效率较低制约了整体生产效率提高；从农产品竞争力综合评估的结果来看，总体国际竞争力较弱。园艺、禽畜和水产品三大类优势农产品中，仅水产品仍具备一定的竞争力。与此同时，主要农作物产品的省域竞争优势也不明显，稻谷、薯类和豆类三大类粮食作物的比较优势整体较弱，花生、蔬菜和水果的比较优势较强，甘蔗的比较优势虽然较强，但呈现出弱化的趋势。

(3) 为测度广东农业科技竞争力状况，本研究通过构建科技竞争力指标体系，对全国各省份的农业科技竞争力进行了比较分析。研究发现，广东省农业科技具备科技研发、技术推广、科技人才以及“走出去”的地域优势。截至2016年年底，农业科技进步贡献率达到了62.7%，在全国排名第二。广东农业科技竞争力仅次于北京和江苏，在全国排名第三，这主要得益于丰富的科技资源优势。但在优势科技领域、产学研等关键环节仍存在不足。因此，要加大对广东主要农产品的科技研发支持力度，加大成果转化和推广力度，促进优势科技资源向优势农产品和特色农产品集中，进而发挥及提升广东农业的比较优势和竞争力。

(4) 本研究对广东农业支持政策效果进行了测度并给予了评价。研究发现，2007年以来，广东财政支农资金的年均增长幅度不仅低于其他泛珠三角省份，而且低于全国平均水平。广东财政支农资金占财政总支出的比重也明显低于全国及泛珠三角区域的平均水平，其比重仅为相邻的广西、江西、海南三地的一半左右，与全国平均水平的差距较大。从财政支农的效果来看，广东财政支农对农业GDP增长的贡献率不高，在泛珠三角区域中最低。从具体的粮食补贴效果来看，广东粮食补贴效率在提升，但从长远来看，提高适度规模经营和改进技术水平是效率进一步提升的发力点。

（5）为提升广东农业竞争力，政府有关部门应着力采取以下几方面措施：一是继续加强和完善农业直接补贴政策，加大对优质稻米生产经营者的支持，推动对优势农产品的农业保险补贴政策的实施，关注对新型农业经营主体的支持；二是建立对重点区域、重点产品的专项补贴政策，其中包括优质水稻生产区专项补贴、特色和优势农产品的专项补贴；三是强化一般性服务支持政策的引导作用，加大对农业综合开发、农业科技创新推广、农业社会化的支持力度；四是建立和完善现代农业金融支持体系。

华南农业大学经济管理学院

广东农村政策研究中心

2018年10月30日

目　　录

一、研究意义及目的

竞争力导向的农业政策体系是把提高竞争力作为政策目标的核心。从发达国家的发展经验来看，提升本国农产品竞争力是其农业支持保护政策的基本目标。长期以来，我国农业支持政策是以增加产出，满足产品供给为基本导向，如粮食直补、良种补贴、农资综合补贴等，但事实证明，这种支持政策已严重偏离最初的出发点，农产品竞争力不升反降。从近年来广东农业生产发展的状况来看，农业生产成本大幅上涨，比较效益大幅下降，主要农产品生产效率较低等问题，导致农产品的区域竞争力呈现出下降趋势。党的十九大和2018年中央1号文件先后提出要大力实施“乡村振兴”战略，其中产业兴旺是乡村振兴的重点，要提高农业创新力、竞争力和全要素生产率。在坚持农业农村优先发展的指导思想下，推进广东农业供给侧结构性改革，以提升农业竞争力为导向，以保障农产品有效供给和实现农民增收为目标，构建新型的农业支持政策体系，这对于促进广东农业现代化和实施乡村振兴战略具有新的时代意义。

（一）问题的提出

当前，在中国社会步入中国特色社会主义新时代，经济发展进入新常态背景下，提质增效、转型升级已然成为深化改革的迫切要求。广东省地跨热带、亚热带，农业资源丰富，然而农业生产成本较高、土地细碎化、经营规模小、资源禀赋约束及农业技术创新动力不足，导致了广东省农业比较优势及竞争力不断下降，广东正面临着农产品有效供给不足、粮食安全及农产品的质量安全难以保证等困境。因此，实现农民增收、粮食增产、农产品提质增效、农业竞争力增强以及加快农业现代化发展，急需重构农业政策框架，调整农业政策导向，改革农业政策体系和制度。

1. 国内外农产品价格差额较大，急需大力提升农产品国际竞争力

加入世界贸易组织（WTO）以来，中国农产品贸易从顺差转变为逆差，且逆差逐年扩大。2002年，中国农产品净出口额为56亿美元，但到了2004年，中国就转变为农产品净进口国，当年农产品净进口额达到49.4亿美元。

2017 年中国农产品净进口额达到 496.6 亿美元，是 2004 年的 10.05 倍。研究表明，中国农产品贸易逆差的扩大，主要原因在于国内农产品价格远远高于国际市场价格。农业部的监测数据显示，2017 年 11 月，中国稻米、小麦、玉米、大豆、食糖等国内市场价格分别比进口批发价格高出 27%、25.5%、12.3%、16.7%和 37.6%。国内粮食价格与进口粮食批发价格差额最高时曾达到 45%左右，猪肉价格更是高出国际市场价格的 1 倍以上。广东农产品贸易总额居全国第二，2017 年广东省农产品出口总额为 94.79 亿美元，进口总额 181.27 亿美元，分别占全国的 12.63%、14.53%。加入 WTO 以来，广东农产品贸易逆差不断扩大。农产品逆差从 2002 年的 4.93 亿美元增长到 2017 年的 86.48 亿美元，年均增长率为 21.04%，2017 年农产品贸易逆差占全国的比重达 17.41%，是贸易逆差最大的省份。可见，广东省农产品的国际竞争力较低。因此，在当前中国及广东省农产品国际竞争力不断下降的背景下，急需研究提升广东农产品竞争力的政策和措施，构建以提升竞争力为导向的农业支持政策体系。

2. 粮食安全形势严峻，需要发挥广东优质耕地资源的禀赋优势

作为全国第一常住人口大省和最大的粮食主销省份，2010—2017 年，广东省粮食产量维持在 1 300 万～1 400 万吨，而粮食消费量呈刚性增长，近 5 年年均增长 100 万吨。根据广东省粮食局数据资料显示，2017 年广东省粮食产量为 1 365 万吨，同比增长 0.63%，从省外采购和进口粮食共计约 4 400 万吨，同比增长 6%，2015 年全省粮食消费量 4 284 万吨。由此可见，广东粮食省内自给率严重不足，粮食安全问题不容忽视。当前，随着人均消费肉、奶、蛋和蔬菜水平的提高，人均口粮消费不断减少，但饲料用粮增加及粮食生产成本的上涨、比较效益的下降使得广东粮食生产面积和产量不断下滑。据国土资源部 2017 年初发布的《中国耕地质量等级调查与评定成果》显示，2015 年广东省拥有优、高等耕地 3 780.3 万亩*，占耕地总量的 96%，是全国耕地质量最好的省份。广东拥有高质量的耕地和较好的复种条件，但粮食平均产量却低于全国平均水平，这说明，广东省的粮食生产并没有充分发挥其耕地资源的质量优势，粮食增产空间较大。因此，如何制定相应的激励政策，提升广东粮食生产的效率和竞争力，保障粮食安全，是当前农业供给侧结构性改革背景下亟待深入研究的重要课题。

---

* 亩为非法定计量单位，1 亩等于 1/15 公顷。——编者注

3. 主要农产品的区位比较优势不断降低，迫切需要构建以提升竞争力为核心的政策体系

随着土地及劳动力等生产要素价格的上涨，造成了农业生产成本逐年提升。与广西、湖南、江西、福建等华南地区的其他省份相比，广东省稻谷、甘蔗、生猪、鸡蛋及牛奶等主要农产品的区域竞争力逐渐消退。按成本收益分类[①]，广东农产品区域竞争劣势在于：一是单产水平较低。2016 年，广东稻谷单产为 5 760 千克/公顷，比全国平均水平低 15%，也远低于湖南、福建、江西的单产水平；大规模奶牛产量为 5 200 千克/头，仅为全国平均水平的 71%，福建省的 61%。二是价格劣势。在主要农产品中，除大规模养殖的肉鸡出售价格低于广西，其他农产品价格均高于华南地区其他省份。三是成本劣势。2008—2016 年，广东省早稻的人工成本和土地成本分别上涨 174%、53%，成本利润率由 23.13%降至−0.91%；甘蔗人工成本和土地成本分别上涨 136%、125%，成本利润率为全国平均水平的 79%。2016 年，广东省早稻生产成本高出华南其他省份 13%～28%、蛋鸡生产成本高出福建省约 22%、露地西红柿生产成本高出江西省 30%。因此，如何降低农产品生产成本，提高生产效率，进一步挖掘广东省主要农产品生产潜力，提升广东省农产品竞争力，是一个迫切需要研究的课题。

（二）研究意义

本研究将在测度广东主要农产品区域比较优势和生产效率的基础上，评估现有农业政策的实施绩效，进而从降低成本、优化结构、提高生产效率、提升产品质量和创新品种等多维度、多层面构建以提升竞争力为导向和核心的农业生产支持政策体系。本项研究对于推进广东省农业供给侧结构性改革，转变农业发展方式，促进广东现代农业的发展，都具有重要的理论和现实意义。

（三）研究目的

本研究以党的十九大及其历次全会精神为指导，以支持政府科学决策为研究目标，一方面从“创新”的角度探讨以提升生产效率为核心的具体措施，另

① 数据来源：《全国农产品成本收益资料汇编》(2017、2009)。

一方面将从“系统”的角度构建以提升竞争力为导向的农业生产支持政策体系。基于此，本研究的目的在于：第一，基于广东省农业自然环境资源禀赋，对比广东与国内其他省份、国际主要农产品市场情况，通过比较分析主要农产品生产成本、价格、收益率及生产效率，挖掘广东省优势特色农产品的生产潜力，从而有针对性地提出农业种养结构调整及优化的政策；第二，通过分析广东已有农业政策的实施绩效，挖掘政策本身及实施过程中存在的突出问题，考察广东现有主要农业政策执行的体制机制，进而提出完善农业支持政策和制度的政策建议；第三，通过分析广东省农业科技研发、技术推广、科技人才优势，提出重点支持有利于发展广东现代农业产业体系和优势农产品的政策体系，进而构建以提升竞争力为导向的农业生产支持政策体系，为广东省制定农业发展战略提供科学的决策参考。

(四) 国内外研究动态

早在20世纪50年代，部分学者针对农产品国际贸易相关问题进行了研究，但囿于研究理论与条件的限制，对农业竞争力的研究范式未取得重要突破。20世纪80年代以来，在世界经济论坛（WEF）、经济合作与发展组织（OECD）等机构和迈克尔·波特等学者的推动下，对国家或区域竞争力的研究转向产业，形成较为成熟的研究范式。当前，国内外学者对农业竞争力的研究侧重于基于比较优势理论，对各国农产品的比较优势进行测度，分析农产品在国际市场中的竞争力；另一方面则基于一国农业发展现状，从基础设施建设、技术进步和农业综合生产能力等方面分析一国或一个地区、产业如何更好地提升农产品市场竞争力。

1. 农业竞争力的概念及其理论应用

农业竞争力概念源自国家竞争力，20世纪80年代以来，国外部分学者以一个政治与经济独立的国家为研究对象，在国家层面分析其竞争力问题。美国总统竞争力委员会（Cohen，1985）将国家农业竞争力定义为“在自由良好的市场条件下，能够在国际市场上提供好产品、好服务的同时又能提高本国人民生活水平的能力”。然而，从国家视角研究竞争力问题具有研究对象和视野的局限性，为此，波特（1996）将产业融入国家竞争力的研究中，其在《国家竞争优势》一书中从产业层面对国家竞争力进行分析，通过构建著名的竞争力“钻石模型”——从需求情况，生产要素情况，关联产业，企业战略，企业结构和同类竞争，政策价值及机遇等6个方面，描述了影响企业开发其自身竞争实力的经济环境因素及一个国家或某个特定领域如何获得国际性竞争力并进而取得垄断性的行业地位。波特“钻石模型”突破了以往比较优势理论的逻辑框架和分析范式，为国家的产业竞争力研究和国际贸易理论的新发展做出了重要的理论贡献。

国内关于农业竞争力的研究始于 20 世纪 90 年代，其中蔡昉（1994）较早地对比较优势与农业发展政策开展了研究，认为当前封闭式的农业保护政策从长期来看有较大风险，体现在对国际贸易比较优势利用得不充分。而后《中国国际竞争力发展报告（1996）》对农业国际竞争力进行了界定，从农业基础条件、经济社会环境、农业价值创造出发，认为农业国际竞争力是一个国家或地区农业的综合生产能力（国家经济体制改革委员会经济体制改革研究院 等，1997）。21 世纪以来，农产品竞争力引起了学界高度兴趣，诸多学者从主要农产品比较优势的定量研究（刘林青，周潞，2011；谢国娥 等，2011；钟甫宁 等，2001）、农产品生产成本的国际比较（顾和军，2008；黄季焜，马恒运，2000；李豫新，李婷，2011；杨青龙，2011）等方面，开展了大量的研究；并基于比较优势，分析不同区域种植业生产布局优化问题（马丽荣，王恒炜，2014；蔡昉，王德文，2002；靖飞，2008）。

2. 农业竞争力的研究进展

当前，对农业竞争力的研究已经实现由理论研究向理论与实证并重的方向转变，其中农业竞争力的测量与评价是最为关注的一大领域。为更好地分析一国或地区农业竞争力在国际市场上的地位，诸多学者在建立农业竞争力评价模型和方法，构建农业竞争力评价指标体系等方面进行了较为深入的研究。

(1) 农业竞争力的要素构建及评价模型。 农业竞争力的形成并不是一蹴而就，而是具有内在的逻辑机理。自迈克尔·波特提出“钻石模型”以来，诸多学者从国际竞争力和产业竞争力的视角，分析农业竞争力的影响因素和要素构成，进而构建了农业竞争力评价模型。Alavi（1999）提出两因素评价模型农业竞争力分析法，其认为国家竞争力与本国人力资源、金融和市场经济发育条件等宏观环境因素有关，同时又受企业生产效率、灵活性等企业内部因素的影响。金碚（1997）和 Dong－Song 与 Hwy－Chang（2000）对“钻石模型”进行细化和扩展，提出因果分析模型和九因素分析模型，然而其评价模型总体离不开波特所强调的生产要素，需求条件，相关与支持性产业，企业战略、企业结构、同类竞争，政府和机会六要素。而在农业竞争力影响因素的研究上，部分学者从技术效率的角度分析农业经济增长（Hutchinson，Langham，Begemann，1997），Uvarovsky 和 Voigt（2000）基于俄罗斯 75 个行政区域 1993—1998 年的空间面板数据研究表明，技术效率能够有效促进区域农业经济增长，并提出了增强农业竞争力的技术进步作用机理；也有学者从某一特定因素提出其对农业竞争力的影响，如政府对农业的保护与支持、农业结构的调整是提高农业国际竞争力不可或缺的因素（Reiljan Kulu，2005；帅传敏 等，2003）；提升农产品附加值、延长产业链是实现农产品竞争力提升的关键（Mosoma，2004）；农产品价格和质量的差异化、产品结构、流通效率、营销能力、汇率等内外部因素（Sagheer，2009；刘雪芬 等，2013；杨苗苗，丁家云，2014；张瑞荣 等，2010）。黄祖辉等（2010）等运用双钻石模型，基于国内和国际两个层面，在波特四大基本要素的基础上，纳入政府的行为及产业相关的国际影响考察了浙江省农产品国际竞争力的影响因素。刘林青、周璐（2011）则从一个全新的角度，利用基于全球价值链理论的产业国际竞争力二维评价模型和新的农产品分类方法评价我国的农产品的竞争力，发现我国农产品在国际市场上的份额呈上升趋势，且出口的加工产品增长较快，整体向高附加值环节集聚。可以看出对农产品出口竞争力的测算方法在不断发展，但部分文章过于着重模型的建立，忽视了理论基础和出口竞争力变化原因的分析。

（2）农业竞争力评价方法。随着学者们对农业竞争力研究的深入，国内外学者在农业竞争力评价方法研究上逐步从单一指标评价向综合评价方向转变。受比较优势理论的影响，显性比较优势指数（RCA）(Rosen et al.，2004；李勤昌，高琪，2013；厉为民，1991；刘明霞，2013)、贸易竞争指数（TC)(陈俭等，2014；谢汶莉，李强，2015)、产业内贸易指数（Fertö，Hubbard，2007；丁存振，肖海峰，2018；张国梅，宗义湘，2018)、国内资源成本系数测度（DRC)(Isikli，2007；Gorton，et al.，2001；齐城，2008；王福重，朱丽丽，2006）等指标成为学者们较为常用的评价方法。帅传敏、程国强、张金隆（2003）构建出口商品国际竞争力的等市场份额（CMS）模型和显性比较优势（RCA）法，对中国农产品整体国际竞争力的长期变化趋势研究发现，中国农产品国际竞争力呈下降趋势的主要原因在于农产品结构不优、市场结构单一。在农产品商品结构上，土地密集型、鲜活原料型农产品的比较优势逐渐丧失，而劳动密集型和深加工型农产品的比较优势在显著上升。王纪元、肖海峰（2018）则运用 GL 指数和 GHM 分类方法，测算了 1992—2015 年中国与东盟 10 国农产品产业内贸易指数，研究表明中国与东盟农产品产业内贸易发展呈现先降后增态势，并且呈现出明显的垂直型产业内贸易特征，在产品类别、国别之间也显示了较大差异；进一步采用随机效应面板 Tobit 模型回归发现，双方经济规模差异以及贸易距离对农产品产业内贸易具有显著抑制作用，而外商直接投资（FDI）和对外开放程度则对农产品产业内贸易具有显著促进作用。石琦等（2015）则将比较优势与政策支持水平纳入到政策分析矩阵（PAM）中来构建了国内资源成本率（DRC）、可贸易产出名义保护系数（NPCO）、生产值补贴（PSR）等 7 个指标测量 2002—2011 年中国油料作物的比较优势、政策支持水平及两者之间的匹配程度，研究结论表明，油料生产政策支持水平与油料品种比较优势不匹配，存在政策干预效果不明显、可持续发展能力弱的问题，由此可能降低国内不同油料品种生产之间资源配置的效率，难以发挥优势品种的比较优势。

近年来，一些综合评价的方法也在农业竞争力分析中不断得到应用，如主成分分析法、模糊综合评价法、灰色关联度法等。胡跃（2012）基于主成分分析法对浙江农产品出口竞争力进行研究，发现浙江农产品竞争力总体呈上升趋势，相比于山东、江苏和福建，其在农产品出口市场占有率、出口贡献率等方面具有优势，而在主要农作物人均产量、农业投资等方面具有劣势。侯彦明、郭振（2016）则从区域竞争力的视角，基于模糊三角数评价标度的群组专家参与的评价方法，实证分析了黑龙江 4 个区域内农业竞争力现状。王友丽、王健（2010）也从区域竞争力视角，应用逼近理想点法对渔业生产能力进行评价，提出实现渔业竞争力的途径在于加大科技投入、培育产业集群、推行区域品牌战略、提升劳动力技术水平。李兰英等（2013）运用灰色关联分析法对柑橘市场竞争力的影响因素进行实证分析，发现农业专业技术人员、柑橘种植面积等因素对柑橘的生产效率关联性较强；而农村信息化程度、农业事业机构总数等影响因素对柑橘贸易竞争力的关联性较强。

(3) 农业竞争力评价指标体系。对农业竞争力进行量化研究的增加，使国内外学者逐步建立了较为系统的农业竞争力评价指标体系，然而受数据获得性及客观性的影响，部分评价指标体系仍存在偏差，学者们对同一区域相同对象的研究可能得出不一致的结论。为从多个层面评价农业综合国际竞争力，对贸易竞争力指数（TC）、产业内贸易指数（IIT）、显示性比较优势指数（RCA）、相对贸易优势指数（RTA）、显示性竞争优势指数（CA）等指标的综合处理成为学者们分析区域农产品的国际竞争力的重要途径（Ferto，Hubbard，2003；Sassi，2003）。连耀山（2012）在分析农产品贸易竞争力的过程中，运用了出口市场份额、显性比较优势指数和贸易竞争力指数进行评价。也有学者对农业竞争力评价指标体系进行扩展，除上述指标外，王伶

（2015）还选取了净出口额、国际市场占有率、出口依存度、出口贡献度等评价国际竞争力的8项指标，对湖北省农产品国际竞争力进行了分析，发现其农产品国际竞争力水平低于山东、福建、辽宁等农业大省与强省，但高于农产品出口大省浙江和广东。廖程胜、廖良美（2016）认为，中国对外贸易也有其优势农产品，并通过增加出口市场占有率、出口贡献率、出口增长指数、出口依存度等7个具有代表性的国际竞争力指标体系，对中国各类农产品出口竞争力进行测度。结果表明中国优势农产品为水产品、水果和蔬菜。

3. 研究述评

国内外学者对农业竞争力的研究肇始于国家竞争力，随着研究的深入，学者们发现从国家视角研究竞争力问题具有研究对象和视野的局限性。20世纪90年代以来，以迈克尔·波特为代表的学者突破了以往比较优势理论的逻辑框架和分析范式，将产业融入到国家竞争力的研究中，从而开拓了农业竞争力研究的新局面。

当前学者们对农业竞争力的研究侧重于基于国际贸易比较优势理论和波特钻石模型来评价一国或地区特定产业或企业的贸易竞争力、行业竞争力。已有研究范式能为本研究提供一定的借鉴，但也存在不足之处：其一，从研究对象看，相对于一国或企业，省域（地区）农业竞争力既体现在其农产品国际贸易竞争中，也体现在省与省之间的竞争，因此对广东农业竞争力的评价应是多维度的，这就需要构建多层次的评价体系。其二，从研究范围看，已有研究着重于模型的建立来测算产品竞争力，这一方面忽视了理论基础和出口竞争力变化原因的分析，另一方面也忽视了农业全产业链各关键环节的竞争，因此，对广东农业竞争力的研究不能局限于产品、产出的评价，也要对关键环节、要素投入和农业技术进步等方面进行综合评价。基于此，本研究将从“系统”和“创新”的角度构建以提升竞争力为导向的农业生产支持政策体系，侧重于从要素投入、加工环节和产出效益对比分析广东与国内其他省份和国际的主要农产品的生产成本、价格、收益率及生产效率，以期挖掘广东省优势特色农产品的生产潜力；同时分析广东已有农业科技投入和农业政策的实施绩效、存在的问题，考察广东农业科技和农业政策实施过程中的体制机制优劣势。

（五）研究框架

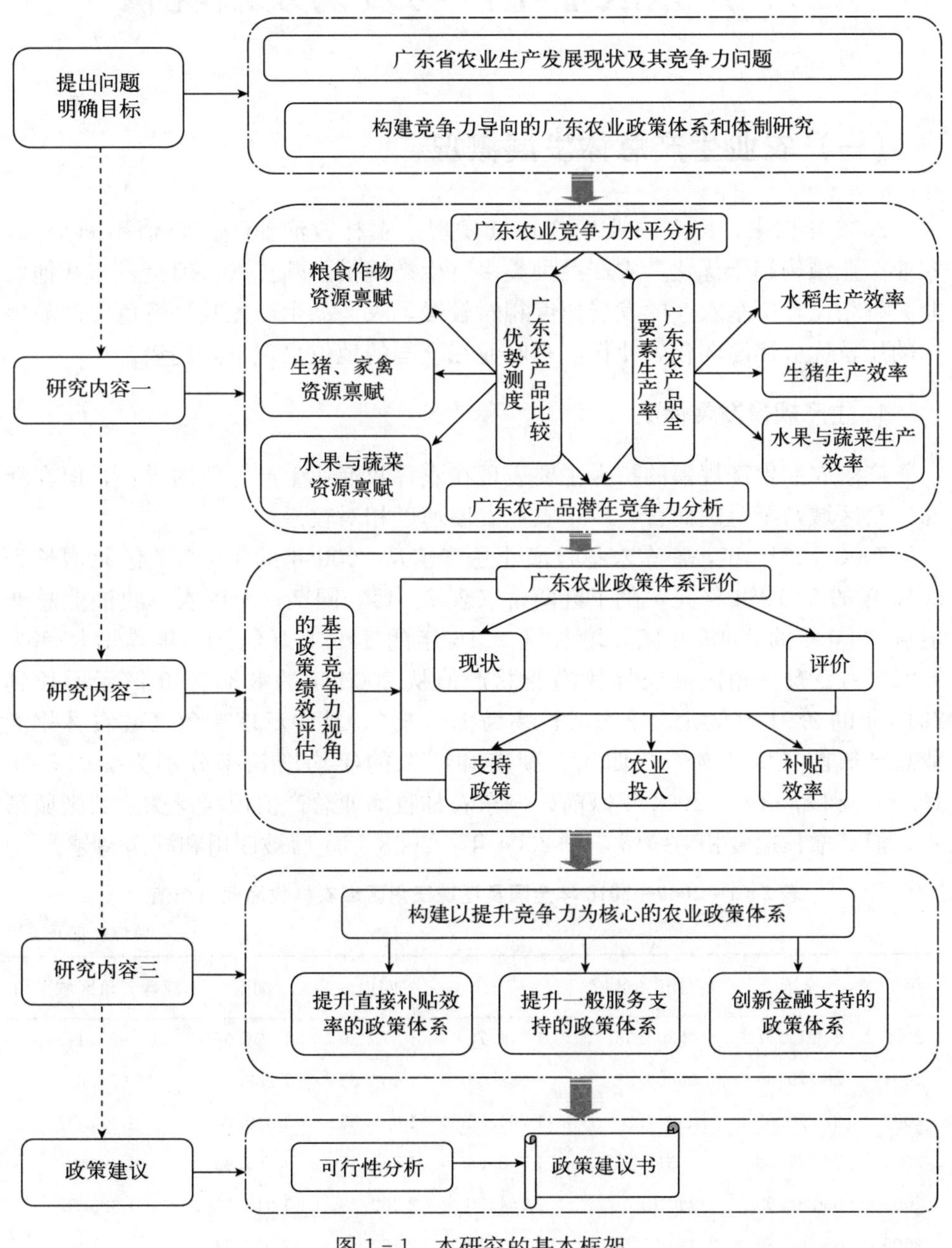

图1-1　本研究的基本框架

二、广东农业生产与贸易发展现状

（一）农业生产总体发展概况

2000年以来，广东农业生产持续发展，农林牧渔业生产总值不断提高，农业产业结构趋于优化，农产品种类多且生产规模不断扩大。但是，与其他农业大省相比，广东农业的发展速度相对较慢，农产品生产尤其是特色农产品生产的比较优势逐渐弱化，使得广东农业在全国的地位呈现下降趋势。

1. 生产规模发展情况

广东农业生产规模的扩大主要表现在农林牧渔业生产总值的增长，但在泛珠三角区域乃至全国而言，广东农业发展速度相对较慢。

2000—2016年，广东农林牧渔业总产值从2000年的1 640.7亿元增长到2016年的6 078.4亿元，翻了近两番（表2-1）。同期，全国农林牧渔业总产值从2000年的2.49万亿元增长到2016年的11.21万亿元，年均增长率为9.85%；泛珠三角区域农林牧渔业总产值从2000年的8 307.96亿元增长到2015年的3.91万亿元，年均增长率为10.16%，其中泛珠三角区域农林牧渔业总产值前三大省份——四川、湖南和广东的年均增长率分别为10.35%、10.55%和8.53%。2004年以前，广东农林牧渔业总产值位居泛珠三角区域第一，但其增长速度相对缓慢，于2004年、2008年先后被四川和湖南超越。

表2-1 2000—2016年全国及泛珠三角区域农林牧渔业总产值

单位：亿元

年份	全国	泛珠三角区域	广东	四川	湖南	泛珠三角区域平均
2000	24 915.77	8 307.96	1 640.70	1 413.29	1 221.69	923.11
2001	26 179.65	8 609.99	1 688.03	1 466.83	1 283.08	956.67
2002	27 390.65	9 044.24	1 764.85	1 600.55	1 319.93	1 004.92
2003	29 691.83	9 815.82	1 908.66	1 784.49	1 452.96	1 090.65
2004	36 238.99	11 915.74	2 154.79	2 252.28	1 913.31	1 323.97
2005	39 450.89	13 065.08	2 447.57	2 457.46	2 056.24	1 451.68
2006	42 424.38	14 149.29	2 678.26	2 602.10	2 131.91	1 572.14

（续）

年份	全国	泛珠三角区域	广东	四川	湖南	泛珠三角区域平均
2007	48 892.96	16 552.78	2 821.24	3 377.00	2 632.19	1 839.20
2008	58 002.20	19 664.50	3 298.00	3 903.40	3 324.50	2 184.94
2009	60 361.00	19 634.00	3 337.60	3 689.80	3 207.90	2 181.56
2010	69 319.80	22 182.50	3 754.90	4 081.80	3 787.50	2 464.72
2011	81 303.90	26 561.30	4 384.40	4 932.70	4 508.20	2 951.26
2012	89 453.00	29 090.30	4 656.80	5 433.10	4 904.10	3 232.26
2013	96 995.30	31 090.20	4 946.80	5 620.30	5 043.60	3 454.47
2014	102 226.10	33 257.61	5 234.21	5 888.10	5 304.80	3 695.29
2015	107 056.40	35 748.34	5 520.03	6 377.84	5 630.70	3 972.04
2016	112 091.30	39 069.50	6 078.40	6 831.10	6 081.90	4 341.10

注：2003 年开始，农林牧渔业总产值包含农林牧渔服务业产值。

资料来源：2000—2014 年数据来源于《中国农业年鉴》（2001—2015 年）；2015 年、2016 年数据来源于《中国统计年鉴》（2016—2017 年）。

2000—2016 年，广东农林牧渔业总产值占全国的比重总体呈下降趋势（图 2-1），从 6.58%下降到 5.42%，下降了 1.16 个百分点，是全国农林牧渔业总产值前八大省份中，总产值所占比重下降幅度最大的省份。2000—2006 年，广东农林牧渔业总产值占全国的比重总体在 6%以上，位居全国第四。从 2007 年开始，该比重低于 6%。2012—2016 年，广东农林牧渔业总产值在全国排名滑落到第八。泛珠三角区域中，从 2004 年开始，四川逐渐超越广东，且农林牧渔业总产值占全国的比重保持在 6%左右，其中 2007 年高达 6.91%；

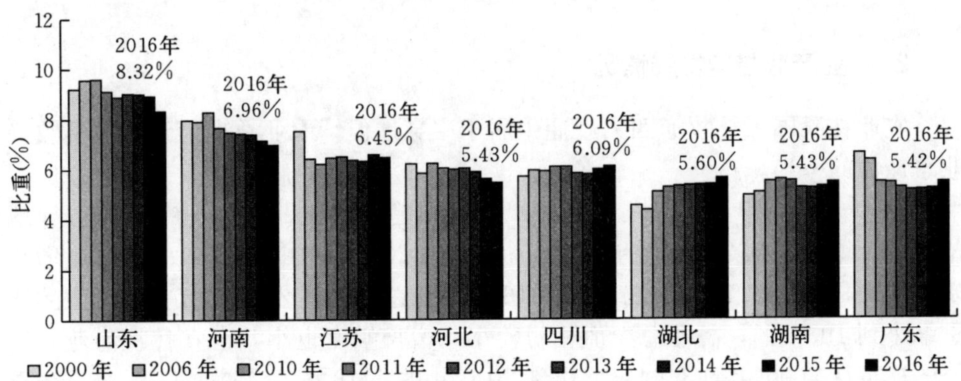

图 2-1　2000—2016 年农林牧渔业总产值前八大省份占全国的比重

资料来源：同表 2-1。

2008年，湖南农林牧渔业总产值首次高于广东。从2010年开始，湖南农林牧渔业总产值占全国比重总体下降，但始终高于广东。

广东农林牧渔业总产值占泛珠三角区域农林牧渔业总产值的比重也在下降。从图2-2可知，广东、四川、湖南、广西和福建五大省份农林牧渔业总产值占泛珠三角区域农林牧渔业总产值的75%左右。2000—2003年，广东农林牧渔业总产值占泛珠三角区域农林牧渔业总产值的比重接近20%，但随着总产值的不断下降，该比重下降到15%左右。从2000年到2016年，该比重下降了4.19个百分点，是泛珠三角区域中下降幅度最大的省份。在泛珠三角区域农林牧渔业总产值前五大省份中，四川、湖南和广西的农林牧渔业总产值占比均有所增长，其中增长幅度最大的是广西，其次是湖南和四川。

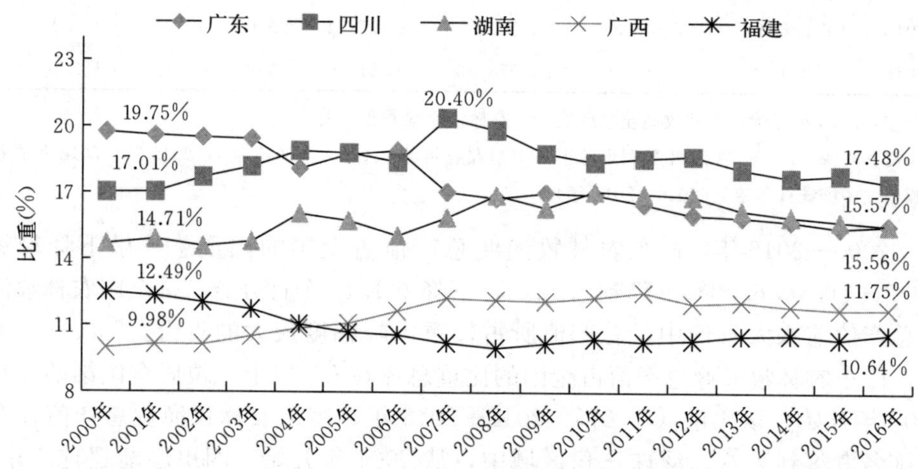

图2-2　2000—2016年广东、四川等省份农林牧渔总产值占泛珠三角的比重

资料来源：同表2-1。

2. 农业产业结构发展情况

农业在我国农林牧渔四大产业中居于主导地位，农业总产值约占农林牧渔业总产值的一半。

2000—2016年，广东农林牧渔产业结构趋于优化，其中，农业的主导地位进一步增强，从2000年的49.24%增长到2016年的51.57%；畜牧业增长幅度较大，增长6.15个百分点；2016年渔业总产值占农林牧渔业总产值的比重缩小到19.67%；林业总产值相对较小，增长幅度也小，占农林牧渔业总产值的比重从2000年的3.64%增长到2015年的5.18%，仅增加1.54个百分点(图2-3)。2003年以来，农林牧渔服务业总产值在不断增长，但其占农林牧渔业总产值的比重基本保持在3%左右。

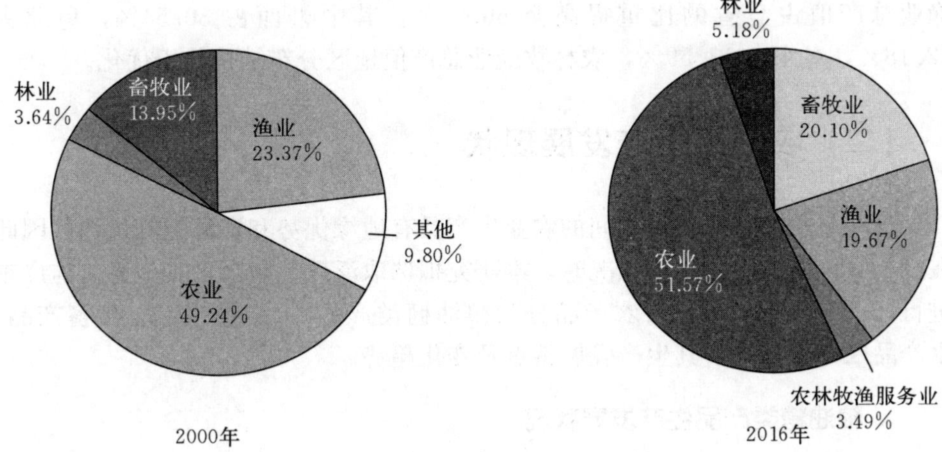

图 2-3　2000 年、2016 年广东农林牧渔业总产值构成

注：2003 年农林牧渔服务业总产值为 85.65 亿美元。

资料来源：根据《广东统计年鉴》（2001—2017 年）整理。

3. 农业总产值地区分布情况

改革开放以来，珠三角地区与粤东西北地区相比，农业区位优势明显，农林牧渔业总产值在广东省长期保持“一枝独秀”的优势，但 2000 年以来，广东各地农业发展差距得到有效改善。

从图 2-4 可知，2000 年，广东各地区农业发展不平衡，农林牧渔业总产值差距大，珠三角地区农林牧渔业总产值占全省的比重达 41.74%，粤东西北地区农林牧渔业总产值占全省的比重仅为 58.26%。随着农业资源优势的凸

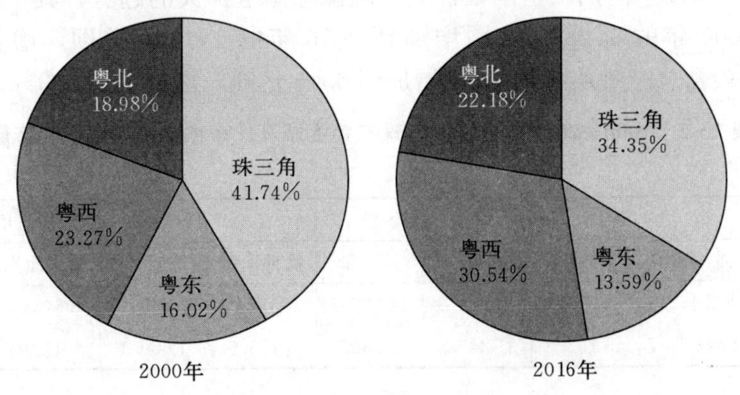

图 2-4　2000 年、2016 年广东各地农林牧渔业总产值占全省的比重

资料来源：同图 2-3。

显，粤东西北与珠三角地区的农业发展差距缩小。2016 年，粤东西北农林牧渔业总产值占全省的比重提高至 66.31%，其中粤西占 30.54%，粤北占 22.18%，粤东占 13.59%，农林牧渔业总产值地区分布结构趋于优化。

（二）农产品生产发展现状

泛珠三角区域各省份之间的农业生产具有地缘优势和资源互补优势，因此在分析具体农产品的生产状况时，本研究拟选取泛珠三角区域其他省份与广东进行比较，且将广东主要农产品分为粮油糖类产品[①]、园艺产品、禽畜产品、水产品四大类，分析其生产发展特点及变化趋势。

1. 粮油糖类产品生产发展状况

（1）粮食生产规模萎缩，单产水平增长缓慢。2000—2016 年，广东粮食生产规模大幅萎缩，突出表现在粮食播种面积持续减少和粮食总产量大幅下降。

从表 2－2 可以看出，2000—2016 年，广东粮食播种面积从 2000 年的 3 311.1 千公顷减少到 2016 年的 2 509.3 千公顷，总产量从 2000 年的 1 760.1 万吨减少到 2016 年的 1 360.2 万吨，下降幅度分别达到 24.22%和 22.72%。广东粮食播种面积下降直接导致泛珠三角区域粮食播种面积下降，2000—2016 年，广东粮食播种面积下降 801.8 千公顷，而同期泛珠三角区域下降 248.7 千公顷，这表明其他泛珠三角区域粮食播种面积增幅难以弥补广东下降速度。2000—2001 年，广东粮食总产量略高于泛珠三角区域平均水平；从 2002 年开始，两者之间的差距逐渐拉大，至 2016 年，泛珠三角区域粮食平均产量比广东高出 25.64%。同期，全国粮食生产规模总体呈扩大的趋势，其中粮食播种面积从 2000 年的 1.08 亿公顷增加到 2016 年的 1.13 亿公顷，增长幅度为 4.63%；粮食总产量从 4.62 亿吨增加到 6.16 亿吨，增幅为 33.33%。

表 2－2　2000—2016 年全国、泛珠三角区域及广东粮食播种面积和产量

单位：千公顷，万吨

年份	全国		泛珠三角区域		广东		泛珠三角区域平均	
	播种面积	总产量	播种面积	总产量	播种面积	总产量	播种面积	总产量
2000	108 462.7	46 217.5	31 933.9	14 726.5	3 311.1	1 760.1	3 548.2	1 636.3
2001	106 079.7	45 263.8	31 247.8	13 938.0	3 125.6	1 600.1	3 472.0	1 548.7

① 按照《中国农业年鉴》分类方法，粮食作物分为谷物、豆类和薯类三大类。

（续）

年份	全国		泛珠三角区域		广东		泛珠三角区域平均	
	播种面积	总产量	播种面积	总产量	播种面积	总产量	播种面积	总产量
2002	103 891.0	45 706.0	30 294.8	13 559.6	2 876.5	1 478.9	3 366.1	1 506.6
2003	99 410.1	43 069.0	29 312.7	13 335.0	2 771.9	1 430.0	3 257.0	1 481.7
2004	101 606.2	46 947.0	30 031.5	13 826.0	2 789.7	1 390.0	3 336.8	1 536.2
2005	104 278.5	48 402.0	30 320.3	14 074.0	2 786.5	1 395.0	3 368.9	1 563.8
2006	105 489.0	49 747.8	30 242.2	13 857.0	2 767.1	1 387.6	3 360.2	1 539.7
2007	105 638.4	50 160.3	28 390.0	13 678.7	2 479.5	1 284.7	3 154.4	1 519.9
2008	106 792.6	52 870.9	28 717.9	14 053.6	2 499.9	1 243.4	3 190.9	1 561.5
2009	108 985.8	53 082.1	29 275.3	14 477.3	2 538.5	1 314.5	3 252.8	1 608.6
2010	109 876.1	54 647.7	29 426.6	14 239.5	2 531.9	1 316.5	3 269.6	1 582.2
2011	110 573.0	57 120.8	29 613.3	14 486.0	2 530.4	1 361.0	3 290.4	1 609.6
2012	111 204.6	58 958.0	29 755.0	14 974.9	2 540.2	1 396.3	3 306.1	1 663.9
2013	111 955.6	60 193.8	29 922.7	14 975.9	2 507.6	1 315.9	3 324.7	1 664.0
2014	112 722.6	60 702.6	29 952.8	15 264.2	2 507.0	1 357.3	3 328.1	1 696.0
2015	113 342.9	62 143.9	29 840.3	15 378.8	2 505.8	1 358.1	3 315.6	1 708.8
2016	113 034.5	61 625.0	29 695.2	15 380.3	2 509.3	1 360.2	3 299.5	1 708.9

资料来源：2000—2014 年数据根据《中国农业年鉴》（2001—2015 年）整理；2015 年、2016 年数据根据《中国统计年鉴》（2017 年）整理。

从单产来看，广东粮食单产波动较大，增长缓慢。2000—2008 年广东单产水平在波动中下降（图 2-5），下降至 2008 年的同期历史最低水平 4 973.8 千克/公顷（331.59 千克/亩）；2009—2015 年，广东粮食单产水平在波动中上升，但增长幅度不大，7 年间增长幅度仅为 4.67%。从 2013 年开始，广东粮

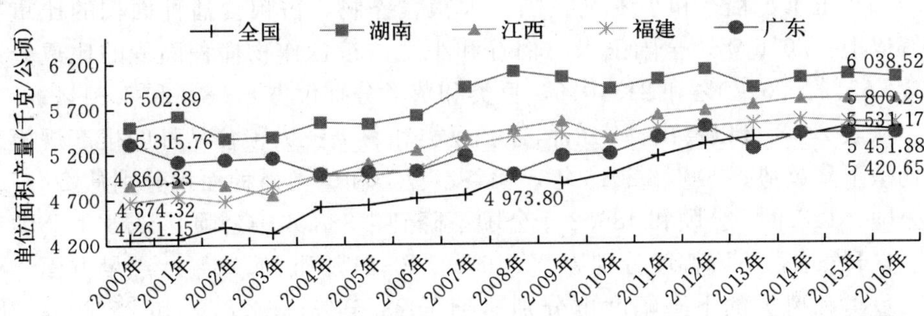

图 2-5　2000—2016 年全国及泛珠三角区域粮食单产前四大省份单位面积产量情况

资料来源：同图 2-4。

食单产总体低于全国平均水平。在泛珠三角区域粮食单产前四大省份中，单产水平最高的是湖南，远高于其他省份；2000—2016 年的 16 年间，增长速度最快的是江西，其次是福建，增长幅度分别为 19.34％和 18.33％。

从图 2－6 可以看出，2016 年泛珠三角区域 9 个省份中，粮食播种面积占农作物播种总面积比重最大的省份是四川，占比 66.34％，其次是江西和云南，分别为 66.29％和 62.55％，高出广东 10 多个百分点。2000—2016 年，泛珠三角区域 9 省份中，粮食播种面积（除江西增长 7.05 个百分点外）呈现出不同程度的下降趋势，其中下降幅度最大的是海南，下降 16.04 个百分点，其次是福建、贵州、云南和广东，下降幅度分别为 14.90％、11.48％、10.89％和 10.70％。

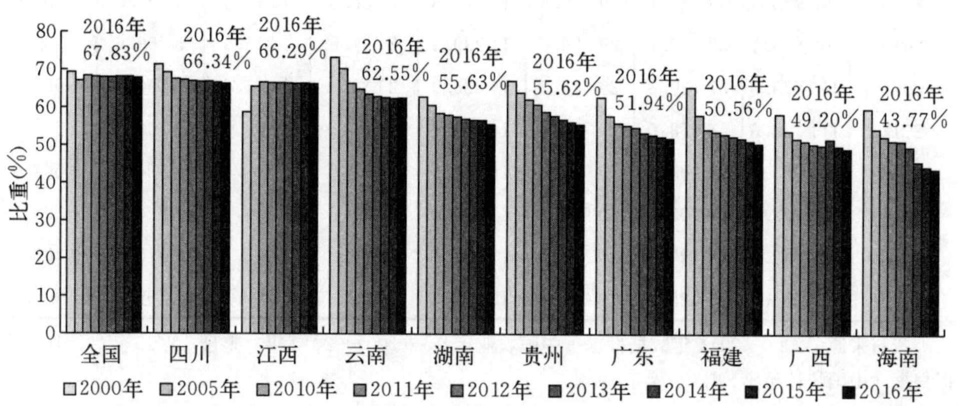

图 2－6　2000—2016 年全国及泛珠三角区域粮食播种面积占农作物播种总面积比重

资料来源：同图 2－4。

广东粮食种植结构以稻谷为主。从图 2－7 可知，2016 年稻谷播种面积占粮食播种面积的比重达 75.27％，其次是其他类 13.99％，薯类 8.20％，大豆 2.54％。玉米、稻谷和小麦是我国三大粮食作物，占粮食播种面积的比重在 70％以上。2016 年，全国玉米、稻谷和小麦占粮食作物播种面积的比重分别为 32.53％、26.70％和 21.40％，豆类和薯类分别仅占 8.58％和 7.91％。

从表 2－3 可以看出，广东稻谷、豆类和薯类三大粮食品种的生产规模总体均呈下降趋势。2000—2016 年，稻谷、豆类和薯类播种面积分别从 2 467.4 千公顷、128.4 千公顷和 486.2 千公顷下降到 1 888.6 千公顷、63.8 千公顷和 351.1 千公顷，下降幅度分别为 23.46％、50.31％和 27.79％；产量方面，稻谷、豆类和薯类的下降幅度也分别达到了 23.63％、34.87％和 25.29％；同期，粮食单产除豆类明显增长外（增长幅度为 31.35％），稻谷和薯类单产均波动较大。

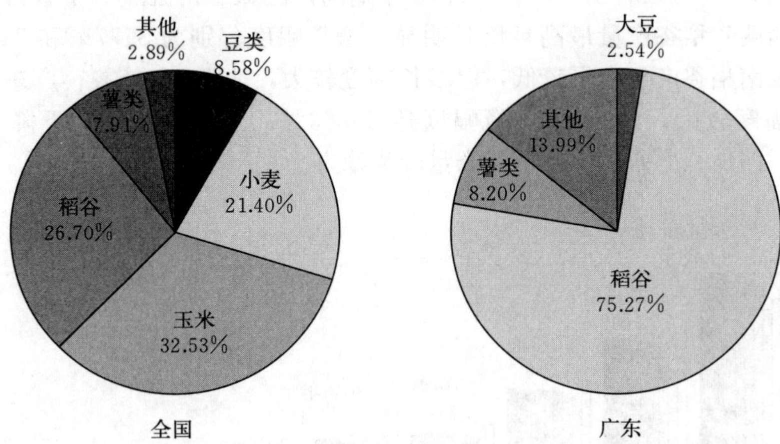

图 2-7　2016 年全国及广东主要粮食播种面积占粮食播种总面积的比重

资料来源：全国数据根据 2017 年《中国统计年鉴》整理，广东数据根据 2017 年《广东统计年鉴》整理。

表 2-3　2000—2016 年广东稻谷、豆类和薯类生产规模情况

单位：千公顷，万吨，千克/公顷

年份	稻谷			豆类			薯类		
	面积	产量	单产	面积	产量	单产	面积	产量	单产
2000	2 467.4	1 423.4	5 768.8	128.4	26.1	2 032.7	486.2	223.8	4 603.0
2001	2 369.3	1 298.3	5 479.7	119.2	25.1	2 105.7	444.6	201.9	4 542.1
2002	2 195.5	1 202.8	5 478.5	109.9	24.0	2 183.8	397.5	186.7	4 697.2
2003	2 130.6	1 170.5	5 493.8	78.8	15.4	1 954.3	378.9	177.1	4 674.8
2004	2 139.0	1 123.1	5 250.7	107.9	24.0	2 224.3	387.7	180.3	4 650.0
2005	2 137.6	1 117.0	5 225.4	108.3	24.0	2 216.1	386.4	185.5	4 800.2
2006	1 941.9	1 104.3	5 231.4	108.1	25.0	2 312.7	312.3	150.5	4 818.9
2007	1 939.0	1 046.1	5 394.8	79.7	17.6	2 208.3	317.6	157.4	4 955.9
2008	1 946.9	1 003.3	5 153.3	80.6	18.0	2 233.3	319.4	154.6	4 838.6
2009	1 959.7	1 058.1	5 399.3	79.5	18.1	2 276.7	322.5	159.8	4 954.7
2010	1 952.8	1 060.6	5 431.3	79.0	18.3	2 316.5	329.1	162.3	4 932.1
2011	1 940.9	1 096.9	5 651.4	77.2	18.2	2 357.5	331.6	164.2	4 952.5
2012	1 949.4	1 126.6	5 779.1	80.2	20.1	2 506.2	330.5	167.4	5 062.8
2013	1 908.8	1 045.0	5 474.7	80.3	20.9	2 602.7	334.5	165.9	4 959.3
2014	1 893.3	1 091.6	5 765.9	79.7	21.1	2 647.4	349.2	165.2	4 730.1
2015	1 887.3	1 088.4	5 767.0	80.7	21.6	2 676.6	351.2	167.7	4 775.1
2016	1 888.6	1 087.1	5 760.0	63.8	17.0	2 670.0	351.1	167.2	4 770.0

注：2016 年豆类数据为大豆的数据。

资料来源：《广东统计年鉴》（2001—2017 年）。

从图 2-8 可以看出，2000—2016 年期间，泛珠三角区域 9 个省份中，湖南、江西两省稻谷产量最高且增长明显，增长幅度分别为 8.77%和 34.90%；同期，云南稻谷产量水平较低，但增长幅度较大，达到 18.25%；广东稻谷产量下降幅度较大，16 年间下降幅度达 23.63%，其次为贵州，下降幅度为 9.82%；四川、广西和海南稻谷产量较为稳定。

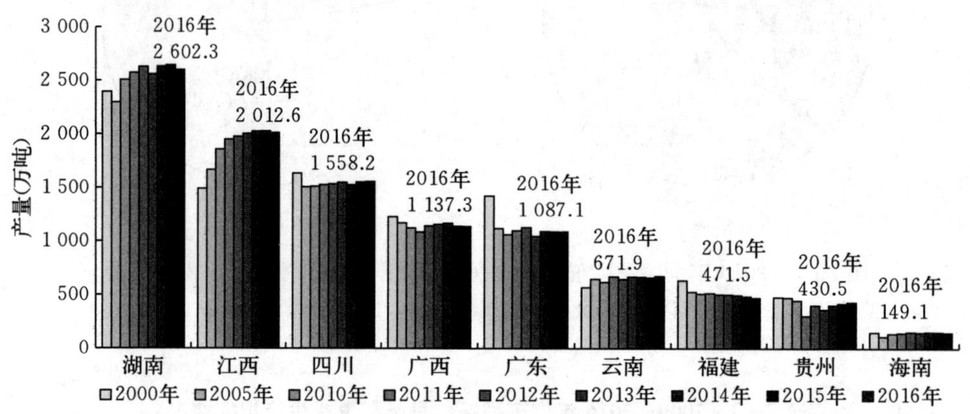

图 2-8　2000—2016 年泛珠三角区域 9 个省份稻谷产量

资料来源：《中国统计年鉴》(2001—2017 年)。

(2) 油料生产以花生为主，生产规模不断扩大。 花生、油用大豆、油菜籽是我国三大油料作物[①]，其中花生播种面积和产量所占比重均在 90%以上。在广东，花生播种面积约占油料作物播种面积的 97%，产量约占油料总产量的 99%。

2000—2016 年广东油料作物生产规模呈扩大化趋势。2016 年与 2000 年相比，播种面积和产量增长幅度分别为 10.27%和 43.81%，其中花生播种面积和产量增长幅度分别为 11.50%和 44.09%；相反，油菜籽播种面积下降幅度为 33%（2015 年数据），得益于单产水平的提高，油菜籽产量总体较为稳定（表 2-4）。

同期，广东油料作物种植面积占泛珠三角区域油料作物种植面积的比重在 7%左右。湖南和四川是泛珠三角区域两大油料作物主产省份，油料作物播种面积占泛珠三角区域油料作物总面积的比重均在 20%以上，其中 2000—2015 年湖南油料作物播种面积所占比重从 21.21%上升到 27.72%，增长了 6.51 个百分点（表 2-5）。

① 由于油用大豆与粮用大豆在种植面积和产量上难以区分，本研究将大豆归为粮食大类，油料作物主要是花生与油菜籽。

表 2-4 2000—2016 年广东油料作物面积、产量和单产情况

单位：千公顷，万吨，千克/公顷

年份	油料			花生			油菜籽		
	面积	产量	单产	面积	产量	单产	面积	产量	单产
2000	343.80	78.78	2 291.44	331.00	77.68	2 346.83	10.00	0.82	820.00
2001	353.50	80.90	2 288.51	341.10	79.73	2 337.44	10.20	0.93	911.76
2002	325.00	76.37	2 349.80	315.00	75.19	2 386.98	8.00	1.00	1 250.00
2003	334.50	81.93	2 449.45	325.80	80.73	2 477.90	7.00	1.00	1 428.57
2004	316.20	77.51	2 451.41	308.10	76.50	2 482.96	6.60	0.90	1 363.64
2005	318.00	77.01	2 421.77	309.40	75.86	2 451.84	7.00	1.00	1 428.57
2006	316.00	77.57	2 454.66	308.20	76.54	2 483.45	6.54	0.89	1 360.86
2007	310.60	77.72	2 502.32	302.50	76.66	2 534.21	6.43	0.87	1 352.33
2008	323.90	81.54	2 517.44	314.10	80.50	2 562.88	7.60	0.76	1 000.00
2009	331.40	84.64	2 554.01	322.14	83.63	2 596.08	7.09	0.79	1 113.72
2010	337.40	88.16	2 612.92	287.33	87.13	3 032.37	6.83	0.80	1 171.88
2011	343.30	91.90	2 676.96	298.00	90.85	3 048.66	6.70	0.70	1 044.78
2012	352.20	96.61	2 743.04	343.00	95.52	2 784.85	6.58	0.81	1 231.00
2013	360.20	101.01	2 804.28	351.01	99.85	2 844.60	6.62	0.79	1 193.35
2014	366.80	105.48	2 875.68	357.36	104.31	2 918.87	6.60	0.79	1 201.06
2015	375.60	110.30	2 936.63	365.91	109.04	2 979.96	6.70	0.85	1 263.15
2016	379.10	113.29	2 985.00	369.08	111.93	3 032.68	—	—	—

资料来源：同表 2-3，2016 年油菜籽数据缺乏。

表 2-5 2000—2016 年泛珠三角区域油料作物面积占泛珠三角区域油料总面积比例

年份	湖南	四川	江西	贵州	广东	云南	广西	福建	海南
2000	21.21%	23.27%	19.46%	11.63%	7.80%	4.82%	7.74%	2.84%	1.23%
2001	21.24%	24.41%	18.11%	11.59%	8.22%	4.65%	7.64%	2.88%	1.27%
2002	21.54%	25.27%	16.97%	12.16%	7.83%	4.49%	7.52%	2.94%	1.29%
2003	21.23%	26.59%	15.48%	12.27%	8.18%	4.64%	7.37%	3.02%	1.22%
2004	21.60%	26.79%	13.93%	13.08%	7.78%	5.04%	7.53%	3.08%	1.17%
2005	21.65%	26.36%	13.91%	13.40%	7.66%	5.43%	7.57%	2.95%	1.08%
2006	22.09%	25.73%	14.10%	13.57%	7.60%	5.45%	7.50%	2.92%	1.03%
2007	20.05%	28.79%	17.44%	12.52%	8.98%	3.93%	4.42%	2.93%	0.95%
2008	25.73%	31.99%	18.24%	1.25%	8.97%	5.21%	4.52%	2.97%	1.11%

（续）

年份	湖南	四川	江西	贵州	广东	云南	广西	福建	海南
2009	24.85%	26.52%	15.76%	11.29%	7.29%	6.98%	3.99%	2.43%	0.90%
2010	25.74%	25.89%	15.54%	11.24%	7.17%	7.08%	4.10%	2.37%	0.86%
2011	26.78%	25.48%	15.14%	11.08%	7.10%	7.08%	4.19%	2.33%	0.84%
2012	26.81%	25.35%	15.10%	11.11%	7.15%	6.96%	4.41%	2.30%	0.81%
2013	27.39%	25.07%	14.72%	11.11%	7.14%	7.08%	4.40%	2.28%	0.80%
2014	27.64%	24.94%	14.39%	11.29%	7.12%	6.97%	4.60%	2.27%	0.78%
2015	27.72%	24.90%	14.19%	11.34%	7.20%	6.83%	4.76%	2.28%	0.77%
2016	27.54%	25.04%	13.97%	11.39%	7.26%	6.82%	4.93%	2.30%	0.77%

资料来源：2000—2014 年数据根据《中国农业年鉴》（2001—2015 年）整理；2015—2016 年数据根据《中国统计年鉴》（2016—2017 年）整理。

（3）甘蔗生产优势弱化。甘蔗和甜菜是我国两种主要的糖料作物，2015 年，我国糖料作物种植面积为 1 737 千公顷，其中甘蔗种植面积为 1 599.65 千公顷，占比达 92.09%[①]。在糖料生产的地域分布上，北方种植甜菜，南方种植甘蔗，其中广西、云南和广东 3 省份甘蔗产量占全国甘蔗总产量的比重在 90%以上。2015 年广西、云南和广东 3 省份甘蔗播种面积和产量占全国甘蔗播种面积和产量的比重分别为 90.49%和 93.08%[②]。

从表 2-6 可以看出，2000—2016 年，全国甘蔗生产规模总体呈扩大趋势，其中 2000—2013 年全国甘蔗播种面积从 1 185.17 千公顷增长到 1 816.41 千公顷，年均增长率为 2.89%，甘蔗产量从 6 827.98 万吨增长到 12 820.09 万吨，年均增长率为 4.29%；2014 年以来，我国甘蔗生产规模连续 3 年下降，2016 年与 2013 年相比，种植面积和产量下降幅度分别为 15.94%和 11.21%。

表 2-6　2000—2016 年全国及甘蔗主产省份甘蔗生产情况

单位：千公顷，万吨

年份	全国		广西		云南		广东	
	播种面积	总产量	播种面积	总产量	播种面积	总产量	播种面积	总产量
2000	1 185.17	6 827.98	508.70	2 937.89	260.10	1 420.29	178.10	1 253.21
2001	1 248.07	7 566.27	574.60	3 653.30	269.00	1 481.10	163.50	1 213.00
2002	1 393.70	9 010.69	670.70	4 593.40	297.20	1 733.40	171.60	1 315.50

①② 数据根据 2016 年《中国统计年鉴》计算得出。

（续）

年份	全国		广西		云南		广东	
	播种面积	总产量	播种面积	总产量	播种面积	总产量	播种面积	总产量
2003	1 409.40	9 023.48	708.60	4 861.80	292.10	1 695.00	156.10	1 134.10
2004	1 378.20	8 984.94	723.70	5 003.90	280.50	1 688.50	151.30	1 110.40
2005	1 354.40	8 663.80	747.60	5 154.70	255.00	1 415.50	147.50	1 114.20
2006	1 495.40	9 709.22	838.40	6 376.40	287.20	1 470.27	165.90	1 114.91
2007	1 585.75	11 295.05	1 012.37	7 737.47	265.37	1 491.06	147.52	1 180.69
2008	1 743.47	12 415.24	1 090.07	8 215.58	309.70	1 898.75	149.67	1 198.84
2009	1 697.48	11 558.67	1 060.12	7 509.44	296.18	1 761.31	151.90	1 253.51
2010	1 686.28	11 078.87	1 069.28	7 119.62	295.12	1 750.92	154.86	1 300.15
2011	1 721.12	11 443.40	1 091.55	7 269.96	306.72	1 898.78	160.25	1 390.03
2012	1 794.66	12 311.39	1 128.02	7 829.71	331.49	2 043.78	165.44	1 469.21
2013	1 816.41	12 820.09	1 125.03	8 104.26	342.34	2 146.25	172.98	1 553.23
2014	1 760.45	12 561.13	1 081.54	7 952.57	339.72	2 110.40	168.51	1 504.67
2015	1 599.65	11 696.80	973.74	7 504.92	311.47	1 930.05	162.36	1 452.85
2016	1 526.82	11 382.46	951.03	7 461.32	282.17	1 738.40	161.86	1 479.29

资料来源：《中国统计年鉴》（2001—2017 年）。

2000—2016 年，广东甘蔗种植规模波动较大，产量随着种植面积波动，总体呈增长趋势。2000—2007 年，广东甘蔗生产规模不断缩小，种植面积从 178.10 千公顷减少到 147.52 千公顷，减少幅度为 17.17%；得益于单产水平的提高，产量下降幅度仅为 5.79%。2008—2013 年，甘蔗生产规模呈恢复性增长，种植面积从 149.67 千公顷增加到 172.98 千公顷，产量从 1 198.84 万吨增长到 1 553.23 万吨，达到历史最高值，增长幅度为 29.56%；2014—2016 年，甘蔗生产规模再次缩小，2016 年与 2013 年相比，种植面积和产量下降幅度分别为 6.43%和 4.76%。与广东不同，2000—2016 年，广西和云南甘蔗生产规模总体呈不断扩大的趋势，两省份的甘蔗种植面积增长幅度分别为 86.95%和 8.49%，甘蔗产量增长幅度分别为 153.97%和 22.40%，增长幅度明显高于广东。

随着生产的波动，广东甘蔗产量占全国的比重明显下降。从图 2－9 可以看出，2000—2016 年，广东甘蔗产量占全国的比重由 18.35%下降到 2016 年的 13.00%，下降幅度达 5.35 个百分点，略小于云南省甘蔗产量所占比重的下降幅度；相反，同期广西甘蔗产量占全国的比重大幅上升，2016 年与 2000 年相比，广西甘蔗产量占全国的比重上升超过 20 个百分点，占全国甘蔗产量的60%以上，可以看出，全国甘蔗生产逐渐向广西集中。

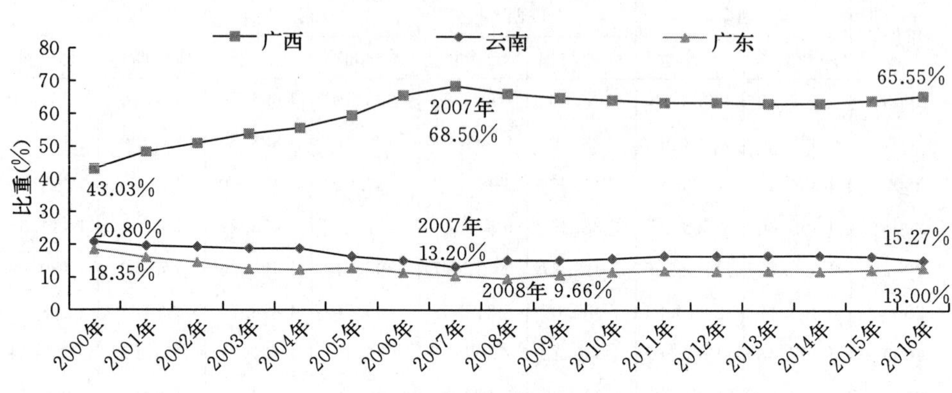

图2-9　2000—2016年广东、广西、云南甘蔗产量占全国的比重

资料来源：同图2-8。

2. 园艺产品生产发展状况

园艺产品分为蔬菜、水果、花卉、苗木、茶叶等，根据数据可获得性及种植规模情况，本研究主要选取蔬菜和水果这两种园艺产品进行分析。

(1) 蔬菜、水果生产发展较快，但增长乏力。水果和蔬菜是广东两大主要园艺产品，其生产规模在全国具有一定的地位。从表2-7可以看出，2000—2016年，广东蔬菜和水果生产规模不断扩大。其中蔬菜播种面积从1 010.10千公顷增加到1 414.84千公顷，增长幅度为40.07%，产量从2 214.80万吨增长到3 569.12万吨，增长幅度为61.15%；同期，水果播种面积从1 001.56千公顷增加到1 130.59千公顷，增长幅度为12.88%，产量从704.20万吨增长到1 717.01万吨，增长了1.44倍。从蔬菜和水果生产规模在全国的地位来看，2000—2016年，广东蔬菜播种面积和产量占全国的比重均略呈下滑趋势；水果播种面积占全国比重下滑2.5个百分点，产量整体保持不变。

表2-7　2000—2016年广东蔬菜、水果播种面积、产量及占全国的比重

单位：千公顷，万吨，%

年份	蔬菜				水果			
	播种面积	占全国比重	总产量	占全国比重	播种面积	占全国比重	总产量	占全国比重
2000	1 010.10	6.63	2 214.80	5.22	1 001.56	11.21	704.20	6.02
2001	1 123.80	6.88	2 377.60	4.91	991.71	10.78	781.60	5.79
2002	1 128.00	6.50	2 442.50	4.62	875.40	9.62	808.30	5.62
2003	1 194.85	6.66	2 584.20	4.78	917.10	9.72	836.90	5.76

（续）

年份	蔬菜				水果			
	播种面积	占全国比重	总产量	占全国比重	播种面积	占全国比重	总产量	占全国比重
2004	1 146.67	6.53	2 557.70	4.64	986.70	10.10	909.00	5.93
2005	1 162.70	6.56	2 596.00	4.60	996.90	9.93	946.50	5.87
2006	1 185.16	6.51	2 380.60	4.41	1 013.90	10.10	1 001.10	5.85
2007	1 065.00	6.15	2 351.50	4.17	1 019.10	9.73	1 057.20	5.83
2008	1 112.60	6.22	2 431.40	4.10	1 052.40	9.80	1 081.30	5.63
2009	1 138.43	6.18	2 567.17	4.15	1 081.30	9.71	1 160.83	5.69
2010	1 179.79	6.21	2 718.59	4.18	1 084.80	9.40	1 235.90	5.77
2011	1 208.81	6.16	2 850.99	4.20	1 096.60	9.27	1 314.28	5.77
2012	1 229.18	6.04	2 982.70	4.21	1 100.20	9.06	1 390.09	5.78
2013	1 306.93	6.25	3 144.47	4.28	1 119.80	9.05	1 485.40	5.92
2014	1 350.40	6.31	3 274.70	4.31	1 121.80	8.55	1 560.70	5.97
2015	1 381.98	6.28	3 438.78	4.38	1 136.62	8.87	1 648.50	6.02
2016	1 414.84	6.34	3 569.12	4.46	1 130.59	8.71	1 717.01	6.06

资料来源：《中国统计年鉴》（2001—2017 年），水果产量包含瓜果类产量。

广东蔬菜和水果在泛珠三角区域具有一定的产量优势。从图 2-10 可以看出，广东蔬菜产量在泛珠三角区域中位列第三，仅次于四川和湖南两省，但产量增长速度低于四川和湖南。

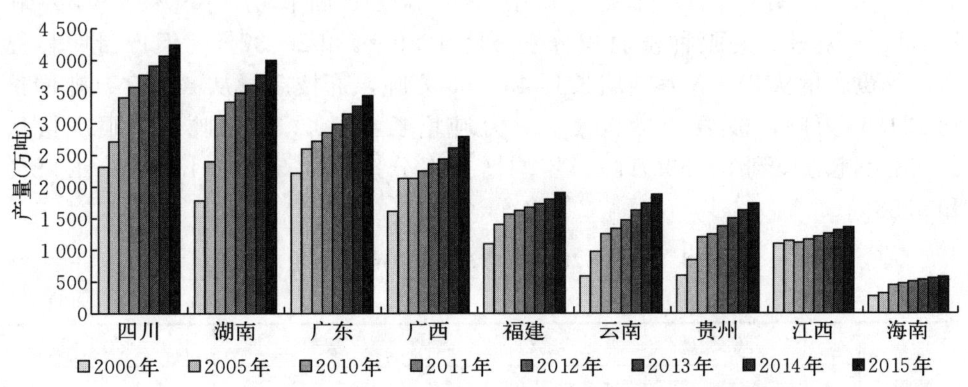

图 2-10　2000—2015 年泛珠三角区域 9 个省份蔬菜产量情况

数据来源：《中国农业年鉴》（2001—2016 年）。

2000—2006 年，广东蔬菜产量仅次于四川，产量从 2 214.8 万吨增长到

2 380.6 万吨，增长幅度为 7.49%，但同期四川和湖南蔬菜产量增幅为 15.65%和 27.72%；2007—2015 年，广东、四川和湖南 3 省蔬菜产量年均增长率分别为 4.84%、6.00%、5.13%。较慢的增长速度导致从 2007 年开始，湖南蔬菜产量超过广东蔬菜产量。同样，产量增长速度较慢，导致广东水果产量在全国的比重攀升乏力，2000—2016 年，广东水果产量占全国的比重提升幅度不到 0.1%，但同期广西水果产量占全国的比重增加了 2.13 个百分点，导致从 2014 年开始广西水果产量赶超广东（见图 2-11）。

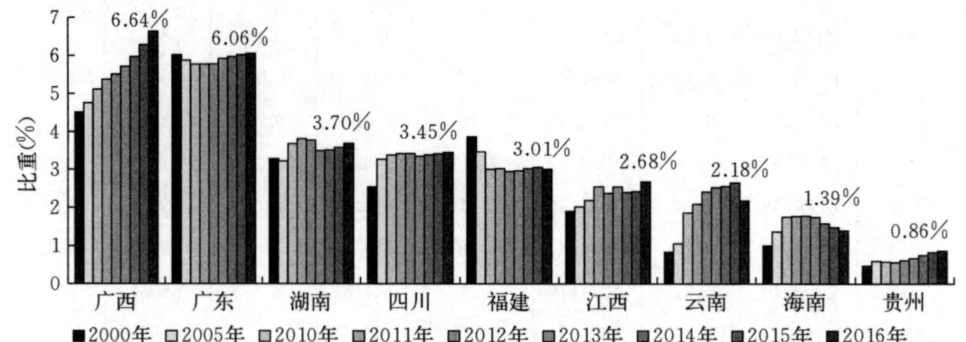

图 2-11　2000—2016 年泛珠三角区域 9 个省份水果产量占全国的比重

资料来源：《中国统计年鉴》（2001—2017 年）。

（2）主产热带水果优势地位弱化。广东主产的四大热带水果中，荔枝的种植面积最大，香蕉的产量最高，龙眼种植面积大于菠萝，但产量低于菠萝。从表 2-8 可以看出，2000—2016 年，广东主产四大热带水果年末实有面积略微下降 6.8%，结构趋于优化，其中香蕉、菠萝面积分别增长 29.5%和 18.41%；荔枝、龙眼种植面积分别下降 13.99%和 20.37%。但产量明显提高，香蕉产量从 235.3 万吨增长到 481.65 万吨，荔枝产量从 64.75 万吨增长到 124.63 万吨，菠萝产量从 47.53 万吨增长到 103.38 万吨，龙眼产量从 34.68 万吨增长到 86.53 万吨，年均增长率分别为 4.58%、4.18%、4.98%和 5.88%。

表 2-8　2000—2016 年广东主产热带水果生产情况

单位：千公顷，万吨

年份	香蕉		荔枝		菠萝		龙眼	
	年末实有面积	产量	年末实有面积	产量	年末实有面积	产量	年末实有面积	产量
2000	101.01	235.3	316.55	64.75	29.72	47.53	157.54	34.68
2001	98.61	228.74	274.83	63.36	29.93	45.76	126.85	29.54

（续）

年份	香蕉		荔枝		菠萝		龙眼	
	年末实有面积	产量	年末实有面积	产量	年末实有面积	产量	年末实有面积	产量
2002	110.74	271.77	256.68	97.76	29.04	46.25	115.91	38.23
2003	125.79	301.8	260.91	74.03	26.96	46.44	118.65	39.12
2004	126.00	320.92	284.11	94.01	26.09	47.51	127.09	39.16
2005	128.39	330.23	278.14	86.21	27.13	52.1	124.42	46.4
2006	125.87	335.32	275.64	90.95	26.86	55.05	124.05	47.56
2007	128.06	351.18	266.88	97.66	26.67	53.55	121.39	50.88
2008	128.65	348.14	275.82	91.72	25.68	55.59	128.96	57.48
2009	127.37	357.88	275.50	94.56	27.03	63.62	127.53	57.13
2010	125.48	371.27	273.11	100.83	27.51	67.55	127.27	60.7
2011	125.48	384.89	273.14	106.38	29.13	76.91	127.47	65.48
2012	125.29	403.16	273.53	105.91	29.76	82.1	127.53	67.49
2013	127.84	420.29	272.81	111.91	34.65	88.95	126.99	70.15
2014	127.89	426.32	273.76	124.05	33.25	91.76	125.89	78.43
2015	131.14	451.67	273.89	128.05	33.73	96.86	125.16	82.60
2016	130.81	481.65	272.26	124.63	35.19	103.38	125.45	86.53

资料来源：《广东统计年鉴》（2001—2017 年）。

虽然广东主产热带水果年末实有面积下降，产量不断提高，但其占全省水果面积和产量的比重却在不断下降（图 2-12）。2000 年，广东主产热带水果面积占水果面积的比重为 60.39%，2001 年下降到 55.88%，2002 年又增长到

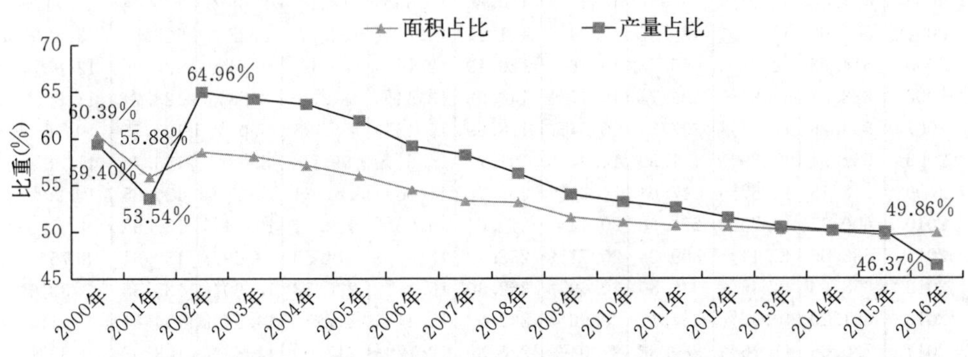

图 2-12　2000—2016 年广东主产热带水果面积和产量占全省的比重

资料来源：同表 2-3。

58.53%；同样，广东主产热带水果产量占全省水果产量的比重从2000年的59.40%下降到2001年的53.54%之后，在2002年又迅速攀升至64.96%，增长了10多个百分点。从2003年开始，广东主产热带水果面积和产量占全省水果面积和产量的比重呈现出逐年下降的趋势。2003—2016年，该比重分别下降了11.67个百分点和17.84个百分点。

从表2-9可以看出，广东、广西、海南、云南和福建5省份的四大热带水果（香蕉、菠萝、荔枝、龙眼）产量占全国四大热带水果产量的比重在99%以上。广东是我国最大的热带水果主产区，四大热带水果产量占全国的比重在40%以上，其次是广西约占20%。2001—2015年，各热带水果主产省份的四大热带水果产量基本呈不断增长趋势，其中广东热带水果产量从367.40万吨增长到759.18万吨，约为广西产量的两倍，年均增长幅度为5.32%；同期，广西、海南、云南和福建四大热带水果产量年均增长率分别为7.37%、3.72%、22.22%和2.20%，其中云南热带水果快速增长主要得益于香蕉生产规模的迅速扩大。由此可见，虽然广东四大热带水果具备一定的产量优势，但产量增长速度明显低于广西和云南，这也导致广东四大热带水果产量在全国的比重总体呈下降趋势，该比重从2004年的53.14%下降到2015年的41.91%，下降幅度达10多个百分点；相反，广西和云南四大热带水果占全国的比重总体呈增长趋势，其中云南该比重提升了10多个百分点。

表2-9　2002—2015年热带水果主产省份四大热带水果产量及占全国的比重

单位：万吨

年份	广东		广西		海南		云南		福建	
	产量	比重	产量	比重	产量	比重	产量	比重	产量	比重
2001	367.40	47.62%	155.24	20.12%	119.16	15.44%	16.27	2.11%	110.73	14.35%
2002	454.01	51.29%	186.09	21.02%	111.73	12.62%	16.20	1.83%	114.30	12.91%
2003	461.38	52.67%	161.89	18.48%	110.89	12.66%	18.18	2.08%	120.06	13.71%
2004	501.60	53.14%	186.36	19.74%	101.11	10.71%	22.47	2.38%	128.55	13.62%
2005	514.93	52.02%	195.58	19.76%	120.19	12.14%	28.10	2.84%	126.99	12.83%
2006	528.88	50.82%	205.74	19.77%	140.95	13.54%	37.30	3.58%	123.74	11.89%
2007	553.26	47.78%	237.89	20.54%	178.69	15.43%	58.44	5.05%	124.55	10.76%
2008	552.94	47.89%	171.39	14.84%	191.78	16.61%	99.59	8.63%	133.76	11.58%
2009	573.18	44.67%	247.04	19.25%	203.76	15.88%	121.31	9.45%	130.85	10.20%
2010	600.35	43.75%	276.38	20.14%	219.04	15.96%	139.11	10.14%	130.98	9.55%
2011	633.66	42.44%	309.24	20.71%	238.42	15.97%	174.50	11.69%	130.61	8.75%
2012	658.66	40.46%	336.80	20.69%	262.30	16.11%	226.28	13.90%	135.35	8.32%
2013	691.29	40.57%	357.17	20.96%	262.57	15.41%	247.72	14.54%	134.81	7.91%
2014	720.56	41.76%	380.32	22.04%	220.39	12.77%	247.00	14.32%	143.68	8.33%
2015	759.18	41.91%	420.14	23.19%	198.61	10.96%	269.86	14.90%	150.14	8.29%

资料来源：《中国农业年鉴》（2001—2016年）。

3. 禽畜产品生产发展状况

(1) 猪肉和禽肉为主要的肉类产品。 猪肉、禽肉、牛肉和羊肉是我国四大肉类品种，其中猪肉占肉类产量的60%以上。

从图2-13的全国和广东肉类产量结构来看，2016年我国猪肉产量占肉类产量的比重为62.05%，其次是禽肉、牛肉和羊肉，分别占肉类产量的22.11%、8.40%和5.37%。广东肉类产量以猪肉和禽肉为主，猪肉、禽肉产量占肉类产量的比重在90%以上，其中2016年广东猪肉和禽肉占肉类产量的比重分别为63.63%和32.51%。受消费偏好的影响，广东禽类产量占肉类产量的比重高出全国约10个百分点。

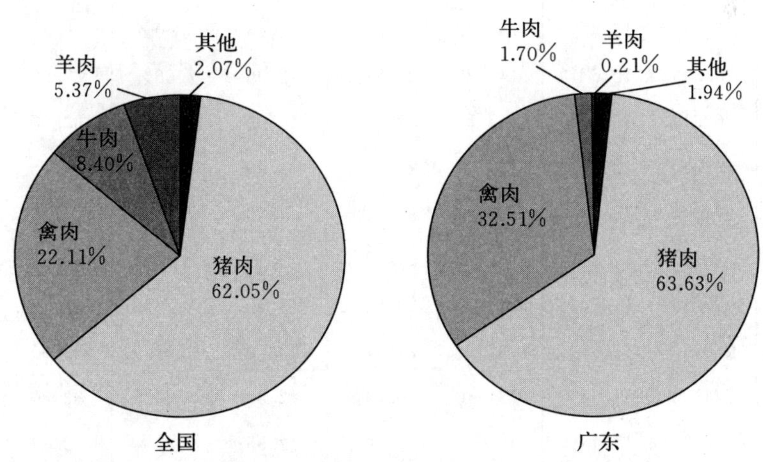

图2-13 2016年全国和广东肉类产量结构

资料来源：《中国统计年鉴》(2017年)。

(2) 畜禽产量在波动中增长。 从表2-10可以看出，2000—2016年，除禽蛋产量基本保持稳定之外（约为33万吨/年），广东猪肉、禽肉和牛奶产量总体呈增长趋势。其中猪肉产量从206.80万吨增长到264.38万吨，年均增长率为1.55%；禽肉产量从109.20万吨增长到2015年的134.80万吨，年均增长率为1.41%；牛奶产量从9.20万吨增长到12.95万吨，年均增长率为2.16%。从广东主要畜禽产品产量占泛珠三角区域的比重来看，猪肉产量占比基本稳定在12%左右，禽肉、禽蛋和牛奶产量占比均呈现不断下降的趋势，其中禽肉产量占比从28.09%下降到20.94%，禽蛋产量占比从11.27%下降到7.60%，牛奶产量占比从13.07%下降到6.89%，分别下降了7.15个百分点、3.67个百分点和6.18个百分点。

表 2－10　2000—2016 年广东主要畜禽产品产量及占泛珠三角区域的比重

单位：万吨

年份	猪肉产量	比重	禽肉产量	比重	牛奶产量	比重	禽蛋产量	比重
2000	206.80	11.79%	109.20	28.09%	9.20	13.07%	33.10	11.27%
2001	213.65	11.68%	113.42	32.35%	10.18	12.46%	33.10	10.79%
2002	225.75	12.09%	111.15	31.07%	10.82	11.08%	32.80	9.88%
2003	234.45	12.22%	112.09	30.51%	10.55	8.77%	32.52	9.26%
2004	237.70	12.05%	109.60	29.32%	10.90	7.90%	32.00	8.12%
2005	256.30	12.09%	113.70	28.89%	11.60	7.77%	33.20	7.92%
2006	259.50	11.74%	118.80	28.15%	12.20	7.66%	34.70	7.82%
2007	235.40	13.37%	137.32	27.93%	12.63	7.60%	29.80	7.76%
2008	253.96	12.67%	146.20	27.82%	12.96	7.66%	32.35	8.36%
2009	262.10	12.30%	152.50	27.84%	14.00	7.89%	33.90	8.63%
2010	275.50	12.40%	153.00	27.02%	14.20	7.80%	34.40	8.70%
2011	271.00	12.28%	150.30	25.98%	14.20	7.59%	34.80	8.65%
2012	276.40	11.94%	153.50	24.98%	13.60	7.17%	31.80	7.82%
2013	277.80	11.70%	143.00	23.24%	13.80	7.26%	32.30	7.89%
2014	282.60	11.53%	131.90	21.77%	13.50	6.91%	33.00	7.93%
2015	274.20	11.54%	134.80	20.94%	12.90	6.80%	33.80	7.91%
2016	264.38	11.48%	—	—	12.95	6.89%	33.33	7.60%

资料来源：2000—2015 年数据来源于《中国农业年鉴》(2001—2016 年)；2016 年数据来源于《中国统计年鉴》(2017 年)，2016 年禽肉产量缺失。

广东生猪生产规模在泛珠三角区域中位居第四，次于四川、湖南和云南三省。2000—2016 年，泛珠三角区域各生猪主产区生猪存栏量和出栏量均呈现出一定的波动性，尤其是生猪存栏量波动尤为剧烈。从表 2－11 可以看出，广东生猪存栏量从 2000 年的 2 034.79 万头增长到 2009 年的 2 392.28 万头，达到历史最高值，增长幅度为 17.57%；2010—2016 年，生猪存栏量在波动中下滑，与 2009 年相比，2016 年降幅达 13.22%。2000—2016 年，泛珠三角区域生猪主产省份生猪出栏量整体呈增长趋势，其中广东生猪出栏量从 2000 年的 2 954.58 万头增长到 2016 年的 3 531.94 万头，增长幅度为 19.54%，年均增长率为 1.12%；同期，四川、湖南、云南和广西生猪出栏量年均增长幅度分别为 1.14%、0.47%、3.22%和 1.11%。

表 2-11　2000—2016 年泛珠三角区域生猪主产省份生猪存栏量和出栏量

单位：万头

年份	四川		湖南		云南		广东		广西	
	存栏量	出栏量	存栏量	出栏量	存栏量	出栏量	存栏量	出栏量	存栏量	出栏量
2000	4 781.07	5 774.90	3 583.80	5 491.30	2 587.14	2 033.26	2 034.79	2 954.98	3 171.80	2 749.90
2001	5 270.80	5 964.00	3 604.26	5 540.50	2 518.63	2 135.87	2 138.80	3 052.20	3 154.60	2 768.40
2002	5 376.20	6 202.60	3 908.50	5 653.10	2 486.90	2 259.90	2 062.30	3 162.20	3 029.30	2 656.50
2003	5 564.87	6 236.87	4 108.70	5 905.80	2 554.13	2 384.54	1 961.05	3 269.71	2 637.67	2 555.14
2004	5 627.31	6 489.80	4 343.43	6 088.69	2 605.49	2 585.92	1 989.05	3 308.95	2 670.99	2 462.45
2005	5 744.77	7 105.02	4 435.01	6 176.33	2 601.71	2 733.58	2 143.50	3 616.74	3 015.04	2 831.87
2006	5 757.00	7 471.41	4 379.84	6 242.37	2 618.20	2 902.51	2 239.46	3 634.82	2 612.51	3 010.30
2007	5 295.80	6 010.70	3 772.00	4 816.70	2 457.60	2 536.10	2 275.09	3 213.88	2 169.47	2 767.25
2008	5 325.80	6 431.45	3 915.30	5 153.10	2 669.03	2 701.73	2 380.38	3 467.78	2 307.00	2 935.00
2009	5 122.00	6 915.49	4 032.76	5 508.66	2 736.17	2 824.50	2 392.28	3 600.95	2 332.38	3 119.91
2010	5 157.85	7 178.28	4 044.86	5 723.50	2 766.82	2 961.77	2 253.29	3 732.02	2 344.04	3 230.04
2011	5 101.79	7 002.60	4 158.20	5 575.90	2 689.82	2 964.72	2 300.60	3 664.10	2 411.98	3 195.12
2012	5 132.41	7 170.66	4 245.52	5 878.80	2 708.65	3 180.13	2 256.63	3 736.18	2 466.60	3 342.09
2013	5 004.10	7 314.08	4 096.91	5 902.32	2 708.65	3 323.66	2 282.58	3 744.79	2 471.53	3 456.72
2014	5 000.60	7 445.00	4 188.30	6 220.30	2 678.90	3 496.50	2 130.10	3 790.80	2 360.30	3 518.00
2015	4 815.57	7 236.54	4 079.40	6 077.23	2 625.28	3 451.04	2 135.85	3 663.44	2 303.66	3 416.79
2016	4 675.90	6 925.37	3 936.63	5 920.90	2 572.40	3 378.56	2 076.05	3 531.94	2 216.12	3 280.12

资料来源：2000—2014 年数据来源于《中国畜牧业年鉴》（2001—2015 年）；2015 年、2016 年数据来源于《中国统计年鉴》（2016—2017 年）。

2000—2015 年，广东生猪出栏量占泛珠三角区域生猪出栏总量的比重位居第三，仅次于四川和湖南（如图 2-14 所示）。泛珠三角区域各省份中，四川生猪出栏量占泛珠三角生猪出栏总量的比重约为 23%，湖南约占比 20%，广东约占 12%，广西和云南约占 11%，江西约占 10%。从产量变化趋势来看，前五大主产省份中，四川、湖南和广西生猪出栏量占泛珠三角区域的比重较为稳定，广东占比下降了约 1 个百分点，云南占比在上升，上升幅度为 2.48 个百分点。

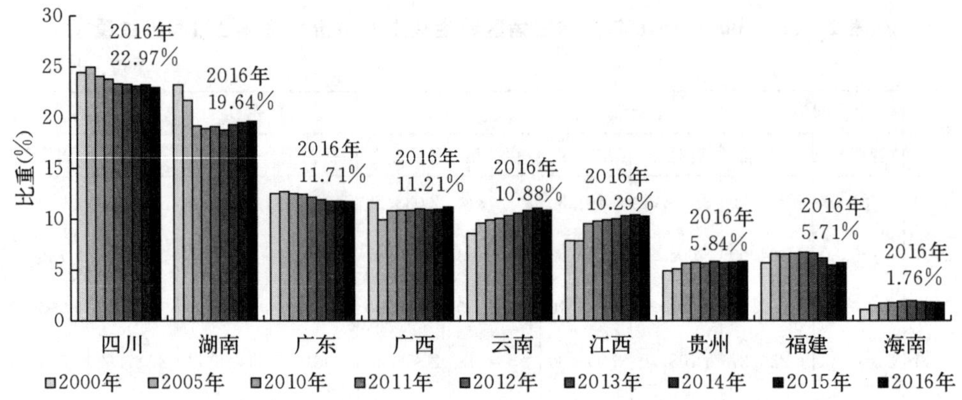

图 2-14　2000—2016 年泛珠三角区域各省份生猪出栏量占泛珠三角区域的比重

资料来源：根据《中国统计年鉴》(2001—2017 年) 整理。

4. 水产品生产发展状况

泛珠三角区域九省份中，除海南外（水产品产量占全国的比重约 3%），位于沿海的广东、福建、广西的渔业资源较为丰富，其余 5 省由于缺乏海洋渔业资源，水产品产量占全国的比重较小，其中江西、湖南约占 4%，四川、云南分别约占 2%和 1%，贵州水产品占全国的比重则不到 0.5%。

(1) 水产品产量占全国的比重趋于下降。山东、广东、福建、浙江、辽宁、江苏、广西均为我国水产主产省份，其中山东、广东和福建水产品产量占全国的比重在 10%以上。从图 2-15 可以看出，2000—2016 年，我国水产品

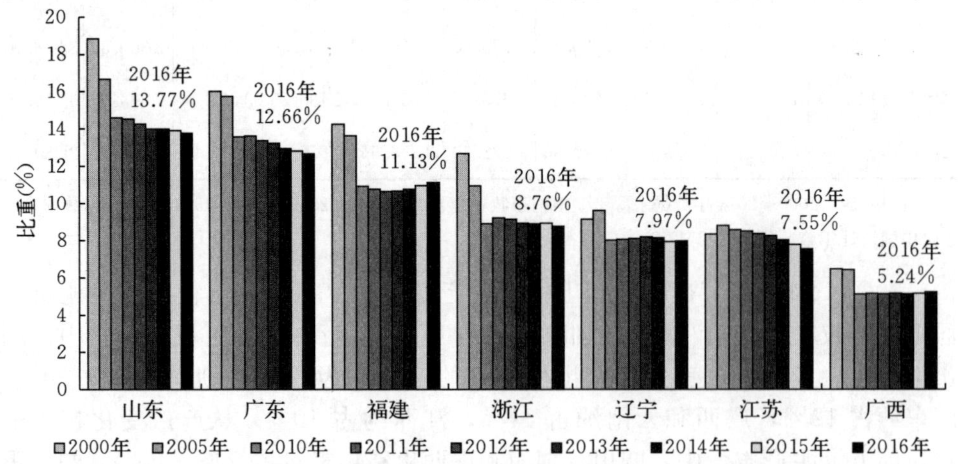

图 2-15　2000—2016 年水产品主产省份水产品产量占全国的比重

资料来源：根据《中国统计年鉴》(2001—2017 年) 数据整理。

主产省份水产品产量占全国的比重均呈现出不同程度的下降趋势。2016 年与 2000 年相比，山东、广东、福建和浙江水产品占全国的比重分别下降为 5.07 个百分点、3.34 个百分点、3.12 个百分点和 3.91 个百分点。

（2）产量迅速增长。广东水产品产量仅次于山东，位居全国第二。2000—2016 年，广东及其他水产品主产省份水产品产量均呈总体增长趋势。从表 2-12 可以看出，2000—2016 年，广东水产品产量从 593.19 万吨增长到 873.79 万吨，年均增长率为 2.45%；同期，全国水产品产量从 3 706.23 万吨增长到 6 901.25 万吨，年均增长率为 3.96%，其中山东、福建、浙江、辽宁、江苏和广西水产品产量的年均增长率分别为 1.94%、2.37%、1.59%、3.08%、3.32%和 2.60%，广东水产品产量增长速度相对较快。

表 2-12　2000—2016 年全国及水产主产省份水产品产量

单位：万吨

年份	全国	山东	广东	福建	浙江	辽宁	江苏	广西
2000	3 706.23	698.23	593.19	527.89	469.51	338.46	308.79	239.86
2001	3 795.92	686.10	609.67	542.49	472.85	350.76	320.85	247.77
2002	3 954.86	695.01	628.06	558.71	480.68	374.83	334.42	255.15
2003	4 077.02	706.23	648.55	572.77	482.82	381.98	342.93	264.61
2004	4 246.57	718.15	664.56	591.21	493.53	402.53	366.13	268.89
2005	4 419.86	736.14	695.23	602.22	483.77	425.34	388.66	284.19
2006	4 583.60	683.75	658.84	523.59	418.01	351.33	398.55	236.36
2007	4 747.52	712.77	664.34	532.00	415.13	361.27	408.99	246.06
2008	4 895.60	730.30	680.41	542.00	418.79	377.65	425.00	249.98
2009	5 116.40	753.59	702.60	567.52	440.31	400.61	443.22	262.28
2010	5 373.00	783.83	729.03	586.96	477.95	430.38	460.44	275.51
2011	5 603.21	813.83	762.53	603.74	515.81	451.47	475.97	289.23
2012	5 907.68	841.89	789.50	628.68	539.58	478.63	493.74	303.87
2013	6 172.00	863.16	816.13	658.48	550.82	505.03	509.38	319.34
2014	6 461.52	903.74	836.34	695.84	574.17	525.67	518.75	332.40
2015	6 699.65	931.27	858.22	733.90	597.83	531.28	521.05	345.92
2016	6 901.25	950.19	873.79	767.78	604.54	550.07	520.74	361.77

资料来源：《中国统计年鉴》（2001—2017 年）。

（3）单产优势明显。从水产品单位面积产量来看，广东水产品在海水养殖和淡水养殖两种方式上均具有明显的单产优势。2000—2016 年，广东海水养殖面积总体在 20 万公顷左右波动（表 2-13）。同期，全国、山东和辽宁海水养殖面积年均增幅分别为 3.53%、4.43%和 7.65%。从产量水平来看，广东海水养殖产量从 2000 年的 168.97 万吨增长到 2016 年的 313.81 万吨，年均增长幅度为 3.95%。同期，全国、山东和辽宁海水养殖产量年均增长幅度分别为 3.92%、3.69%和 4.56%，广东海水养殖产量增长速度高于全国和山东，略低于辽宁。尽管广东海水养殖面积小，但其单产高，优势明显。广东海水养殖单产从 2000 年的 8 670.47 千克/公顷增长到 2016 年的 16 002.55 千克/公顷，增长幅度达 84.56%；同期，全国、山东和辽宁海水养殖单产增幅分别为 6.18%、−10.84%和−37.3%（见图 2-16）。

表 2-13　2000—2016 年全国及前三大海产品省份海水养殖面积及产量

单位：千公顷，万吨

年份	全国		广东		山东		辽宁	
	面积	产量	面积	产量	面积	产量	面积	产量
2000	1 243.70	1 061.29	194.89	168.97	280.48	287.27	236.48	152.12
2001	1 286.46	1 131.53	202.79	179.05	289.99	305.07	246.18	160.89
2002	1 344.75	1 212.84	208.17	189.64	292.77	326.21	278.59	178.24
2003	1 532.15	1 253.31	216.76	197.30	358.35	336.07	381.09	182.88
2004	1 617.45	1 316.70	221.25	210.70	389.57	341.88	407.36	197.04
2005	1 694.53	1 453.30	224.40	172.05	407.39	268.08	449.30	152.04
2006	1 774.12	1 445.64	234.64	241.95	420.26	373.50	485.80	222.39
2007	1 331.48	1 307.34	159.30	222.96	406.17	353.53	294.80	185.54
2008	1 578.91	1 340.32	189.72	222.98	426.22	361.35	411.56	202.10
2009	1 859.31	1 405.22	194.77	234.62	441.40	381.43	630.70	214.32
2010	2 080.88	1 482.30	199.26	249.07	500.95	396.26	763.10	231.47
2011	2 106.38	1 551.33	203.41	265.57	512.13	413.48	751.39	243.52
2012	2 180.93	1 643.81	201.83	275.74	523.71	436.24	813.04	263.56
2013	2 315.57	1 739.25	197.20	287.00	546.81	456.64	942.05	282.76
2014	2 305.47	1 812.65	193.69	294.40	548.49	479.91	928.50	289.05
2015	2 317.76	1 875.63	194.86	303.22	563.20	499.57	933.07	294.20
2016	2 166.72	1 963.13	196.10	313.81	561.50	512.78	769.30	310.27

注：按照养殖面积划分前三大省份。

资料来源：《中国渔业年鉴》（2001—2017 年）。

在全国水产主产省份中，淡水养殖面积前三大省份分别为广东、江苏和山东，其中广东淡水养殖面积低于江苏，但产量高于江苏。2000—2016 年，全国淡水产品养殖面积总体不断增加，增长幅度为 17.08%（表 2-14）。广东、

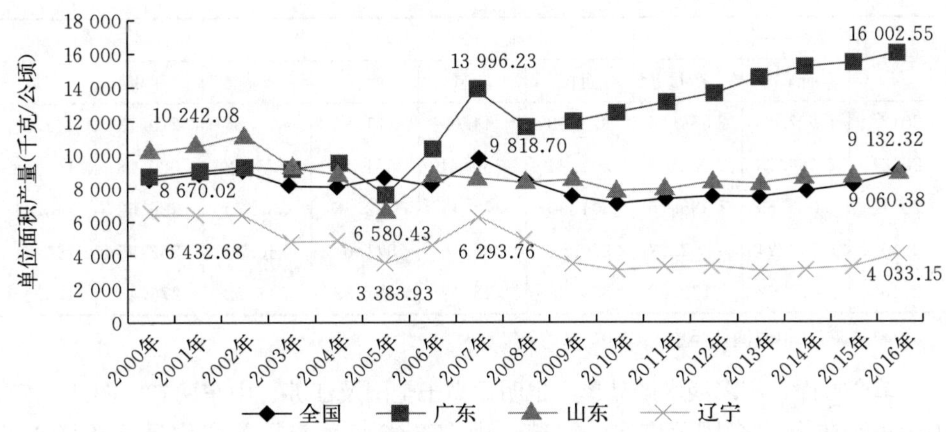

图 2-16　2000—2016 年全国及前三大海产品省份海水养殖单位面积产量

资料来源：《中国渔业年鉴》（2001—2017 年）。

江苏和山东淡水产品养殖面积较为稳定，其中广东淡水养殖面积约为 37 万公顷。从淡水产品产量来看，全国及广东、江苏和山东均呈增长趋势，其中广东淡水产品产量从 2000 年的 219.21 万吨增长到 2016 年的 395.12 万吨，年均增长率为 3.75%；同期全国、江苏和山东淡水产品产量年均增长率分别为 4.73%、3.8%和 2.68%。

表 2-14　2000—2016 年全国及广东、江苏、山东三省淡水产品养殖面积及产量

单位：千公顷，万吨

年份	全国		广东		江苏		山东	
	面积	产量	面积	产量	面积	产量	面积	产量
2000	5 277.73	1 516.94	369.62	219.21	561.87	188.24	245.09	94.13
2001	5 362.30	1 594.96	375.96	229.32	592.41	199.11	262.94	94.15
2002	5 469.88	1 694.05	377.55	240.40	609.21	209.38	242.23	88.87
2003	5 571.50	1 774.27	378.57	256.26	622.64	208.61	262.26	91.99
2004	5 663.80	1 892.00	377.76	269.84	633.97	227.45	277.55	95.71
2005	5 850.49	2 008.47	380.25	284.26	640.64	242.32	281.35	97.75
2006	6 018.38	2 148.31	386.18	300.26	640.65	253.28	280.47	102.20
2007	4 413.61	1 970.99	329.76	279.39	543.37	256.91	183.82	103.26
2008	4 971.02	2 072.50	354.53	291.11	543.38	267.56	236.08	107.86
2009	5 423.83	2 216.46	367.39	302.79	552.62	280.65	244.80	114.37
2010	5 564.34	2 346.53	364.15	314.67	557.66	290.76	256.73	124.40
2011	5 728.57	2 471.93	370.50	331.47	568.33	300.51	270.81	135.57

（续）

年份	全国		广东		江苏		山东	
	面积	产量	面积	产量	面积	产量	面积	产量
2012	5 907.48	2 644.54	373.38	344.09	571.83	311.84	279.73	141.89
2013	6 006.13	2 802.43	372.94	360.74	571.47	325.32	280.08	149.48
2014	6 080.89	2 935.76	371.30	373.16	572.38	335.79	286.62	146.41
2015	6 147.24	3 062.27	370.82	386.56	571.61	340.32	282.95	146.31
2016	6 179.62	3 179.26	359.08	395.12	567.88	341.72	276.45	143.63

资料来源：《中国渔业年鉴》(2001—2017年)。

单产方面，广东淡水产品单产也明显高于全国及江苏、山东两省（图2-17）。2000—2016年，全国及广东、江苏、山东3省淡水产品单产均呈逐年增长的趋势。其中，广东淡水产品单产从5 930.69千克/公顷增长到11 003.68千克/公顷，年均增长率3.94%；全国单产及江苏、山东两省的单产年均增长率为3.71%、3.73%、1.91%。

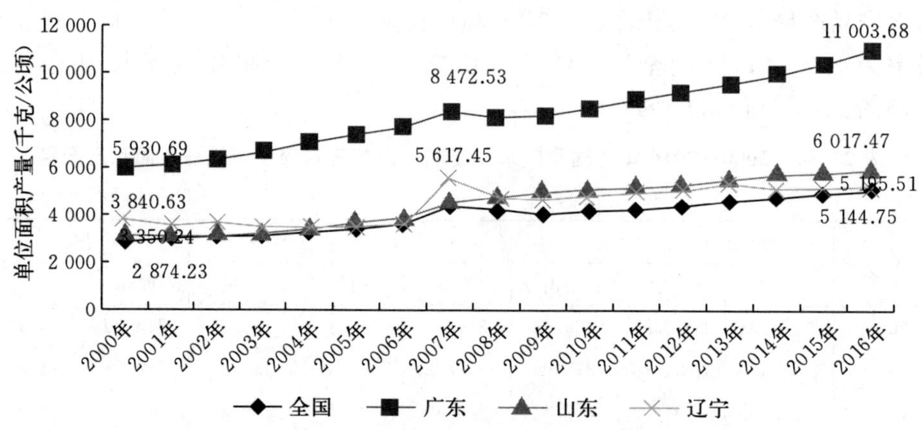

图2-17 2000—2016年全国及广东、江苏、山东三省淡水产品单位面积产量

资料来源：《中国渔业年鉴》(2001—2017年)。

（三）农产品进出口贸易发展现状

1. 农产品进出口总体状况

（1）进出口规模不断扩大。广东是我国农产品贸易大省，农产品进出口规模不断扩大。从表2-15可以看出，2002—2016年，广东省农产品进出口贸易规模不断扩大。与2002年相比，2016年进出口总额增长近5倍。

表 2-15　2002—2016 年全国及广东农产品进出口规模

单位：亿美元

年份	全国				广东			
	出口额	进口额	进出口总额	贸易顺逆差	出口额	进口额	进出口总额	贸易顺逆差
2002	135.05	101.95	237.00	33.09	19.30	24.23	43.53	-4.93
2003	159.68	164.68	324.36	-5.01	19.39	33.71	53.10	-14.32
2004	230.84	279.71	510.54	-48.87	22.78	42.85	65.63	-20.07
2005	271.84	286.44	558.28	-14.60	24.04	35.38	59.42	-11.34
2006	310.27	319.82	630.09	-9.55	38.49	47.44	85.93	-8.95
2007	365.98	409.77	775.74	-43.79	41.43	62.47	103.90	-21.04
2008	401.69	583.19	984.88	-181.50	46.27	82.69	128.96	-36.42
2009	391.91	521.69	913.60	-129.78	48.58	79.91	128.49	-31.33
2010	488.67	719.23	1 207.89	-230.56	56.71	97.93	154.64	-41.22
2011	601.04	938.20	1 539.24	-337.15	69.70	119.79	189.49	-50.09
2012	625.83	1 115.01	1 740.84	-489.19	75.04	138.21	213.25	-63.17
2013	670.95	1 186.66	1 857.60	-515.71	81.31	148.82	230.13	-67.51
2014	713.40	1 214.80	1 928.20	-501.40	84.32	168.19	252.51	-83.87
2015	701.80	1 159.20	1 861.00	-457.40	86.45	178.48	264.93	-92.03
2016	726.10	1 106.10	1 832.20	-380.00	91.96	176.54	268.50	-84.58

资料来源：2002—2013 年全国数据来源于《中国农业年鉴》(2003—2014 年)，2014—2016 年全国数据来源于历年商务部《农产品进出口月度统计报告》；2002—2015 年广东数据来源于《广东统计年鉴》(2003—2016 年)，2016 年广东数据来源于商务部《农产品进出口月度统计报告》。

2002—2016 年，农产品出口额从 19.30 亿美元增长到 91.96 亿美元，年均增长率为 11.80%，农产品进口额从 24.23 亿美元增长到 176.54 亿美元，年均增长率为 15.24%，高于年均出口增长率。农产品进口额增长速度高于出口额增长速度，导致 2002—2016 年广东农产品进出口贸易逆差持续扩大，逆差从 2002 年的 4.93 亿美元增长到 2016 年的 84.58 亿美元，年均增长率为 22.51%，2016 年广东农产品进出口贸易逆差占全国的比重达 22.26%。同期，全国农产品进出口总额年均增长率为 15.73%，其中出口年均增长率为 12.77%、进口年均增长率为 18.57%，可见广东省农产品进出口规模增长速度低于全国。

(2) 贸易地位居全国第二。从农产品进出口贸易在全国的地位来看，广东与山东、江苏是我国农产品进出口规模前三的省份，其中广东农产品进出口总额占全国的比重约为10%，仅次于山东省。

从表2-16可以看出，2002年和2003年，广东农产品进口额占全国的比重在20%以上，但从2004年开始趋于下降，从2013年开始，该比重又逐年上升。近年来，广东农产品出口额占全国的比重也呈现出上升的势头，进口额、出口额的同时增长，使广东进出口总额占全国的比重快速上升，2016年达到14.65%的阶段最高水平。2002—2016年，山东农产品进出口规模占全国的比重总体呈下降趋势。与2002年相比，2016年山东农产品进出口额占全国的比重下降16.95个百分点，其中进口所占比重下降13.68个百分点，出口所占比重下降16.29个百分点；同期，江苏农产品进出口规模占全国的比重较为稳定，农产品进口额占比约9%，出口额约占5%，进出口总额约占8%。

表2-16　2002—2016年广东、山东、江苏农产品进出口额占全国的比重

年份	广东			山东			江苏		
	进口占比	出口占比	进出口占比	进口占比	出口占比	进出口占比	进口占比	出口占比	进出口占比
2002	23.77%	14.29%	10.22%	25.89%	38.73%	33.21%	10.94%	4.29%	7.15%
2003	20.47%	12.14%	10.39%	24.05%	41.21%	32.49%	9.86%	4.42%	7.18%
2004	15.32%	9.87%	8.39%	15.76%	24.19%	19.57%	9.90%	3.37%	6.95%
2005	12.35%	8.84%	6.34%	17.53%	25.38%	21.35%	10.85%	3.83%	7.43%
2006	14.83%	12.41%	7.53%	18.81%	26.08%	22.39%	12.24%	4.45%	8.41%
2007	15.25%	11.32%	8.05%	16.18%	25.24%	20.46%	13.66%	4.48%	9.33%
2008	14.18%	11.52%	8.40%	15.13%	24.81%	19.08%	10.45%	4.92%	8.20%
2009	15.32%	12.40%	8.75%	16.07%	24.91%	19.86%	12.76%	5.02%	9.44%
2010	13.62%	11.61%	8.11%	17.19%	25.99%	20.75%	12.68%	5.16%	9.64%
2011	12.77%	11.60%	7.78%	19.83%	25.57%	22.07%	11.42%	4.68%	8.79%
2012	12.40%	11.99%	7.94%	19.44%	24.00%	21.07%	9.83%	4.90%	8.06%
2013	12.54%	12.12%	8.01%	21.75%	22.66%	22.08%	8.87%	4.71%	7.37%
2014	13.85%	11.82%	8.72%	22.20%	22.05%	22.15%	9.44%	4.72%	7.70%
2015	15.40%	12.32%	9.59%	13.86%	21.82%	16.86%	8.91%	5.15%	7.49%
2016	15.96%	12.66%	14.65%	12.21%	22.44%	16.26%	10.75%	4.95%	8.45%

资料来源：广东数据根据《广东统计年鉴》（2003—2016年）整理，2002—2013年山东数据根据《中国农业年鉴》（2003—2014年）及《山东统计年鉴》（2015—2016年）整理，2002—2013年江苏数据根据《中国农业年鉴》（2003—2014年）整理，2014—2016年广东、山东、江苏数据根据商务部《中国农产品进出口月度统计报告》整理。

2. 进出口产品结构

广东进口农产品主要是资源型农产品，如大米、大豆、棕榈油等；出口农产品主要是园艺产品、禽畜产品、水产品及农产品加工品。

（1）主要进口农产品。大豆、鲜干果、食用植物油①和大米是广东进口的主要农产品，进口额占广东农产品进口总额的比重在35%以上（图2-18）。2003—2015年，广东大豆进口额占农产品进口额的比重曾高达20%以上，但从2009年开始，大豆进口增幅放缓，至2016年，大豆进口额所占比重下降到11.91%，与2003年相比下降了13.51个百分点。食用植物油进口额所占比重经历了一个先升后降的过程，其中2003—2007年，食用植物油所占比重从9.91%增长到20.81%，2008—2016年该比重又从16.45%下降到3.11%，下降了13.34个百分点。与之相反，2003—2016年，广东鲜干果所占比重总体呈不断增长的趋势，2015年与2003年相比，增长幅度为9.47个百分点，2016年鲜干果进口所占比重超过大豆。同期，广东大米进口所占比重总体维持在4%左右。

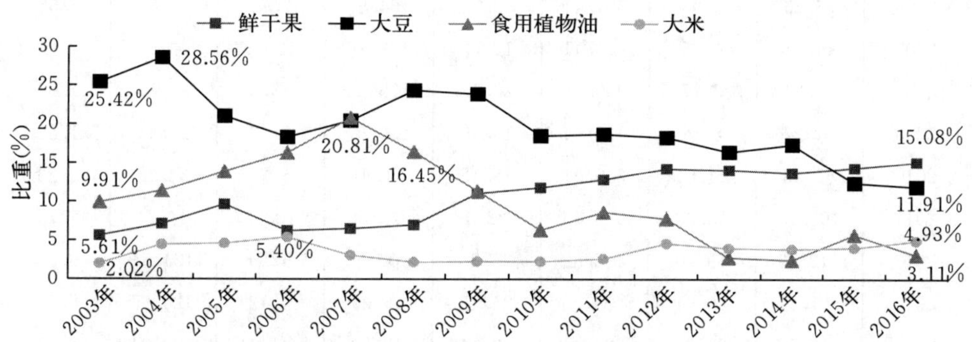

图2-18　2002—2016年广东主要进口农产品金额占农产品进口总额的比重

资料来源：根据《中国统计年鉴》（2001—2017年）整理。

广东进口的谷物产品以大米为主。2016年，广东谷物进口数量和金额分别为637.78万吨和18.15亿美元，其中稻谷和大米的进口数量和金额分别为193.16万吨和8.71亿美元，占谷物进口数量和金额的比重分别达30.29%、47.99%；小麦进口数量和金额分别为38.34万吨和0.96亿美元，占谷物进口数量和金额的比重分别为6.01%和5.29%。

从表2-17可以看出，2003—2016年，广东鲜干果、大豆、食用植物油

① 食用植物油主要是棕榈油，如根据2016年《广东统计年鉴》数据显示，2015年广东进口食用植物油10.19亿美元，其中棕榈油进口金额达9.54亿美元，占比93.62%。

和大米进口规模均呈扩大趋势。其中鲜干果进口数量从2003年的26.4万吨增长到2016年的117.26万吨，年均增长率为12.15%，进口金额从1.89亿美元增长到26.32亿美元，年均增长率为22.46%。大豆进口数量从322.11万吨增长到509.76万吨，年均增长率为3.59%，进口金额从8.57亿美元增长到21.03亿美元，年均增长率为7.15%。同期，食用植物油进口数量和金额年均增长率分别为1.32%和3.90%，大米进口数量和金额年均增长率分别为18.82%和21.67%。因此，大米和鲜干果进口规模呈逐年扩大的趋势，且增长速度较快。

表2-17　2003—2016年广东主要进口农产品数量及金额

单位：万吨，亿美元

年份	鲜干果		大豆		食用植物油		大米	
	数量	金额	数量	金额	数量	金额	数量	金额
2003	26.40	1.89	322.11	8.57	69.17	3.34	20.52	0.68
2004	36.96	3.05	349.26	12.24	94.62	4.88	12.09	1.91
2005	38.64	3.41	252.41	7.44	109.34	4.92	41.10	1.63
2006	36.20	2.96	321.44	8.7	164.97	7.73	62.84	2.56
2007	44.18	4.06	340.41	12.78	172.60	13.00	40.40	1.92
2008	57.24	5.77	339.08	20.13	138.23	13.6	28.73	1.82
2009	84.27	8.82	426.94	19.09	130.67	9.07	29.42	1.82
2010	85.28	11.54	389.51	18.12	71.91	6.20	32.22	2.23
2011	108.15	15.38	396.85	22.4	87.44	10.32	44.74	3.15
2012	112.83	19.70	415.82	25.28	100.55	10.76	124.54	6.35
2013	107.37	20.94	406.55	24.43	46.22	4.12	120.65	5.94
2014	110.13	23.01	528.41	29.21	49.84	4.14	132.04	6.55
2015	120.02	25.60	522.84	22.11	158.96	10.19	165.71	7.23
2016	117.26	26.32	509.76	21.03	82.04	5.49	193.14	8.71

资料来源：《广东统计年鉴》（2003—2017年）。

（2）主要出口产品。园艺产品、禽畜产品和水产品是广东主要出口的三大类农产品，出口额占广东农产品出口额的30%以上。从表2-18可以看出，园艺产品出口规模先扩大后缩小。2003—2011年，广东园艺产品出口额从3.11亿美元增长到7.63亿美元，增长幅度为145.34%，2012年后，园艺产品出口额逐年下降，至2016年出口额下降幅度为18.06%。2003—2016年，禽畜产品和水产品出口额总体呈增长趋势，其中禽畜产品出口额从2003年的2.84亿美元增长到2016年的6.39亿美元，年均增长率为6.44%，水产品出口额从 2003 年的 5 亿美元增长到 2016 年的 15.12 亿美元，年均增长率为 8.88%。虽然园艺产品、禽畜产品和水产品出口额增长，但其占广东农产品出口额的比重均在下降，2003—2016 年，园艺产品、禽畜产品和水产品出口额占广东农产品出口额的比重分别下降了 9.54 个百分点、7.72 个百分点和 9.36 个百分点；同期，除水产品净出口额增长、实现贸易顺差外，园艺产品和禽畜产品逆差呈扩大化趋势。

表 2-18　2003—2016 年广东主要出口农产品出口额度及其净出口情况

单位：亿美元

年份	园艺产品			畜禽产品			水产品		
	出口额	占比	净出口	出口额	占比	净出口	出口额	占比	净出口
2003	3.11	16.05%	0.69	2.84	14.67%	−3.27	5.00	25.80%	4.03
2004	3.97	17.45%	0.25	2.77	12.15%	−1.22	5.85	25.68%	4.70
2005	3.58	14.89%	−0.36	2.96	12.32%	0.18	5.36	22.29%	4.23
2006	3.72	9.67%	0.15	3.06	7.95%	−1.00	4.04	10.49%	2.86
2007	4.21	10.16%	−0.63	3.71	8.96%	−5.17	2.60	6.27%	1.27
2008	4.43	9.57%	−1.99	4.80	10.38%	−9.38	2.88	6.22%	1.27
2009	4.77	9.81%	−5.04	5.25	10.81%	−5.58	7.70	15.84%	6.07
2010	5.24	9.25%	−7.25	5.37	9.48%	−9.95	10.24	18.07%	7.22
2011	7.63	10.95%	−9.28	7.09	10.18%	−7.74	10.16	14.57%	6.65
2012	7.31	9.74%	−13.87	7.25	9.67%	−8.67	10.81	14.40%	6.83
2013	6.48	7.97%	−16.05	6.97	8.57%	−12.25	14.12	17.37%	8.83
2014	5.92	7.02%	−18.34	7.11	8.43%	−15.97	15.41	18.28%	8.84
2015	5.21	6.03%	−21.78	7.03	8.14%	−12.67	14.90	17.24%	7.92
2016	5.99	6.51%	−21.52	6.39	6.95%	−27.16	15.12	16.44%	9.03

注：园艺产品指树苗花草、蔬菜、鲜干果、虫胶、树胶、树脂等；畜禽产品指活动物、肉及食用杂碎、奶类、蛋类等动物产品；占比指占广东农产品出口总额的比重。

资料来源：根据《广东统计年鉴》(2004—2017 年）整理。

(3) 农产品加工品出口状况。动物产品制品、糖及糖食、粮食制品及乳制品是广东主要出口的农产品加工品，出口额约占广东农产品出口额的 30%以上。从表 2-19 可以看出，2003—2016 年，广东三大农产品加工品出口额总体均呈增长趋势。动物产品制品从 5.63 亿美元增长到 16.50 亿美元，年均增长率为 8.62%；糖及糖食出口额从 1.08 亿美元增长到 6.71 亿美元，年均增长率为 15.07%；同期，粮食制品及乳制品的出口额从 1.57 亿美元增长到 5.31 亿美元，年均增长率为 9.83%。

表 2-19　2003—2016 年广东主要农产品加工品出口情况

单位：亿美元

年份	动物产品制品			糖及糖食			粮食制品及乳制品		
	出口额	占比	净出口	出口额	占比	净出口	出口额	占比	净出口
2003	5.16	26.63%	5.13	1.08	5.58%	0.64	1.57	8.11%	0.67
2004	6.34	27.84%	6.33	1.27	5.59%	0.63	1.84	8.08%	0.66
2005	6.96	28.95%	6.92	2.10	8.74%	0.90	2.10	8.74%	0.90
2006	10.72	27.85%	10.67	2.01	5.22%	0.97	2.33	6.05%	0.37
2007	11.59	27.98%	11.47	2.19	5.29%	1.46	2.39	5.77%	0.59
2008	13.19	28.51%	13.13	2.38	5.15%	1.89	2.85	6.16%	−0.31
2009	9.20	18.93%	9.08	2.74	5.65%	2.05	3.08	6.35%	−1.29
2010	11.01	19.41%	10.89	3.55	6.26%	2.68	3.52	6.20%	−1.77
2011	14.68	21.07%	14.52	4.35	6.23%	3.19	4.37	6.27%	−3.22
2012	15.94	21.24%	15.73	4.78	6.37%	3.31	4.56	6.08%	−3.67
2013	18.49	22.75%	18.20	5.66	6.96%	2.58	4.84	5.95%	−6.68
2014	16.77	19.88%	16.50	6.26	7.42%	4.05	4.89	5.80%	−8.72
2015	15.52	17.95%	15.28	6.37	7.37%	2.48	5.11	5.92%	−7.82
2016	16.50	17.94%	16.23	6.71	7.30%	3.74	5.31	5.77%	−8.51

资料来源：根据《广东统计年鉴》（2004—2017 年）整理，占比指占广东农产品出口额的比重。

从农产品加工品占农产品出口的比重来看，动物产品制品、粮食制品及乳制品所占的比重均呈下降趋势。其中，动物产品制品所占比重从 2003 年的 26.63%降至 2016 年的 17.94%，下降 8.69 个百分点；粮食制品及乳品所占比重下降幅度为 2.34 个百分点，糖及糖食所占比重略有上升。其间，广东动物产品制品、糖及糖食在进出口贸易中处于贸易顺差地位且贸易顺差呈扩大化趋势，相反，粮食制品及乳制品从 2008 年开始出现逆差且逆差状态持续扩大化。

3. 进出口市场结构

2000 年以来，广东逐渐形成了以中国香港、东盟、美国及日本等国家和地区为主要农产品出口市场，以东盟、美国、欧盟及巴西等国家和地区为主要农产品进口市场的贸易格局，特别是加入 WTO 以后，广东农产品进出口市场多元化特征凸显。

(1) 主要进口市场。东盟、美国、欧盟、巴西和加拿大是广东前五大农产品进口市场。2000—2016 年，广东从这五大市场进口的农产品占农产品进口总额的比重从 75.29%下降到 72.35%。其中，广东从美国、欧盟和加拿大进口农产品的比重大幅下降，而从东盟和巴西进口农产品的比重在稳步提升（见图 2-19）。

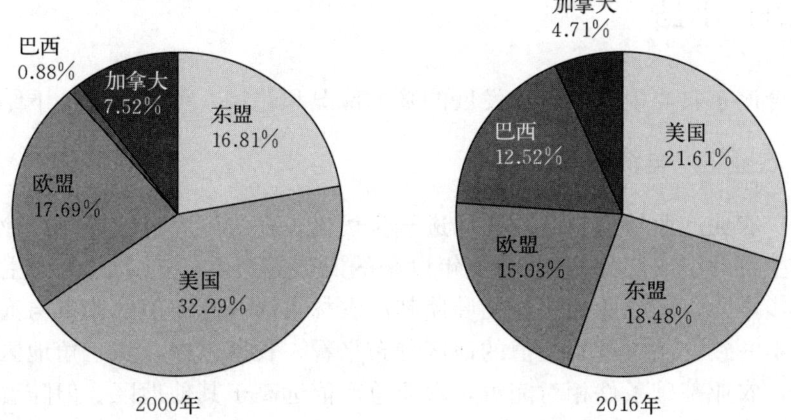

图 2-19　2000 年与 2016 年广东主要农产品进口市场占农产品进口比重

资料来源：根据农业农村部数据整理。

(2) 主要出口市场。中国香港、东盟、美国和日本是广东主要的农产品出口市场，广东出口到这 4 个地区的农产品金额占农产品出口总额的比重在 75%以上，其中中国香港占比重最大，其次是东盟、美国和日本。2000 年以来，广东出口中国香港和日本的农产品金额占农产品出口总额的比重呈下降趋势，其中出口中国香港农产品所占比重曾一度接近 70%，2006 年以来该比重下降到 40%左右；相反，广东出口东盟和美国的农产品金额所占比重趋于上升，2016 年与 2000 年相比，分别增长了 5.77 个百分点和 3.33 个百分点（见图 2-20）。

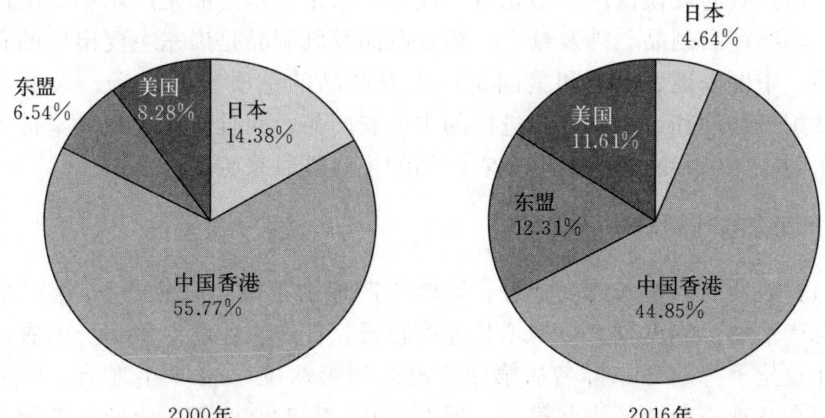

图 2-20　2000 年与 2016 年广东主要农产品出口市场占农产品出口比重

资料来源：同图 2-18。

（四）小结

综合广东农业生产、贸易发展的基本情况和趋势，可以得出如下结论。

1. 农业生产与贸易的特点

（1）农业产业结构与区域布局进一步优化。在我国农林牧渔各产业中，农业是最主要的组成部分。从2000年以来的发展趋势看，广东农业的主导性地位进一步增强，畜牧业的快速发展使其占农林牧渔业总产值的比重与渔业所占比重基本一致。从农业总产值的地区分布来看，长期以来，珠三角地区地理位置优越，农业基础条件相对完善，农业总产值远高于其他地区。但随着农业产业重心向粤东西北地区的逐步转移，珠三角地区农业总产值占全省农林牧渔业总产值的比重明显下降。依托良好的农业资源优势，粤西、粤北农林牧渔业总产值大幅度提高。因此，广东农业产业结构和区域布局呈现出逐步优化的趋势。

（2）生产与贸易的总体规模不断扩大。2000—2016年，广东农林牧渔业总产值实现了较大幅度的增长。2016年与2000年相比，增长近两倍。从种植业的种植规模来看，广东花生、蔬菜和水果的种植面积均呈扩大的趋势，产量不断提高，占全国同类农产品总产量的比重较为稳定。水产品产业是广东的一大传统优势产业，目前，广东水产品总产量仅次于山东省，位居全国第二。与其他水产品大省相比，广东水产品具有单位面积产量高，产量增长迅速的优势。从进出口贸易情况来看，2002—2016年，广东农产品进出口贸易总额增长近5倍，贸易规模仅次于山东省。蔬菜、水果、水产品是广东主要出口的农产品，动物产品制品、糖及糖食、粮食制品及乳制品是广东主要出口的农产品加工品。中国香港、东盟和美国是广东农产品的主要出口市场。大豆、鲜干果、食用植物油和大米是广东进口的主要农产品，而且进口规模均呈扩大化趋势。东盟、美国和欧盟则是广东农产品的主要进口来源地。

2. 面临的问题与挑战

（1）农业生产增长速度缓慢，区域生产地位下降。虽然2000年以来广东农业总产值增长幅度较大，但增长速度较慢，导致农业总产值占全国农业总产值的比重呈下降趋势，排名从第四位滑落到第八位。2004年之前，广东农业总产值在泛珠三角地区排名第一，但在2004年和2008年，农业总产值水平分别被四川和湖南超越，排名下降到第三位。从具体农产品的产量水平来看，近年来，广东水稻、甘蔗、蔬菜、水果、猪肉、禽肉等主要农产品的产量增长都明显放缓，其中甘蔗、禽肉产量呈现出下降趋势。目前，在泛珠三角区域，广东稻谷产量已低于湖南、江西、四川和广西，水果产量也从第一位下降到第二位。

（2）传统优势农产品优势地位弱化。广东地处华南地区，气候温暖湿润，大部分地区是亚热带季风气候，雷州半岛还属于热带季风气候；在海洋渔场方面，南海是广东最大的天然渔场，渔业资源丰富。因此，甘蔗，热带水果等农作物以及水产品是广东传统优势农产品，在全国同类农产品中占有重要地位。从具体农产品的生产情况来看，2000年以来，广东甘蔗产量虽有所增加，但与广西、云南相比增长幅度不大，这也导致广东甘蔗产量占全国甘蔗总产量的比重明显低于广西和云南。随着甘蔗生产进一步向西南地区集中，广东甘蔗生产优势将更加弱化。香蕉、荔枝、菠萝和龙眼是广东主产的四大热带水果，总产量曾一度占广东水果总产量的60％以上，受播种面积限制的影响，尽管单产大幅提高，但总产量占全省水果总产量和全国四大热带水果总产量的比重均呈不断下降的趋势。相反，广西和云南四大热带水果的总产量占全国的比重不断增加。与山东、福建等水海产品大省相比，广东水产品产量占全国的比重也呈现出下降的趋势。因此，虽然广东传统优势农产品的生产规模有所扩大，但总体增长速度较慢，导致在全国的优势地位弱化。

（3）农业生产萎缩与农产品进口需求旺盛的矛盾加大。2000年以来广东主要进口的农产品，如大豆、鲜干果、食用植物油和大米等资源型农产品进口数量和金额大幅增长，其中增长速度最快的是大米。另一方面，受农业土地资源减少及农业生产成本大幅增加等因素的影响，广东稻谷、豆类、薯类等粮食作物的播种面积则呈大幅下降的趋势，产量水平不足以满足自身需求。因此，广东农业生产萎缩与农产品进口需求旺盛的矛盾不断加大，亟待从农业生产成本和生产效率的角度，对广东主要农产品的比较优势进行综合评价，以有效发挥自身优势，从而克服资源约束等困境。

三、广东主要农产品成本-收益比较分析

生产成本直接影响农产品的价格，影响农业生产者的收益。农产品的成本与收益也是衡量区域农产品竞争力的重要指标，本章将对广东主要农产品进行成本收益的比较分析，并分析各种农产品成本的构成和上涨的原因。

（一）主要农产品生产成本构成分析

本研究选取稻谷、花生、甘蔗、蔬菜、水果和生猪等广东主要农产品进行比较研究，使用的数据主要来自《全国农产品成本收益资料汇编》。

1. 主要农产品总成本比较

2000 年以来，广东主要农产品生产成本均呈现出大幅增长的趋势。从图 3-1 可以看出，广东主要农作物产品中，生产成本最高的是水果，其次是蔬菜、甘蔗和花生，稻谷的生产成本最低。

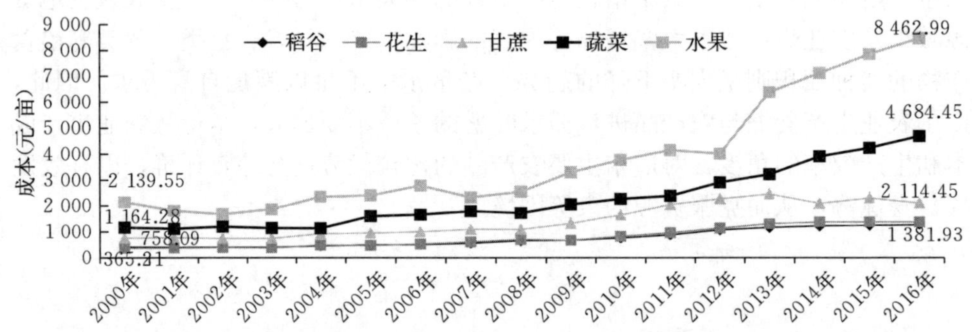

图 3-1　2000—2016 年广东省主要农作物产品总成本变化趋势

注：稻谷为早籼稻、晚籼稻的平均值，蔬菜为露地茄子、露地黄瓜和露地西红柿广州市历年的平均值，水果为柑和橘的平均值。

资料来源：《全国农产品成本收益资料汇编》（2003—2017 年）。

2000—2007 年，广东主要农作物产品的生产成本较为稳定，但从 2008 年开始，生产成本呈现出大幅增长的态势，经济作物成本增长尤为明显。2008—2016 年，广东水果生产成本从 2 550.03 元/亩增长到 8 462.99 元/亩，年均增

长幅度达 16.18%，其中 2013 年比 2012 年增长 59.03%；同期，蔬菜、甘蔗的年均增长幅度分别为 13.69%和 11.30%；而同期花生、稻谷的生产成本年均增长幅度为 10.23%和 9.68%。

2007 年以来，广东生猪生产成本同样呈现出大幅增长的趋势（见图 3－2）。其中，2010—2016 年，不同规模生猪生产成本分化越来越明显，散养生猪生产成本从 2010 年的 1 454.43 元/头增长到 2016 年的 2 226.48 元/头，年均增长 7.35%；同期，小规模生猪生产成本年均增长率为 7.65%，而中、大规模生猪生产成本年均增长率分别仅为 4.81%和 5.46%。2016 年大规模生猪的生产成本分别比中规模、小规模、散养的生猪每头分别低 103.98 元、185.63 元和 522.08 元。可见，规模化、集约化生产能够降低生猪生产成本。

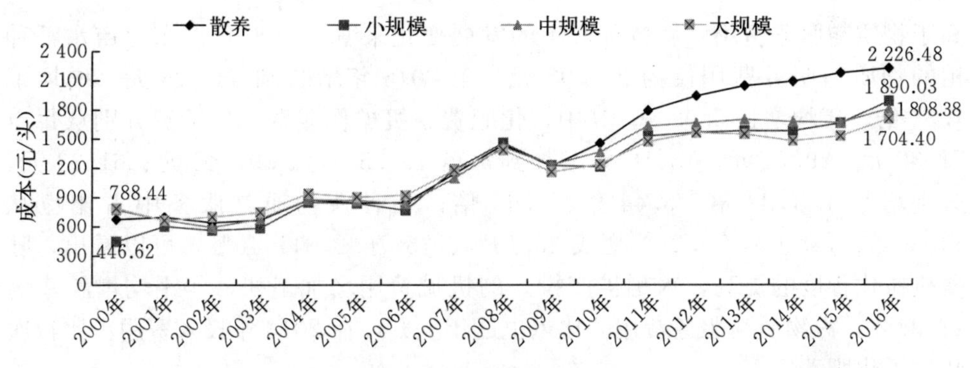

图 3－2　2000—2016 年广东省不同规模生猪生产总成本变化趋势

资料来源：《全国农产品成本收益资料汇编》（2003—2017 年）。

2. 主要农产品生产成本构成分析

（1）稻谷生产成本构成情况。水稻总成本的构成中，物质与服务费用、人工成本所占的比重较大，土地成本所占比重较低。从图 3－3 可以看出，2000 年，物质与服务费用在广东稻谷生产成本中所占的比重最大，约占总成本的一半，其次是人工成本，所占比重为 30.53%，土地成本所占比重最低，为 18.35%。随着人工成本的大幅增长，2016 年，广东水稻人工成本占总成本的比重增长到 43.19%，增加了 12.66 个百分点，物质与服务费用、土地成本所占比重则分别下降到 41.84%和 14.97%，分别下降了 9.27 个百分点和 3.38 个百分点。

从广东稻谷生产成本构成的变化趋势来看（图 3－4），2000—2011 年，物质与服务费用远高于人工成本和土地成本，但从 2012 年开始，人工成本逐渐

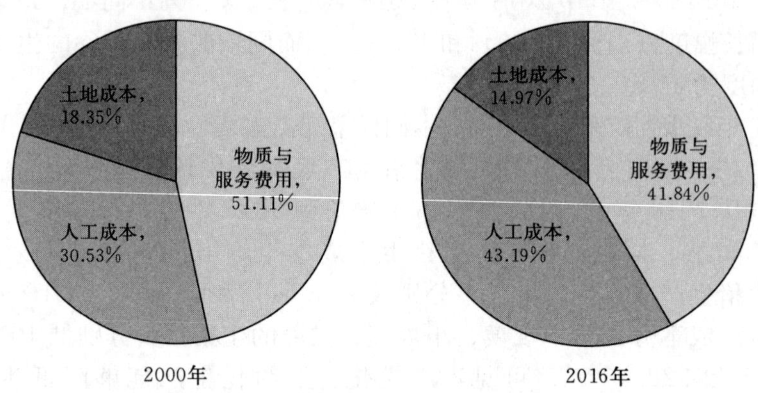

图 3-3　2000 年与 2016 年广东省稻谷生产成本构成变化

资料来源：2001 年、2017 年《全国农产品成本收益资料汇编》。

高于物质与服务费用。从各种成本的发展变化来看，2000 年广东每亩水稻种植的物质与服务费用仅为 210.95 元，至 2016 年增长到 535.26 元，增加了 1.54 倍，年均增长 5.99%。其中，化肥费、机械作业费、种子费分别从每亩 72.36 元、29.74 元、13.16 元增加到每亩 161.52 元、191.42 元、61.33 元，分别增长了 1.23 倍、5.44 倍、3.66 倍；三者在物质与服务中占比也从 34.30%、14.10%、6.24%变成 30.18%、35.76%、11.46%，可以看出，随着机械化程度的提高，水稻生产投入的机械费用增加最快，年平均增长率为 12.34%，占物质与服务费用的比重也逐年上升，在 2013 年投入费用占比首次超过了化肥费。

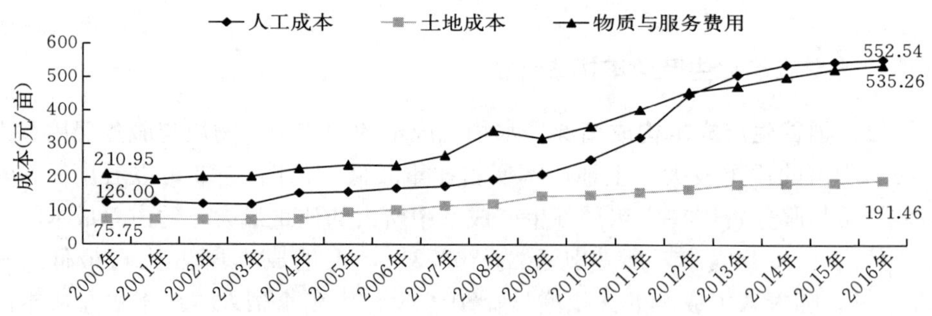

图 3-4　2000—2016 年广东省稻谷生产成本构成变化趋势

资料来源：《全国农产品成本收益资料汇编》(2003—2017 年)。

水稻生产的人工成本增长迅速。广东省水稻生产的人工成本在 2004 年开始上涨明显，2003—2016 年，每亩人工成本从 2003 年的 120.96 元增加到 2016 年的 552.54 元，增加了 3.57 倍，年均增长 12.40%。水稻生产的人工成本包括家庭用工折价和雇工费用，2004—2016 年，广东省水稻种植的每亩家庭用工折价和雇工费用分别从 141.73 元、12.36 元上涨到 521.29 元、31.25 元，分别增加了 2.68 倍和 1.53 倍。随着全社会用工成本的增加，水稻生产尤其是传统的家庭经营模式面临着家庭用工折价的快速增长，而近年来城镇化的发展，农业集约化生产水平的提高以及农业有效劳动力的减少，导致水稻生产每亩用工数量减少的同时，也使人工成本大幅度增长。

水稻生产土地成本有进一步走高的趋势。虽然土地成本在水稻生产的总成本中所占的比重最低，但同样增长迅速。自 2005 年开始，土地成本增长速度加快，每亩土地成本从 2004 年的 76.93 元增加到 2016 年的 191.46 元，年均增长 7.89%。土地成本包括流转地租金和自营地折租，2004—2016 年，两者分别从 12.10 元、64.84 元增加到 23.97 元、167.49 元，年均增长率分别为 5.86%和 8.23%，在土地成本中的平均占比分别为 12.52%和 87.48%。可以预见，随着耕地数量的减少和需求的增加，广东水稻生产的土地成本将进一步走高。

（2）花生生产成本构成情况。广东花生生产成本可分为土地成本、人工成本、物质与服务费用。2000—2016 年，人工成本占花生生产总成本的比重大幅增长，由 38.06%增长到 55.27%，增加了 17.21 个百分点（见图 3－5）。相反，物质与服务费用占总成本的比重则大幅降低，从 2000 年的 43.71%下降到 2016 年的 32.26%，下降了 11.45 个百分点；同期，土地成本小幅下降 5.75 个百分点。

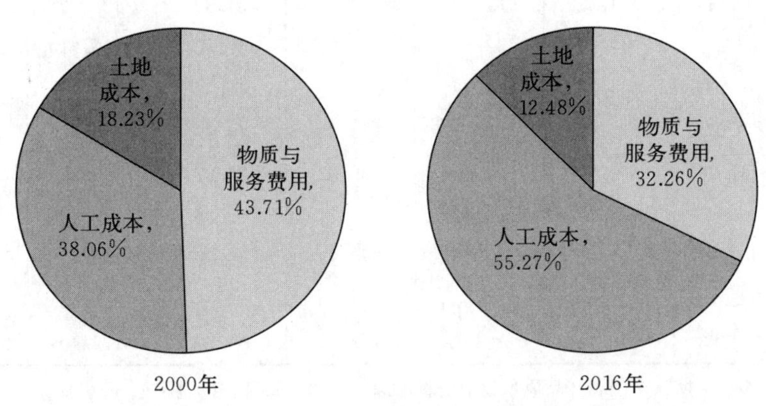

图 3－5　2000—2016 年广东省花生生产成本构成变化

资料来源：根据 2001 年、2017 年《全国农产品成本收益资料汇编》整理。

从表 3－1 可以看出，2000—2016 年，广东花生生产总成本增长迅速，每亩生产成本从 2000 年的 365.21 元增长到 2016 年的 1 381.93 元，年均增长

8.67%。其中，物质与服务费用、人工成本、土地成本的年均增长率分别为6.63%、11.24%和6.13%。而从2010年开始，人工成本的增长尤为迅速，每亩从2009年的249.96元增加到2016年的763.78元，年均增长率达17.59%，这也导致从2011年开始，人工成本超过物质与服务费用成为了广东花生生产各成本中所占比重最大的成本。从人工成本的构成来看，2004—2016年，家庭用工折价占人工成本的年平均比重为98.53%，从2004年的每亩158.78元上涨到2016年的763.78元，年均上涨13.99%，是人工成本暴涨的主要原因。

表3-1　2000—2016年广东省花生生产总成本构成情况

年份	总成本（元/亩）	物质与服务费用		人工成本		土地成本	
		金额（元/亩）	占比（%）	金额（元/亩）	占比（%）	金额（元/亩）	占比（%）
2000	365.21	159.63	43.71	139.00	38.06	66.58	18.23
2001	372.29	159.98	42.97	145.60	39.11	66.71	17.92
2002	388.94	162.56	41.80	160.60	41.29	65.78	16.91
2003	378.02	166.44	44.03	144.48	38.22	67.10	17.75
2004	482.51	246.59	51.11	167.08	34.63	68.84	14.27
2005	468.66	233.78	49.88	172.34	36.77	62.54	13.34
2006	523.79	233.79	44.63	219.40	41.89	70.60	13.48
2007	605.03	287.97	47.60	211.92	35.03	105.14	17.38
2008	700.71	331.41	47.30	244.51	34.89	124.79	17.81
2009	667.98	317.41	47.52	249.96	37.42	100.61	15.06
2010	816.56	344.82	42.23	333.00	40.78	138.74	16.99
2011	959.03	376.01	39.21	429.32	44.77	153.70	16.03
2012	1 131.90	397.59	35.13	569.02	50.27	165.29	14.60
2013	1 306.23	435.27	33.32	683.74	52.34	187.22	14.33
2014	1 383.98	412.32	29.79	772.18	55.79	199.48	14.41
2015	1 385.78	422.60	30.50	762.70	55.04	200.48	14.47
2016	1 381.93	445.75	32.26	763.78	55.27	172.40	12.48

资料来源：根据《全国农产品成本收益资料汇编》（2003—2017年）整理。

2000—2016年，广东花生生产的机械作业费、种子费、化肥费占物质与服务费的年均比重分别为11.07%、28.7%、31.33%。其中，每亩机械作业费从2000年的0.75元增长到99.6元，增长130多倍，种子费从每亩42.93元增长到165.31元，增长了2.85倍，化肥费从每亩46.25元增长到122.59

元，增长了1.65倍。由此可见，广东花生生产的机械化生产得到迅速发展，但种子费和化肥费仍然构成了物质与服务费的主要部分。

自营地折租是推动广东花生生产土地成本上涨的主要原因。2004—2016年，每亩花生的自营地折租从60.17元上涨到155.57元，年均增长8.24%，高于土地成本年均增幅（6.13%），自营地折租在土地成本中的年平均比重高达86.12%。

（3）甘蔗生产成本构成情况。作为全国四大甘蔗主产省份之一，广东同样面临甘蔗生产成本快速增长的问题。从图3-6可知，2000—2016年，广东甘蔗生产成本的构成中，各成本构成变化相对较小，其中物质与服务费用占总成本的比重降低，人工成本和土地成本占总成本的比重均在增加。16年间，物质与服务费用占甘蔗总成本的比重下降了8.96个百分点，而人工成本和土地成本所占比重则分别提高了5.94个百分点和3.02个百分点。

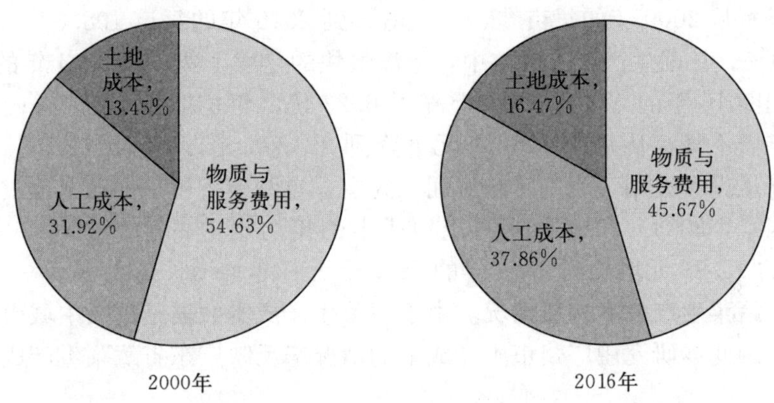

图3-6　2000年与2016年广东省甘蔗生产成本构成变化情况

资料来源：根据2001年、2017年《全国农产品成本收益资料汇编》整理。

从图3-7的广东甘蔗各生产成本的变化趋势来看，2000—2008年，甘蔗各种生产成本的变化相对稳定，增长幅度不大；但从2009年开始，三大成本均呈现出大幅上涨的趋势。其中人工成本上涨幅度最大，每亩从2008年的338.6元增加到2016年的800.54元，其中2013年一度高达1 245.58元，年均增长幅度达11.36%；同期，每亩物质与服务费用从594.91元上涨到965.73元，年均增长率为6.24%，每亩土地成本也从154.92元上涨到348.18元，年均增长率为10.65%。人工成本和土地成本的迅速上涨，直接导致这两大成本占总成本比重的增加。

从广东甘蔗生产成本的构成来看，2000—2016年，化肥费占物质与服务费用的比重最高，其次是机械作业费和种子费，年均占比分别为50.42%、

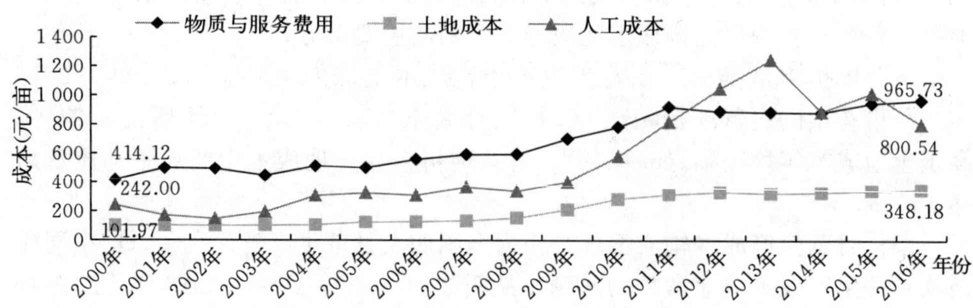

图 3-7 2000—2016 年广东省甘蔗生产总成本构成变化趋势

资料来源：根据《全国农产品成本收益资料汇编》(2003—2017 年) 数据整理。

10.47%和 6.95%。2000—2016 年，机械作业费从每亩 21.9 元上涨到每亩 79.45 元，上涨 2.63 倍；化肥费从每亩 181.8 元增长到 562.49 元，上涨 2.09 倍；种子费从 2000 年的每亩 88.83 元增长到 2015 年的每亩 108.82 元，上涨了 22.50%。甘蔗生产人工成本中，上涨最快的是雇工费，从 2004 年的 80.05 元上涨到 2016 年的 578.56 元，上涨了 6.23 倍，年均增长 17.92%；家庭用工折价略微下降，从每亩 226.87 元下降到 221.98 元，下降了 2.16%，甘蔗生产逐渐从以家庭用工为主转向雇佣工为主。自营地折租是推动土地成本上涨的主要因素，2004—2016 年其占土地成本的年均比重高达 91.44%，每亩从 2004 年的 95.99 元增加到 2016 年的 260.33 元，年均增长 8.67%。

(4) 蔬菜生产成本构成情况。由于蔬菜生产成本数据是以大中城市为统计单位的，因此本研究用广州市生产成本的情况来反映广东省蔬菜生产成本的变化情况。

从表 3-2 可以看出，从 2005 年开始，广州蔬菜生产总成本迅速上涨，2004—2016 年，每亩总成本从 1 135.64 元上涨到 4 684.45 元，年均增长率高达 12.53%。从蔬菜总成本的构成来看，2000—2016 年，人工成本上涨速度最快，年均增长幅度达 11.81%，其次是土地成本，年均增长率为 9.91%，物质与服务费用涨幅较小，年均增长率为 4.98%。蔬菜生产人工成本的迅速上涨使其占总成本的比重从 2000 年的 44.81%增加到 2016 年的 66.41%，增加了 21.6 个百分点；而同期物质与服务费用所占比重则从 48.82%大幅下降到 26.41%，下降了 22.41 个百分点。从 2013 年开始，广州蔬菜生产土地成本占比也略有下降，2016 年有所上升为 7.19%。因此，蔬菜人工成本快速上涨是导致蔬菜总成本迅速上涨的直接原因。

数据显示，家庭用工折价是推动广州蔬菜人工成本猛涨的主要动因。2004—2016 年，家庭用工折价占蔬菜人工成本的年均比重高达 96.70%，从每

表 3-2　2000—2016 年广州市蔬菜生产总成本构成变化情况

年份	总成本（元/亩）	物质与服务费用		人工成本		土地成本	
		金额（元/亩）	占比（%）	金额（元/亩）	占比（%）	金额（元/亩）	占比（%）
2000	1 164.28	568.38	48.82	521.67	44.81	74.23	6.38
2001	1 117.40	483.15	43.24	559.87	50.10	74.38	6.66
2002	1 194.71	479.26	40.11	642.03	53.74	73.42	6.15
2003	1 143.17	447.43	39.14	620.85	54.31	74.89	6.55
2004	1 135.64	408.85	36.00	649.95	57.23	76.84	6.77
2005	1 599.54	716.59	44.80	799.17	49.96	83.78	5.24
2006	1 659.47	703.44	42.39	855.14	51.53	100.89	6.08
2007	1 796.06	749.98	41.76	912.75	50.82	133.33	7.42
2008	1 724.01	562.89	32.65	1 023.12	59.35	138.00	8.00
2009	2 058.41	711.37	34.56	1 193.71	57.99	153.33	7.45
2010	2 272.15	759.97	33.45	1 384.60	60.94	127.58	5.61
2011	2 387.95	868.68	36.38	1 424.93	59.67	94.33	3.95
2012	2 906.98	800.90	27.55	1 909.41	65.68	196.67	6.77
2013	3 218.50	788.76	24.51	2 224.73	69.12	205.00	6.37
2014	3 907.28	780.48	19.97	2 901.80	74.27	225.00	5.76
2015	4 232.77	841.55	19.88	3 166.22	74.80	225.00	5.32
2016	4 684.45	1 236.94	26.41	3 110.84	66.41	336.67	7.19

资料来源：根据《全国农产品成本收益资料汇编》（2003—2017 年）数据计算整理。

亩 645.73 元上涨到 3 110.84 元，增长了 3.82 倍；而 2014、2015 年的蔬菜生产雇工费每亩也分别达到了 347.41 元和 469.76 元。从物质与服务费用的构成来看，2000—2016 年，化肥费和种子费年均占比分别为 24.88%和 4.99%，每亩化肥费从 150.27 元波动增长到 338.91 元，种子费从每亩 46.22 元波动增长到 82.99 元。广州市蔬菜生产的土地成本在 2013 年开始上涨到 200 元/亩以上，其中流转地租金是土地成本上涨最主要的原因。2004—2016 年，广州市蔬菜生产的流转地租金从 23.62 元上涨到 134 元，增长 4.67 倍，其占土地成本的比重也从 30.74%增加到 39.80%；同期，自营地折租也从 53.22 元上涨到 202.67 元，增长了 2.81 倍，占土地成本的比重从 69.26%下降到 60.20%。

（5）水果生产成本构成情况。水果是广东主要农作物产品中生产成本上涨最大的产品。受数据的可获得性影响，本研究以柑和橘为例来反映广东水果生产成本的变化情况。从 2009 年开始，广东每亩柑和橘的生产成本突破 3 000

元，至2016年增长到8 462.99元，年均增长率高达14.40%（见表3-3）。与其他农作物产品一样，2000—2016年，广东柑和橘的人工成本上涨速度最快，从每亩741元上涨到5 393.91元，年均增长率为16.46%，其占总成本的比重也从34.63%增加到63.74%，增长了将近40个百分点；同期，物质与服务费用也从1 142.78元增加到2 982.83元，年均增长率为6.18%，其占总成本的比重从53.41%下降到35.25%。与广东其他主要农作物产品不同的是，广东柑和橘的土地成本在2013年以来呈现出下降的趋势，其占总成本的比重逐渐下降到2016年的1.02%，这主要是由于柑和橘种植所用的林地的价格相对低廉且稳定。

表3-3　2000—2016年广东省柑和橘生产总成本构成变化情况

年份	总成本（元/亩）	物质与服务费用		人工成本		土地成本	
		金额（元/亩）	占比（%）	金额（元/亩）	占比（%）	金额（元/亩）	占比（%）
2000	2 139.55	1 142.78	53.41	741.00	34.63	255.77	11.95
2001	1 804.54	965.48	53.50	610.48	33.83	228.59	12.67
2002	1 675.65	902.10	53.84	547.25	32.66	226.30	13.51
2003	1 568.70	1 065.00	56.99	572.88	30.66	230.83	12.35
2004	2 353.02	1 471.39	62.53	644.80	27.40	236.83	10.06
2005	2 405.26	1 456.69	60.56	690.82	28.72	257.75	10.72
2006	2 786.24	1 638.75	58.82	874.64	31.39	272.86	9.79
2007	2 329.96	1 160.02	49.79	1 099.44	47.19	70.50	3.03
2008	2 550.03	1 663.10	65.22	675.73	26.50	211.21	8.28
2009	3 299.56	1 839.32	55.74	1 282.65	38.87	177.60	5.38
2010	3 770.33	2 071.77	54.95	1 566.91	41.56	131.66	3.49
2011	4 147.42	2 337.09	56.35	1 670.36	40.27	139.98	3.38
2012	4 007.91	1 959.14	48.88	1 845.29	46.04	203.49	5.08
2013	6 373.96	2 510.25	39.38	3 689.70	57.89	174.02	2.73
2014	7 123.78	2 814.74	39.51	4 196.83	58.91	112.21	1.58
2015	7 853.86	2 894.21	36.85	4 861.27	61.90	100.89	1.28
2016	8 462.99	2 982.83	35.25	5 393.91	63.74	86.25	1.02

资料来源：根据《全国农产品成本收益资料汇编》（2003—2017年）数据计算整理。

从三大成本变化的主要成因来看，农药费和化肥费构成了柑和橘物质与服务费用的主要组成部分，其中农药费从2000年的377.56元增加到2016年的1 379.69元，年均增长幅度为8.44%，占物质与服务费用的比重从33.04%增加到 46.25%；同期，化肥费也从 411.42 元增加到 919.74 元，增加了 1.24 倍，但其占物质与服务费用的比重从 36%下降到 30.83%。人工成本中，每亩雇工费用增长幅度最大，从 2004 年的 161.61 元增加到 2016 年的 4 749.71 元，增加了 28.39 倍，年均增幅高达 23.53%；同期，每亩家庭用工折价从 483.20 元增加到 644.20 元，仅增加了 33.32%。柑与橘的家庭用工折价、雇工费占人工成本的比重分别从 74.94%、25.06%变成 11.94%、88.06%，其中雇工费用年均增长率达到 32.54%。土地成本中，自营地折租和流转地租金分别从 2004 年的 180.51 元、56.32 元下降到 61.60 元、24.65 元，自营地折租在每亩土地成本中平均占比为 83.92%，是土地成本下降的主要推力。

（6）生猪养殖成本构成情况。从不同规模生猪养殖的成本构成来看，养殖规模越大，每头生猪养殖所需的物质与服务费用、人工成本和土地成本越低。从三大成本的增长速度来看，2000—2016 年，每头生猪养殖的物质与服务费用中，大、中、小规模养殖以及散养的年均增长率分别为 6.20%、6.77%、9.27%和 7.49%；同期，每头生猪养殖的人工成本年均增长率分别为 15.29%、8.66%、11.09%和 15.86%。

从不同的养殖规模来看，散养生猪和小规模生猪养殖的人工成本主要是家庭用工折价，其中散养生猪每头从 2004 年的 125.22 元上涨到 2016 年的 2 226.48 元，增加了 16.78 倍，小规模生猪也增加了 3.23 倍。生猪养殖的物质与服务费用包括仔畜进价、精饲料费、青饲料费、饲料加工费、医疗防疫费等，2000—2016 年，散养生猪和小规模生猪养殖的精饲料费用增长速度最快。2016 年，精饲料费用占散养和小规模生猪养殖物质与服务费用的比重分别达到了 52.32%和 52.89%。

中、大规模生猪养殖的人工成本也增长迅猛，上涨主要原因是雇工费用的增加。2004—2016 年，中规模生猪养殖的雇工费用从 22.02 元增加到 66.6 元，增加了 2.02 倍，在人工成本中的占比由 51.90%增至 61.46%；同期，每头大规模生猪养殖的雇工费从 48.26 元增至 75.48 元，增长 56.40%。物质与服务费用的增加是推动中、大规模生猪养殖成本上涨的主要原因。2000—2016 年的 16 年间，中、大规模生猪养殖的物质与服务费用占总成本的年均比重约为 95%。其中，主要是仔猪进价和精饲料费用的增加，中规模生猪养殖的仔畜进价和精饲料费从 2000 年的每头 212.68 元、321.33 元，分别上涨到 721.93 元和 886.87 元，分别增长了 2.39 倍和 1.76 倍，在物质与服务费用中占比都在上升；同期，大规模生猪养殖的仔猪进价和精饲料费用分别从每头 171.26 元、424.66 元上涨到 728.03 元、785.96 元，分别增加了 3.25 倍、85.08%，在物质与服务费用中占比从 22.21%、55.08%变为 44.87%、48.44%，仔畜进价占比有明显上升。此外，生猪医疗防疫费用也呈现出大幅增加的趋势，其中，大规模生猪养殖的每头生猪医疗防疫费从 2000 年的 7.29 元到增加到 2016 年的 27 元，增加了 2.70 倍。

大规模生猪养殖生产成本变化分析见表 3-4。

表 3-4 2000—2016 年广东省大规模生猪生产总成本构成变化分析

年份	总成本（元/头）	物质与服务费用		人工成本		土地成本	
		金额（元/头）	占比（%）	金额（元/头）	占比（%）	金额（元/头）	占比（%）
2000	788.44	770.93	97.78	14	1.78	3.51	0.45
2001	664.19	647.15	97.43	13.52	2.04	3.52	0.53
2002	700.30	684.73	97.78	12.10	1.73	3.47	0.50
2003	748.04	731.06	97.73	13.44	1.80	3.54	0.47
2004	939.73	887.84	94.48	48.26	5.14	3.63	0.39
2005	903.5	860.83	95.28	39.11	4.33	3.56	0.39
2006	922.05	883.41	95.81	35.34	3.83	3.30	0.36
2007	1 180.89	1 131.09	95.78	46.96	3.98	2.84	0.24
2008	1 384.59	1 336.43	96.52	45.25	3.27	2.91	0.21
2009	1 160.94	1 115.02	96.04	43.01	3.70	2.91	0.25
2010	1 239.03	1 192.27	96.23	44.05	3.56	2.71	0.22
2011	1 469.92	1 414.81	96.25	52.71	3.59	2.40	0.16
2012	1 562.77	1 501.51	96.08	58.45	3.74	2.81	0.18
2013	1 547.77	1 481.28	95.70	63.75	4.12	2.74	0.18
2014	1 477.72	1 410.90	95.48	63.43	4.29	3.39	0.23
2015	1 527.01	1 455.83	95.34	65.82	4.31	5.36	0.35
2016	1 704.40	1 622.59	95.20	77.19	4.53	4.62	0.27

资料来源：根据《全国农产品成本收益资料汇编》（2003—2017 年）数据计算整理。

（二）主要农产品生产成本的比较分析

本部分将从水稻、花生、甘蔗、蔬菜、水果和生猪这六大类农产品着手，与其他主产省份进行比较，以考察广东主要农产品在生产成本方面的优势和劣势。

1. 水稻生产成本的变化和比较分析

我国水稻品种分为早籼稻、晚籼稻和粳稻。广东水稻种植的品种是早籼稻和晚籼稻，因此，本文选取同样种植早籼稻、晚籼稻的安徽、浙江、福建、江西、湖北、湖南、广西和海南共 8 个省份，进行水稻生产成本的比较分析（见表 3－5）。

表 3－5 2000—2016 年全国早籼稻、晚籼稻主产省份水稻生产总成本变化情况

单位：元/亩

年份	全国平均	广东	安徽	浙江	福建	江西	湖北	湖南	广西	海南
2000	362.5	412.7	317.6	349.4	342.1	327.4	329.8	323.7	425.5	264.3
2001	359.4	396.8	312.5	326.3	341.1	330.0	314.9	328.4	412.6	274.6
2002	370.8	400.3	309.5	318.7	354.0	337.6	300.2	332.5	414.3	272.8
2003	375.3	399.6	310.1	329.2	357.2	340.1	325.4	332.6	427.2	260.5
2004	435.4	457.7	399.2	390.3	441.3	417.9	393.0	398.5	524.3	327.0
2005	466.0	489.8	402.3	433.1	493.1	439.4	394.4	430.3	566.9	351.7
2006	488.8	507.3	430.0	461.1	524.5	455.1	425.1	457.1	592.7	374.5
2007	520.8	556.7	507.1	518.4	574.4	481.9	451.8	480.3	612.5	407.0
2008	623.2	656.5	613.5	590.0	664.6	582.0	589.8	588.9	717.4	501.0
2009	639.5	672.9	624.3	600.7	681.4	597.5	605.6	610.6	734.8	528.9
2010	709.8	755.3	680.5	651.2	806.1	678.7	689.3	657.9	804.6	581.9
2011	829.1	880.2	795.5	803.9	1 019.8	789.6	802.2	761.1	933.3	687.9
2012	977.2	1 069.4	957.2	946.3	1 194.5	915.7	951.2	884.0	1 109.5	843.5
2013	1 066.4	1 160.3	1 056.0	1 050.5	1 313.0	982.8	1 043.0	986.0	1 192.6	943.2
2014	1 090.4	1 219.7	1 097.1	1 096.6	1 372.9	1 002.3	1 059.4	986.8	1 216.7	975.8
2015	1 111.5	1 253.5	1 099.6	1 132.1	1 398.0	1 012.6	1 052.9	1 002.5	1 274.9	1 013.4
2016	1 115.0	1 279.3	1 137.9	1 136.1	1 401.4	1 015.7	1 015.4	1 003.7	1 275.1	1 064.9
排名	—	2	4	5	1	7	8	9	3	6
增幅（%）	207.55	209.98	258.34	225.17	309.68	210.19	207.91	210.11	199.68	302.88
年均增长率（%）	7.27	7.33	8.30	7.65	9.21	7.33	7.28	7.33	7.10	9.09

注：水稻成本为早籼稻、晚籼稻的平均值；排名按照 2016 年的总成本从高到低的次序，增长幅度和年均增长率均以 2000 年为基准年。

资料来源：根据《全国农产品成本收益资料汇编》（2003—2017 年）计算整理。

（1）总成本的变化与比较。2000 年以来，全国及早籼稻、晚籼稻（下文统称“水稻”）主产省份的水稻生产总成本均大幅度增长且增长速度较快，2016 年与 2000 年相比较，增长幅度均超过两倍，年均增长率达 7.27%。

广东省水稻生产总成本增长幅度和速度与全国相当，但总成本明显高于全国平均水平，且从 2013 年开始差距逐渐扩大，2015 年的总成本高出全国平均水平12.78%。在生产早籼稻和晚籼稻的省份中，广东水稻生产总成本仅低于福建和广西两地，但远高于其他主产省份。2015年，广东水稻生产总成本分别较湖南、江西、海南的总成本高出25.04%、23.79%和23.69%。因此，从区域水稻生产成本来看，广东水稻生产成本较高。

（2）生产成本构成变化及比较。水稻生产成本包括人工成本、物质与服务费用和土地成本。从表3-6可以看出，2000年以来，各水稻主产省份的物质与服务费用、人工成本均呈增长态势。2000年，广东水稻生产的人工成本不仅低于全国平均水平，而且低于大部分早籼稻、晚籼稻主产省份，但到2016年，该成本在高于全国平均水平19.69%的同时，也明显高于湖南、江西、海南等泛珠三角省份。

表3-6 2000年与2016年全国早籼稻、晚籼稻主产省份水稻生产总成本构成情况

单位：元/亩

年份	项目	全国平均	广东	安徽	浙江	福建	湖北	湖南	广西	海南	江西
2000	人工成本	135.5	126.0	131.5	99.0	134.5	144.5	130.0	146.5	128.5	142.0
	物质与服务费用	183.7	211.0	145.5	192.4	158.6	149.7	161.2	195.6	118.8	139.2
	土地成本	43.3	75.7	40.5	58.0	48.9	35.6	32.5	83.4	22.2	46.3
2016	人工成本	461.6	552.5	411.8	318.8	747.5	449.1	393.0	588.0	472.0	387.0
	物质与服务费用	488.7	535.3	511.4	572.7	447.5	429.1	456.1	572.3	488.6	478.0
	土地成本	164.7	191.5	214.7	244.6	206.4	137.2	154.6	159.8	104.4	150.6

资料来源：同上。

从各项成本的增长速度来看，广东水稻生产的人工成本增速仅低于福建，远高于其他水稻主产省份；而物质与服务费用、土地成本的增速相对较慢。因此，与其他主产省份相比较，广东水稻生产的劣势在于人工成本的上涨速度过快（见表3-7）。

表3-7 2000—2016年全国水稻主产省份水稻各种生产成本增长幅度

单位：%

项目	全国平均	广东	安徽	浙江	福建	湖北	湖南	广西	海南	江西
人工成本	240.57	338.52	213.16	221.98	455.78	210.80	202.34	301.39	267.28	172.56
物质与服务费用	166.06	157.74	251.45	197.67	182.09	186.63	182.89	192.65	311.14	243.54
土地成本	280.24	152.79	429.71	321.83	321.72	285.69	376.39	91.53	370.09	225.39

资料来源：同上。

2. 花生生产成本的变化和比较分析

河北、辽宁、福建、广西、四川、安徽、河南、山东等省份是我国花生主产地，本研究选取这些省份与广东进行生产成本的比较分析。

（1）总成本的变化与比较。2000—2016 年，全国花生主产省份的花生生产总成本呈现出快速增长态势，年均增长率为 8.42%。除辽宁、山东、四川外，其他省份增长幅度均超过全国平均增长幅度，其中，安徽、河北、河南增长幅度远超全国平均水平，分别达到 4.2 倍、3.5 倍和 3.1 倍以上，年均增长率分别为 10.86%、9.89%和 9.22%。广东增长幅度略高于全国平均增长幅度，年均增长率为 8.67%，每亩平均花生生产总成本由 2000 年的 365.2 元增长到 2016 年的 1 381.9 元，增长了 2.8 倍。2016 年，广东花生生产总成本在全国九大花生主产省份中排名第五，总成本略低于全国平均水平（见表 3-8）。

表 3-8　2000—2016 年中国花生主产省份花生生产总成本

单位：元/亩

年份	全国平均	广东	河北	辽宁	安徽	福建	山东	河南	广西	四川
2000	387.7	365.2	346.4	416.6	255.5	452.0	447.8	334.0	391.6	406.2
2001	397.1	372.3	384.7	416.3	279.7	432.7	422.4	382.9	372.6	405.4
2002	384.0	388.9	359.1	396.2	275.0	440.9	442.5	320.1	339.0	267.8
2003	403.9	378.0	377.5	391.9	272.0	421.3	442.2	328.2	387.8	272.1
2004	448.8	482.5	450.9	454.1	360.6	567.6	541.3	408.7	446.2	301.3
2005	473.7	468.7	499.0	499.2	429.0	668.9	545.8	433.1	457.7	315.0
2006	503.9	523.8	549.0	525.7	464.9	629.2	556.0	447.4	469.9	371.8
2007	578.4	605.0	691.7	588.8	508.9	751.3	654.9	534.2	544.0	369.9
2008	677.1	700.7	744.2	674.6	591.2	837.5	785.6	608.4	706.1	457.4
2009	678.0	668.0	756.1	679.5	637.6	842.4	771.2	586.8	671.3	596.4
2010	788.0	816.6	881.1	808.6	685.1	985.0	871.0	702.2	779.0	666.7
2011	958.7	959.0	1 074.1	923.3	895.7	1 165.1	1 085.3	859.6	913.5	806.1
2012	1 164.1	1 131.9	1 324.6	1 054.3	1 141.5	1 353.2	1 309.5	1 068.0	1 111.0	1 010.4
2013	1 317.1	1 306.2	1 445.8	1 263.6	1 184.0	1 841.5	1 429.2	1 204.2	1 341.1	1 195.8
2014	1 343.4	1 384.0	1 501.3	1 068.5	1 139.1	1 576.6	1 502.1	1 284.5	1 433.2	1 214.1
2015	1 396.8	1 385.8	1 507.0	1 159.9	1 228.0	1 925.8	1 542.5	1 332.0	1 445.9	1 276.6
2016	1 414.0	1 381.9	1 566.5	1 064.6	1 330.5	1 759.4	1 560.0	1 368.9	1 487.1	1 302.4
排名	—	5	2	9	7	1	3	6	4	8
增幅（%）	264.76	278.39	352.25	155.54	420.70	289.27	248.38	309.84	279.76	220.63
年均增长率（%）	8.42	8.67	9.89	6.04	10.86	8.87	8.11	9.22	9.22	7.42

注：排名按照 2016 年的总成本从高到低排位；增长幅度和年均增长率均以 2000 年为基准年。

资料来源：根据《全国农产品成本收益资料汇编》（2003—2017 年）计算整理。

（2）生产成本构成变化及比较。综合表 3－9 和表 3－10 可知，2000 年，广东花生的生产成本低于全国平均水平，但土地成本较高，在花生主产省份中仅次于辽宁。随着人工成本增长速度的加快，2016 年广东花生生产的人工成本高于全国平均水平 9.88%。因此，总体而言，广东花生生产具备一定的成本优势。

表 3－9　2000 年与 2016 年全国花生主产省份花生生产总成本的构成变化情况

单位：元/亩

年份	项目	全国平均	广东	河北	辽宁	安徽	福建	山东	河南	广西	四川
2000	人工成本	153.6	139.0	137.0	121.0	115.0	216.0	160.0	152.0	146.0	241.0
	物质与服务费用	184.5	159.6	157.7	223.6	102.5	179.8	231.7	141.4	183.9	134.9
	土地成本	49.6	66.6	51.7	72.0	38.0	56.1	56.1	40.6	61.7	30.3
2016	人工成本	695.1	763.8	818.6	338.9	566.9	1 079.0	809.9	550.0	855.0	860.9
	物质与服务费用	463.6	445.8	487.8	395.6	441.7	470.6	536.6	467.2	474.1	356.2
	土地成本	255.3	172.4	260.1	330.2	322.0	209.8	213.4	351.8	157.9	85.2

资料来源：同上。

表 3－10　2000—2016 年全国花生主产省份花生各种生产成本增长幅度

单位：%

项目	全国平均	广东	河北	辽宁	安徽	福建	山东	河南	广西	四川
人工成本	352.44	449.48	497.51	180.04	392.93	399.54	406.19	261.86	485.64	257.22
物质与服务费用	151.33	179.24	209.34	76.88	330.93	161.69	131.61	230.35	157.77	164.17
土地成本	415.21	158.94	403.17	358.81	746.62	273.69	280.60	766.38	156.16	180.95

资料来源：同上。

3. 甘蔗生产成本的变化和比较分析

（1）总成本的变化与比较。从 2000 年到 2016 年，全国甘蔗主产省份的甘蔗生产总成本均呈现出快速增加的趋势（表 3－11），其中，广东的总成本年均增长率最低，但从总成本的发展变化来看，广东甘蔗生产总成本明显高于海南和云南两省。与我国甘蔗第一大产地——广西相比，2000—2013 年广东甘蔗生产总成本始终高于广西，但 2014 年以来连续 3 年低于广西。

表 3-11　2000—2016 年中国甘蔗生产主产省份水稻生产总成本

单位：元/亩

年份	全国平均	广东	广西	海南	云南
2000	724.12	758.09	691.34	551.82	492.30
2001	728.21	768.30	696.47	513.14	540.06
2002	730.28	740.87	719.74	542.23	460.24
2003	688.49	741.51	696.92	486.13	479.55
2004	805.42	923.92	834.85	555.93	706.74
2005	827.33	950.01	861.13	576.35	730.88
2006	934.77	997.76	981.29	735.74	794.46
2007	1 046.50	1 095.87	1 108.94	809.80	888.79
2008	1 111.49	1 088.43	1 187.06	905.36	906.99
2009	1 168.70	1 315.40	1 198.67	899.65	1 005.16
2010	1 382.01	1 649.76	1 431.47	1 132.36	1 076.23
2011	1 626.54	2 055.05	1 644.84	1 530.72	1 325.63
2012	1 978.96	2 270.33	2 013.15	1 906.60	1 677.76
2013	2 177.77	2 454.43	2 251.88	1 872.81	1 790.80
2014	2 115.75	2 099.84	2 267.14	1 755.55	1 646.15
2015	2 203.57	2 302.50	2 310.81	1 855.78	1 870.35
2016	2 248.02	2 114.45	2 395.83	1 950.71	1 890.09
增长幅度	210.45%	178.92%	246.55%	253.50%	283.93%
年均增长率	7.34%	6.62%	8.08%	8.21%	8.77%

资料来源：根据《全国农产品成本收益资料汇编》(2003—2017 年) 计算整理。

(2) 生产成本构成变化及比较。从全国甘蔗生产总成本的构成来看，2016 年人工成本所占比重最大，其次是物质与服务费用，土地成本较低。但从成本上涨速度来看，人工成本上涨最快，其次是土地成本，物质与服务费用上涨速度较慢（见表 3-12、表 3-13）。2000—2015 年，除人工成本外，广东甘蔗生产的各项成本始终高于全国平均水平。2000 年，除人工成本低于云南省外，广东甘蔗生产的物质与服务费用、土地成本均高于其他主产省份。至 2016 年，广东甘蔗生产的物质与服务费用、土地成本大幅上涨，与其他主产省份的差距扩大；相反，广东甘蔗生产的人工成本在甘蔗主产省份中上涨速度相对较慢，2016 年成为了人工成本最低的甘蔗主产省份。可见，广东甘蔗生产的各项成本中，物质与服务费用、土地成本较高，导致甘蔗生产总成本明显高于其他主产省份。

表 3－12　2000 年与 2016 年全国甘蔗主产省份甘蔗生产各种成本的比较

单位：元/亩

年份	项目	全国平均	广东	广西	海南	云南
2000	人工成本	279.00	242.00	218.00	233.00	275.00
	物质与服务费用	355.74	414.12	374.78	297.22	392.54
	土地成本	89.38	101.97	98.56	21.60	86.56
2016	人工成本	1 172.57	800.54	1 226.28	1 295.81	1 152.92
	物质与服务费用	795.36	965.73	879.68	552.19	489.31
	土地成本	280.09	348.18	289.87	102.71	247.86

资料来源：根据 2001 年、2017 年《全国农产品成本收益资料汇编》整理。

表 3－13　2000—2016 年全国甘蔗主产省份甘蔗各种生产成本增长幅度

单 位：%

项目	全国平均	广东	广西	海南	云南
人工成本	320.28	230.8	462.51	456.14	319.24
物质与服务费用	123.58	133.20	134.72	85.78	24.65
土地成本	213.37	241.45	194.11	375.51	186.34

资料来源：根据 2001 年、2017 年《全国农产品成本收益资料汇编》计算整理。

4. 蔬菜生产成本的变化和比较分析

蔬菜是广东重要经济农作物之一，其生产成本的高低直接关系到广东蔬菜生产区域竞争力的强弱。受数据可获取性的影响，目前统计较为全面的主要包括露地黄瓜、露地茄子和露地西红柿 3 种，而且是以大中城市为统计单位。因此，本部分以露地黄瓜、露地茄子和露地西红柿为例，与其他大中城市比较生产成本的变动情况。

（1）总成本的变化与比较。蔬菜是全国主要农作物中成本上涨较快的农作物之一。从表 3－14 可知，2000—2016 年，全国各大中城市蔬菜生产总成本总体呈现快速增长的态势，年均增长率为 11.24%，增长幅度为 4.5 倍。其他省份增长幅度均低于全国平均幅度增长幅度，其中，湖北增长幅度接近全国平均水平，也高达 4 倍以上，年均增长率为 10.86%；广东增长幅度低于全国平均增长幅度，年均增长率为 9.09%，每亩蔬菜总成本由 2000 年的 1 164.28 元增长到 2016 年的 4 684.45 元，约增长了 3 倍。

表 3-14　2000—2016 年全国露地黄瓜、露地茄子、露地西红柿生产总成本变化情况

单位：元/亩

年份	全国平均	广东	福建	湖北	海南	贵州
2000	1 185.12	1 164.28	1 611.76	669.94	2 287.84	975.41
2001	1 205.32	1 117.40	1 671.95	982.56	2 392.80	981.04
2002	1 218.09	1 194.71	1 392.19	934.17	1 995.69	910.01
2003	1 324.26	1 143.17	1 553.50	948.01	1 141.30	1 105.95
2004	1 611.79	1 135.64	2 437.24	1 208.11	1 702.29	1 272.67
2005	1 728.32	1 599.54	2 323.21	1 485.46	1 672.17	1 438.16
2006	1 928.13	1 659.47	2 289.12	1 713.41	1 656.49	1 496.30
2007	2 202.81	1 796.06	2 946.58	2 050.45	1 953.61	1 588.23
2008	2 217.83	1 724.01	2 687.25	2 298.31	1 999.73	1 731.15
2009	2 239.67	2 058.41	2 919.36	2 358.18	2 279.70	1 896.54
2010	2 630.15	2 165.87	3 277.84	2 487.65	2 453.82	2 170.47
2011	2 989.30	2 387.95	4 513.74	3 124.92	2 656.24	2 483.55
2012	3 835.94	2 906.98	5 561.38	3 275.05	3 426.35	2 897.62
2013	4 421.99	3 218.50	6 276.89	3 934.38	4 431.12	3 707.57
2014	4 421.50	3 907.28	6 406.34	3 646.38	4 141.74	3 280.60
2015	4 679.15	4 232.77	6 569.34	3 371.80	6 156.03	3 797.05
2016	6 512.76	4 684.45	6 095.21	3 484.41	6 881.28	4 219.46
增长幅度	449.54%	302.35%	278.17%	420.11%	200.78%	332.58%
年均增长率	11.24%	9.09%	8.67%	10.86%	7.12%	9.59%

注：广东数据为广州的数据，福建数据为福州的数据，湖北数据为武汉的数据，海南数据为海口的数据，贵州的数据为贵阳的数据。

资料来源：根据《全国农产品成本收益资料汇编》（2003—2017 年）整理。

（2）生产成本构成变化及比较。从蔬菜生产的各项成本来看，人工成本的上涨直接推动了蔬菜总成本的上涨。2000—2016 年，在露地黄瓜、露地茄子和露地西红柿主产省份中，广东的人工成本涨幅较大，仅次于湖北；而同期的物质与服务费用增长幅度是全国各主产省份中最低的，土地成本的增长幅度也相对较大，高于全国大中城市平均值，仅次于湖北、海南两省（表 3-15，表 3-16）。

表 3-15　2000 年与 2016 年露地黄瓜、茄子、西红柿主产省份的成本构成情况

单位：元/亩

年份	项目	全国平均	广东	福建	湖北	海南	贵州
2000	人工成本	575.67	521.67	627.33	147	1 270.00	575.00
	物质与服务费用	499.42	568.38	795.38	473.43	988.57	276.11
	土地成本	110.04	74.23	189.05	49.51	29.27	124.30
2016	人工成本	3 484.50	3 110.84	3 333.06	2 285.56	4 061.59	3 061.04
	物质与服务费用	2 603.1	1 236.94	2 372.15	955.52	2 589.69	913.98
	土地成本	425.16	336.67	390	243.33	230	244.43

资料来源：根据 2001 年、2017 年《全国农产品成本收益资料汇编》整理。

表 3-16　2000—2016 年露地黄瓜、茄子、西红柿主产省份的成本增长幅度

单位：%

项目	全国平均	广东	福建	湖北	海南	贵州
人工成本	505.29	496.32	431.30	1 454.80	219.81	432.35
物质与服务费用	421.22	117.63	198.24	170.78	161.96	231.02
土地成本	286.37	353.55	106.29	391.48	685.79	96.65

资料来源：同表 3-15。

5. 水果生产成本的变化和比较分析

柑和橘是南方常见的两种具有代表性的水果，也是广东重要的经济作物之一。因此，本部分选取柑、橘的各项成本数据反映广东水果生产的各项成本变化，并与全国其他省份进行比较分析。

(1) 总成本的变化与比较。从表 3-17 可以看出，从 2009 年开始，广东柑和橘在各主产地中的生产总成本最高，2016 年与 2000 年相比，增长幅度和年均增长率最高。其中 2013 年，广东柑和橘生产总成本暴涨，与 2012 年相比，增长 59.03%。2000—2016 年，除了江西和重庆外，其他柑和橘主产省份的总成本均呈现出快速增长的态势。

表 3-17　2000—2016 年全国柑和橘主产省份的生产总成本变化情况

单位：元/亩

年份	全国平均	广东	福建	湖北	湖南	江西	广西	重庆
2000	1 023.84	2 139.55	2 061.15	869.44	739.34	—	913.09	—
2001	1 181.53	1 804.54	1 985.77	879.28	—	—	1 058.66	—

（续）

年份	全国平均	广东	福建	湖北	湖南	江西	广西	重庆
2002	1 423.05	1 675.65	2 165.00	945.53	977.17	—	—	—
2003	1 762.01	1 868.70	2 023.47	1 077.13	899.76	—	—	3 284.70
2004	1 852.06	2 353.02	2 000.40	1 221.21	972.97	—	—	2 113.44
2005	1 418.97	2 405.26	1 157.17	1 118.02	781.65	—	—	1 756.38
2006	1 869.94	2 786.24	2 000.18	1 448.23	1 232.60	—	—	—
2007	1 682.47	2 329.96	1 540.84	1 453.31	1 596.33	—	—	935.61
2008	1 923.60	2 550.03	2 786.52	1 527.37	1 472.93	1 970.12	2 184.87	1 295.63
2009	1 789.42	3 299.56	1 954.83	1 264.47	1 107.85	1 623.74	1 990.49	1 525.42
2010	2 018.09	3 770.33	2 583.85	1 352.73	1 357.99	1 470.13	2 013.40	1 667.69
2011	2 471.13	4 147.42	2 940.25	1 720.84	1 764.11	2 198.29	2 432.60	1 802.03
2012	2 348.73	4 007.91	2 277.43	1 761.87	2 380.12	2 178.83	2 804.52	2 087.17
2013	2 706.18	6 373.96	2 900.70	1 857.05	2 694.4	3 027.04	2 558.89	2 480.96
2014	3 000.76	7 123.78	3 533.31	1 680.91	2 854.26	2 406.02	2 895.50	2 456.83
2015	3 602.77	7 853.86	3 531.87	2 495.70	2 788.44	3 035.54	3 325.49	2 242.03
2016	3 252.56	8 462.99	3 594.59	2 511.04	2 593.41	2 454.01	2 949.36	2 546.02
排名	—	1	2	6	4	7	3	5
增长幅度	217.68%	295.55%	74.40%	188.81%	250.78%	24.56%	223.01%	−22.49%
年均增长率	7.49%	8.97%	3.54%	6.85%	8.16%	2.78%	7.60%	−1.94%

注："—"表示数据缺乏，湖南省 2000—2007 年的数据为柑的成本收益数据；江西省 2008 年的数据为柑的成本收益数据；重庆 2003 年的数据为柑的成本收益数据；江西，重庆增长幅度和年均增长率基准年分别为 2008 年和 2003 年，其余省份的数据基准年为 2000 年，排名按照 2016 年成本从高到低排序。

资料来源：根据《全国农产品成本收益资料汇编》（2003—2017 年）整理。

（2）生产成本构成变化及比较。综合表 3 - 18 和表 3 - 19 可知，推动全国柑和橘生产总成本持续快速上涨的主要原因是人工成本的大幅上涨，其次是物质与服务费用的上涨，土地成本对柑和橘生产总成本的影响减弱。

2000 年和 2016 年，广东柑和橘的人工成本、物质与服务费用均高于其他主产地（2000 年低于重庆），其中，2016 年的人工成本是全国平均水平的 3.39 倍，物质与服务费用比全国平均水平高出 104.40%。2013 年，广东柑和橘的人工成本暴涨，其中柑的人工成本增长了 2.41 倍，橘的人工成本增长了

表 3-18　2000 年与 2016 年全国柑和橘主产地的生产成本构成情况

单位：元/亩

年份	项目	全国平均	广东	福建	湖北	湖南	广西	江西	重庆
2000	人工成本	406.5	741	712	349	473	420	716.8	1 355.2
	物质与服务费用	487.06	1 142.78	1 126.16	448.68	197.63	493.09	1 133.32	1 929.5
	土地成本	130.28	255.77	222.99	71.76	68.71	—	120	22.42
2016	人工成本	1 591.11	5 393.91	1 442.1	1 069.57	1 964.04	1 217.32	873.68	1 575.06
	物质与服务费用	1 459.32	2 982.83	1 968.82	1 232.46	504.92	1 357.25	1 240.34	531.99
	土地成本	202.14	86.25	183.68	209.02	124.45	161.68	340	132.91

注：江西 2000—2007 年的数据缺失，用 2008 年的数据代替；重庆 2000—2002 年的数据缺失，用 2003 年的数据代替。

资料来源：根据 2001 年和 2017 年的《全国农产品成本收益资料汇编》整理。

表 3-19　2000—2016 年全国柑和橘主产地的各项生产成本增长幅度（%）

项目	全国平均	广东	福建	湖北	湖南	广西	江西	重庆
人工成本	291.42	627.92	102.54	206.47	315.23	189.84	21.89	16.22
物质与服务费用	199.62	161.02	74.83	174.69	155.49	175.25	9.44	−72.43
土地成本	55.16	−66.28	−17.63	191.28	81.12	—	183.33	492.82

注：江西省的增长幅度为 2008—2015 年的增长幅度；重庆的增长幅度为 2003—2015 年的增长幅度。

资料来源：同表 3-18。

41.11%，直接导致 2013 年以来广东柑和橘生产成本的大幅上涨。2000 以来，广东柑和橘生产的物质与服务费中，农药费和化肥费均大幅上涨。2000—2016 年，柑的每亩农药费从 377.56 元增加到 1 828.25 元，增加了 3.84 倍，每亩化肥费从 411.42 元增加到 1 082.47 元，增加了 1.63 倍；同期，橘的每亩农药费从 272.39 元增加到 931.13 元，增加了 2.42 倍，每亩化肥费从 179.06 元增加到 757 元，增加了 3.23 倍。

6. 生猪生产成本的变化和比较分析

目前，包括广东在内，我国共有 18 个生猪主产省份。规模化、集约化是我国生猪养殖现代化的必然要求。为反映广东规模化生猪养殖的生产成本变化情况，本部分选取泛珠三角生猪主产省份大规模生猪养殖成本数据进行比较分析。

（1）总成本的变化与比较。 在泛珠三角区域各生猪主产省份中，广东生猪规模化养殖的生产成本较低，增长速度慢。从表 3－20 可知，2000—2008 年，广东大规模生猪养殖的总成本明显高于全国平均水平，但从 2009 年开始，两者之间的差距大幅缩小，2016 年每头生猪的养殖总成本相差约 48.31 元。从泛珠三角区域生猪养殖大省（自治区）来看，2000—2006 年，广东生猪养殖总成本基本高于其他省份，但从 2007 年开始，随着其他省份总成本的迅速上涨，至 2014 年，广东首次成为泛珠三角区域生猪主产省份中，单位养殖总成本最低的省份，2015 年与广西相当，2016 年也为总成本最低省份。

表 3－20　2000—2016 年泛珠三角区域生猪主产省份大规模养殖的总成本情况

单位：元/头

年份	全国平均	广东	四川	湖南	云南	广西
2000	553.89	788.44	658.41	—	656.95	710.98
2001	583.22	664.19	637.13	630.65	677.35	676.49
2002	547.53	700.30	522.61	586.20	641.31	620.87
2003	605.17	748.04	—	—	857.15	638.88
2004	774.89	939.73	776.81	—	842.33	816.25
2005	747.63	903.5	726.62	863.13	750.33	761.31
2006	739.63	922.05	725.16	750.56	878.16	759.01
2007	999.36	1 180.89	931.60	962.99	1 262.56	1 018.06
2008	1 234.77	1 384.59	1 100.01	1 358.39	1 473.58	1 377.57
2009	1 110.19	1 160.94	959.61	1 203.78	1 164.46	1 190.59
2010	1 164.57	1 239.03	901.07	1 233.50	1 205.47	1 218.12
2011	1 452.90	1 469.92	1 178.51	1 574.60	1 539.58	1 514.22
2012	1 555.48	1 562.77	1 492.12	1 671.70	1 728.25	1 611.74
2013	1 571.34	1 547.77	1 496.69	1 691.54	1 657.73	1 604.75
2014	1 546.06	1 477.72	1 519.76	1 574.25	1 664.32	1 578.97
2015	1 535.16	1 527.01	1 553.70	1 635.83	1 630.14	1 526.32
2016	1 752.71	1 704.40	1 910.96	1 757.87	1 876.81	1 794.86
增幅	216.44%	116.17%	190.24%	178.74%	185.69%	152.45%
年均增长率	7.47%	4.94%	6.89%	7.07%	6.78%	5.96%

资料来源：根据《全国农产品成本收益资料汇编》（2003—2017 年）整理。

（2）生产成本构成变化及比较。在广东生猪养殖的各项成本中，物质与服务费用占总成本的比重最大，人工成本虽上涨速度最快，但由于其在总成本中所占比重较小，因而物质与服务费用的快速增加是广东规模化生猪养殖总成本大幅上涨的主要原因。2000 年，广东大规模生猪养殖的物质与服务费用显著高于全国和其他泛珠三角生猪主产省份。到 2016 年，上涨到每头 1 622.59 元，低于全国平均和其他省份的水平。相比之下，2000—2016 年，广东生猪养殖的人工成本上涨幅度较快，仅低于湖南省，明显高于全国平均水平和泛珠三角其他主产省份（见表 3-21、表 3-22）。

表 3-21　2000—2016 年泛珠三角生猪主产省份大规模养殖的成本构成情况

单位：元/头

年份	项目	全国平均	广东	四川	湖南	云南	广西
2000	人工成本	23.00	14.00	74.00	10.40	44.00	55.00
	物质与服务费用	527.94	770.93	584.41	606.42	612.86	654.65
	土地成本	2.95	3.51	—	—	0.09	1.33
2016	人工成本	109.4	77.19	140.62	88.35	62.27	154.4
	物质与服务费用	1 640.22	1 622.59	1 768.35	1 665.69	1 810.94	1 638.97
	土地成本	3.09	4.62	1.99	3.83	3.60	1.49

注："—"表示年份数据缺失；湖南省 2000 年数据缺失用 2001 年数据代替；

资料来源：根据 2001 年和 2017 年的《全国农产品成本收益资料汇编》整理。

表 3-22　2000—2016 年泛珠三角生猪主产省份大规模养殖的各项成本增长幅度

单位：%

项目	全国平均	广东	四川	湖南	云南	广西
人工成本	375.65	451.36	90.03	745.52	41.52	180.73
物质与服务费用	210.68	110.47	202.59	174.68	195.49	150.36
土地成本	4.75	31.63	—	—	3 900	12.03

资料来源：同表 3-21。

（三）主要农产品生产收益的比较分析

2000 年以来，广东主要农产品生产成本均呈现出大幅上涨的趋势，成本的上涨势必对收益产生一定的影响。本部分将对广东主要农产品的收益状况进行分析，并与其他省份进行比较。

1. 广东主要农产品生产收益分析

本部分选取 2000—2016 年的广东水稻、花生、甘蔗、蔬菜、水果及生猪的单位利润水平进行分析。

（1）稻谷、花生和甘蔗的利润相对较低。广东稻谷和花生的波动性特征大体相似，2000—2011 年，稻谷和花生的净利润总体呈增长的趋势。其中稻谷净利润从 2000 年的每亩 15.33 元增长到 2011 年的每亩 304.56 元，年均增长率为 31.22%；同期，每亩花生利润从 102.89 元增长到 567.60 元，年均增长 16.80%。但从 2012 年开始，稻谷和花生利润均呈现出下降趋势，至 2013 年，稻谷净利润首次出现负值，2015 年每亩稻谷亏损 2.21 元，每亩花生净利润下降到 224.62 元，至 2016 年稻谷每亩亏损至 20.19 元（见图 3-8）。

甘蔗净利润呈现出大幅下降的趋势。从图 3-8 可以看出，2000 年以来，甘蔗单位利润波动幅度较大。2000—2010 年，每亩净利润波动上涨到 2010 年的 961.07 元，但从 2011 年开始大幅下降，导致 2013 年至 2015 年连续三年亏损，其中 2014 年每亩亏损 679.15 元，2015 年的亏损缩小至 63.74 元，2016 年上升至每亩盈利 304.48 元。甘蔗收益的亏损严重影响到蔗农的收入水平和甘蔗种植的积极性，广东甘蔗生产规模将会进一步萎缩。

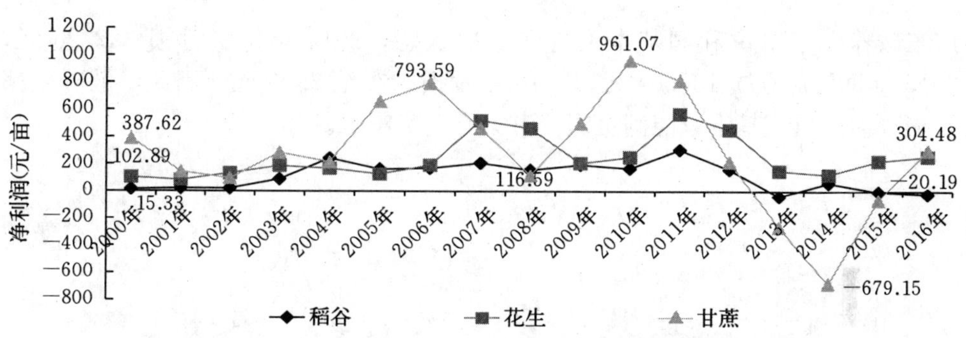

图 3-8　2000—2016 年广东省稻谷、花生、甘蔗净利润变化趋势情况

资料来源：根据《全国农产品成本收益资料汇编》（2003—2017 年）整理。

（2）蔬菜和水果净利润总体提高。2000—2015 年，广东蔬菜和水果利润水平均有所提高。2008 年开始，每亩蔬菜利润大幅高于每亩水果利润（见图 3-9）。2000—2011 年，广东省每亩蔬菜种植净利润呈现出良好的增长态势，特别是 2011 年每亩净利润比上年增长了 72.18%。2011 年后净利润下跌至 2014 年的 6 712.07 元/亩，2015 年有所回升，经济收益仍然可观，2016 年下跌至 2 140.97 元。水果与蔬菜相比，每亩净利润水平低于蔬菜，尤其是 2007 年以来，水果净利润增长减缓，2015 年净利润下跌至 1 731.51 元，2016 年上升至 3 448.83 元，近几年来利润首次超过蔬菜。

（3）生猪养殖利润较低而且波动幅度大。从不同规模类型来看，2000—2016 年，除散养生猪以外，其他规模类型的生猪养殖净利润波动趋势基本一致，其中以小规模生猪养殖的利润水平最高（见图 3-10）。总体来看，广东生猪养殖净利润呈现出“两年上涨、两年下降”的周期性波动。2012 年开始，

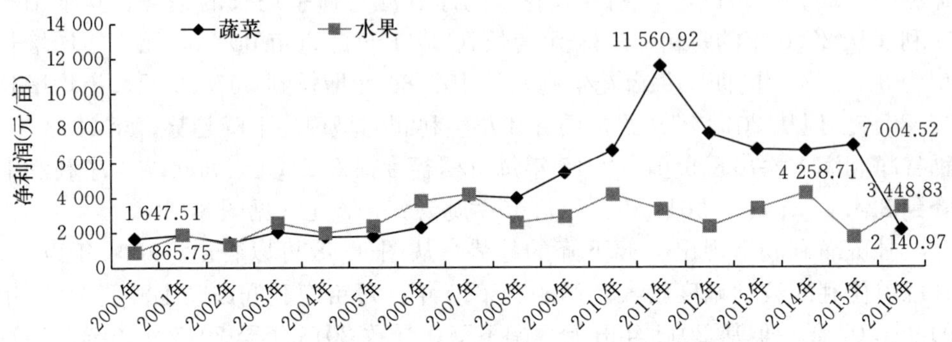

图 3-9　2000—2016 年广东省蔬菜、水果净利润变化趋势情况

注：蔬菜为广州市的露地黄瓜、露地茄子和露地西红柿的平均利润数据；水果为柑和橘的平均利润数据。

资料来源：同图 3-8。

广东散养生猪单位利润基本维持在亏损状态，2014 年每头亏损 327.28 元，2015 年每头仍亏损 136.04 元，2016 年亏损减小至 2.06 元。因此，散养生猪亏损较为严重，基本只能满足饲养者家庭消费需求。

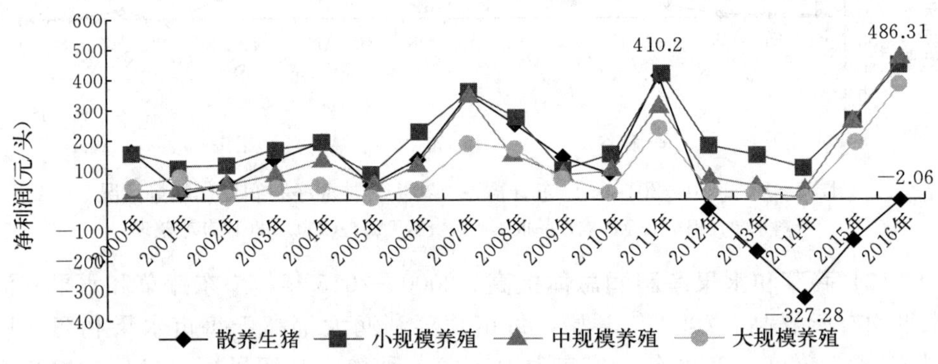

图 3-10　2000—2016 年广东省不同规模类型的生猪养殖净利润变化趋势情况

资料来源：同图 3-8。

2. 广东主要农产品收益的省域比较

(1) 稻谷收益相对偏低。广东水稻收益在早籼稻和晚籼稻主产省份中相对偏低。从表 3-23 可知，2000—2016 年，全国早籼稻和晚籼稻主产省份的水稻净利润变化趋势基本一致。其中，2000—2011 年总体呈现增长的趋势，从 2012 开始，净利润总体呈下降趋势。从各主产省份来看，广东净利润大大低于浙江、江西、安徽、湖北、湖南等地。2013 年开始，泛珠三角区域中的广

东、广西、福建和海南的水稻净利润均出现亏损，其中海南水稻净利润亏损持续扩大，至 2016 年，海南每亩水稻亏损约 190 元。2013 年，广东水稻亩均净利润比 2012 年下降 1.24 倍，亏损至 38.97 元，后有所上升，但 2016 年仍为亏损状态。总体上看，2011 年以来，广东省水稻亩均利润水平明显低于全国平均水平。

表 3-23　2000—2016 年中国水稻主产省份水稻净利润变化情况

单位：元/亩

年份	全国平均	广东	安徽	浙江	福建	江西	湖北	湖南	广西	海南
2000	18.43	15.33	40.92	88.72	62.00	31.76	38.94	59.94	−21.32	14.86
2001	41.82	21.51	85.87	127.39	69.98	72.74	77.80	186.92	−2.36	31.77
2002	8.89	21.52	40.15	115.99	62.09	140.50	77.85	2.53	−7.93	19.86
2003	76.17	89.04	131.56	210.50	125.71	104.17	139.33	76.16	22.52	76.82
2004	208.64	242.52	223.04	300.09	265.90	221.95	231.93	218.98	96.18	224.05
2005	114.29	162.78	165.50	194.10	136.83	125.61	164.40	99.04	31.46	82.29
2006	144.22	169.08	158.36	221.82	147.54	141.63	210.68	155.46	72.91	137.82
2007	185.28	207.58	138.23	205.67	195.82	214.56	257.71	175.76	124.11	172.63
2008	190.87	156.25	131.37	276.14	214.24	211.99	203.58	199.56	173.14	183.71
2009	188.48	194.12	224.26	275.78	197.21	233.44	206.29	161.90	137.40	74.62
2010	178.14	168.23	227.99	257.69	160.16	184.38	240.91	177.70	138.65	48.76
2011	268.77	304.56	321.79	359.09	186.62	294.71	305.60	244.70	217.69	121.01
2012	186.11	160.32	269.25	277.30	71.34	211.27	254.09	223.05	88.05	79.14
2013	74.46	−38.97	148.47	223.35	−44.35	200.87	104.70	74.30	−11.25	−67.64
2014	125.26	62.27	196.56	210.17	−34.36	233.32	165.43	134.46	29.58	−81.50
2015	91.58	−2.21	131.22	93.93	−39.09	175.15	163.67	143.94	−22.89	−98.29
2016	49.70	−20.19	78.17	162.37	−117.3	136.88	152.64	54.36	−27.88	−190.85
排名	—	6	4	2	8	1	3	5	7	9
增幅（%）	169.67	−231.7	91.03	83.01	−289.0	330.98	291.99	−9.31	−30.77	−1 384.3

注：排名按照最近 5 年的净利润平均值从高到低排序，表中水稻利润为早籼稻和晚籼稻利润的平均值。

资料来源：根据《全国农产品成本收益资料汇编》（2003—2017 年）整理。

（2）花生利润水平相对较高。广东花生在全国具有一定的规模优势，较高的利润水平有利于竞争优势的提升。从表 3-24 可以看出，近年来，全国花生主产省份中，河南每亩花生净利润最高，其次是山东、福建和广东。2011 年，全国及广东的花生每亩净利润均达到最高值，其中全国每亩净利润 722.8 元，广东每亩净利润 567.6 元；2012 年开始又趋于下降，2016 年广东花生净利润有所回升，恢复到每亩 258.6 元。从各花生主产省份的每亩花生净利润增长幅度来看，2000—2016 年，增长幅度最大的河南省，其次是四川省、福建省和广东省。至 2015 年，其余省份近年来的花生每亩净利润均大幅降低，其中 2015 年辽宁花生每亩净利润亏损 331.1 元，2016 年各省份利润有所回升。

表 3－24　2000—2016 年中国花生主产省份花生净利润变化情况

单位：元/亩

年份	全国平均	广东	河北	辽宁	安徽	福建	山东	河南	广西	四川
2000	93.3	102.9	164.8	207.2	165.1	124.5	156.2	22.9	80.4	41.2
2001	57.5	82.2	73.9	115.8	109.9	201.2	111.5	2.8	－1.1	－69.31
2002	144.0	133.4	131.1	172.9	202.4	418.9	210.6	173.8	－1.7	140.88
2003	157.3	186.7	369.9	262.8	86.7	370.5	366.1	1.1	143.9	134.27
2004	318.2	167.7	303.8	164.1	469.7	397.7	352.9	280.7	219.8	307.32
2005	203.6	127.5	238.4	154.8	203.6	248.1	327.9	124.3	159.7	451.94
2006	372.9	191.4	319.4	251.7	348.0	383.9	552.8	450.1	149.5	174.43
2007	620.0	519.7	852.6	841.3	830.9	779.0	854.4	447.8	297.1	286.8
2008	256.4	463.2	208.1	141.8	265.3	601.6	192.4	163.1	420.9	451.91
2009	546.4	206.5	587.0	586.9	554.5	630.0	684.1	631.8	155.5	364.31
2010	497.3	250.7	614.1	368.1	338.2	463.5	769.3	454.7	315.9	321.7
2011	722.8	567.6	687.1	359.8	423.3	989.4	842.6	1 002.6	618.0	181.5
2012	675.2	452.8	453.1	697.4	551.2	644.1	876.2	870.1	489.4	222.83
2013	124.6	150.4	－47.6	243.7	21.9	－58.9	104.6	230.7	191.7	－40.31
2014	143.8	123.2	15.1	241.2	168.6	－63.0	357.6	89.1	73.0	－31.06
2015	96.7	224.6	19.7	－331.1	29.9	471.9	96.5	244.2	81.7	3.01
2016	270.4	258.6	78.4	301.2	134.8	314.8	222.9	435.1	90.0	329.11
排名	—	4	8	5	7	3	2	1	6	9
增幅（%）	189.89	151.32	－52.44	45.38	－18.38	152.86	42.72	1 798.52	12.06	698.81

注：排名按照最近 5 年的净利润平均值从高到低排序。

资料来源：同表 3－23。

（3）甘蔗利润优势渐失。2000—2016 年，全国甘蔗主产省份的每亩净利润变化趋势基本一致。其中，2003—2010 年，广东甘蔗亩均利润总体高于其他主产省份，其中 2006 年的利润差距最大。但随着全国甘蔗种植利润水平的整体下降，广东甘蔗亩均利润大幅下降且降幅明显大于其他主产省份。2011 年至 2014 年的 3 年间，广东甘蔗每亩利润年均下降幅度达 94.25%，而广西和海南的年均下降幅度分别为 75.63%和 55.83%。2011 年以来，云南甘蔗亩均利润水平最高，下降幅度最小。2014—2016 年，广东、广西甘蔗亩均利润大幅增加，但与云南相比，利润仍有差距（见图 3－11）。

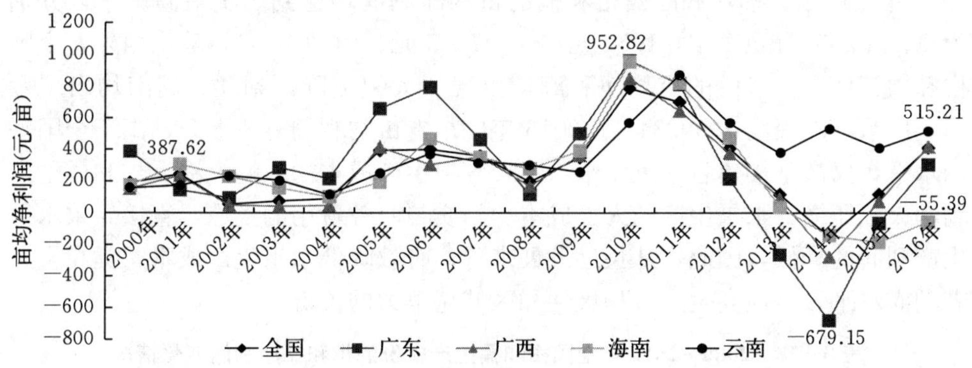

图 3－11　2000—2016 年全国甘蔗主产省份亩均净利润变化趋势

资料来源：同图 3－8。

(4) 蔬菜和水果利润优势较大。蔬菜和水果是广东利润优势相对较大的两类经济作物。从图 3－12 可知，2000—2006 年广东省露地黄瓜、露地茄子和

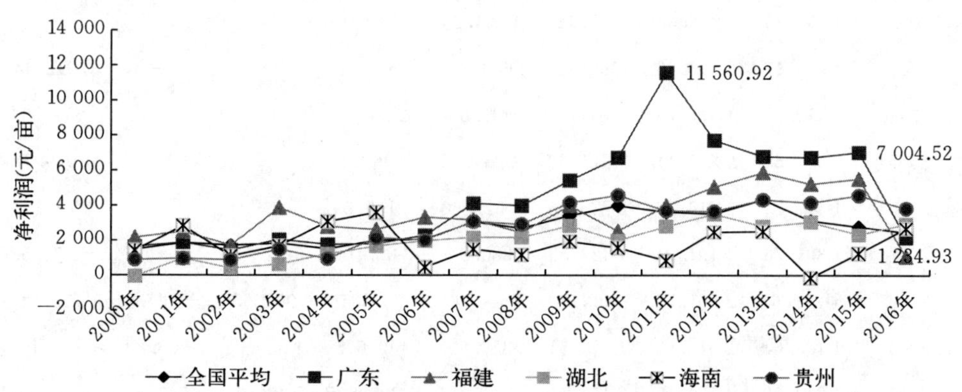

图 3－12　2000—2016 年露地黄瓜、茄子、西红柿主产省份净利润变化趋势情况

注：广东数据为广州的数据，福建数据为福州的数据，湖北数据为武汉的数据，海南数据为海口的数据，贵州的数据为贵阳的数据。

资料来源：同图 3－8。

露地西红柿 3 种蔬菜的亩均净利润水平接近于全国平均水平，但从 2007 年开始，广东超过福建成为亩均利润最大的主产省份。2011 年，广东三大蔬菜亩均净利润达到 11 560.92 元的最高值，比 2010 年大幅增长 72.18%。2015 年，广东三大蔬菜亩均净利润为 7 004.52 元，利润可观，2016 年下降至 2 140.97 元。

2000 年以来，广东柑和橘的亩均净利润在波动中增长（见表 3 - 25）。2011—2015 年，广东柑和橘亩均净利润在全国柑和橘主产省份中排名第三。2014 年，广东、福建和广西柑和橘的亩均净利润均达到历史最高水平，分别为每亩 4 258.71 元、4 481.59 元和 4 427.65 元。但 2015 年，除广西外，全国柑和橘其他主产省份的亩均净利润均出现了大幅下降，湖北、湖南均出现亏损，广东下降幅度达 59.34%；2016 年广东省亩均利润有所上升，高于全国平均水平，仅次于福建省。近年来，随着各项生产成本的大幅上涨，柑和橘生产利润大幅压缩。水果生产的人工成本、物质与服务费用的上涨，直接导致水果生产利润的降低，因此，从长远发展来看，有效降低水果生产成本，提高生产者利润水平，是提高生产者积极性和区域竞争力的关键。

表 3 - 25　2000—2016 年全国柑和橘主产省份的柑和橘净利润变化情况

单位：元/亩

年份	全国平均	广东	福建	湖北	湖南	广西	江西	重庆
2000	559.32	865.75	718.22	653.24	−204.37	1 240.02	—	—
2001	755.73	1 895.50	366.58	936.90	—	216.68	—	—
2002	1 602.89	1 318.35	487.42	1 194.29	1 664	—	—	—
2003	1 958.47	2 563.06	596.02	647.89	1 040.4	—	—	3 512.44
2004	1 119.07	1 977.73	404.72	437.89	2 202.7	—	—	649.00
2005	2 030.65	2 378.11	2 614.48	1 259.42	606.94	—	—	1 079.27
2006	1 477.79	3 816.33	2 786.26	1 527.60	3 169.59	—	—	—
2007	1 804.76	4 191.24	1 422.83	380.91	3 600.05	—	—	−172.63
2008	421.86	2 567.72	402.08	−449.08	23.535	902.65	−537.81	437.12
2009	1 143.64	2 916.89	1 080.51	356.69	449.675	1 329.02	766.83	256.45
2010	1 843.36	4 170.75	2 192.15	1 336.46	1 292.855	1 436.74	845.87	1 550.60
2011	1 887.44	3 332.01	2 257.48	1 317.31	1 608.185	2 136.05	1 699.65	972.23
2012	1 267.36	2 346.93	2 081.44	632.69	1 242.15	1 327.21	219.90	746.72
2013	1 865.37	3 379.87	2 529.52	316.70	212.725	3 159.76	1 429.17	2 108.77

（续）

年份	全国平均	广东	福建	湖北	湖南	广西	江西	重庆
2014	2 706.72	4 258.71	4 481.59	640.12	－273.965	4 427.65	1 205.41	2 656.26
2015	2 544.38	1 731.51	4 025.02	－429.66	－18.42	4 403.74	562.89	1 831.49
2016	1 824.58	3 448.83	3 763.21	－393.57	－58.79	1 862.51	348.70	2 851.32
排名	—	4	3	1	8	7	2	6
增幅（%）	226.21	298.36	423.96	－160.25	71.23	50.20	164.84	－18.82

注："—"表示数据缺乏，湖南省2000—2007年的数据为柑的收益数据；江西省2008年的数据为柑的收益数据；重庆2003年的数据为柑的收益数据；江西，重庆增长幅度和年均增长率基准年分别为2008年和2003年，其余省份的数据基准年为2000年；排名按照2012—2016年平均利润从高到低排序。

资料来源：根据《全国农产品成本收益资料汇编》（2003—2017年）整理。

（5）生猪利润水平相对不高。2000年以来，泛珠三角区域生猪养殖大省（自治区）生猪净利润变化趋势基本与全国平均水平保持一致，波动幅度大（见表3-26）。2000—2003年，广东大规模生猪养殖的净利润在泛珠三角地区相对较高，但从2004开始，每头生猪净利润总体低于其他省份，2014年，每头净利润下降到3.86元，2016年上升至378.41元。2012—2016年，广东大规模生猪养殖年均净利润在泛珠三角区域主产省份中排名最后，远远落后于云南、四川等省份。因此，广东生猪养殖利润的相对偏低，制约了广东生猪养殖区域竞争力的提升。

表3-26　2000—2016年泛珠三角区域生猪主产地大规模养殖的净利润情况

单位：元/头

年份	全国平均	广东	四川	湖南	云南	广西
2000	54.61	35.67	－128.41	—	－3.55	9.42
2001	51.74	73.98	－98.66	99.30	－48.72	20.74
2002	48.06	8.14	24.94	65.80	－27.71	－22.76
2003	74.25	50.46	—	—	－165.48	58.60
2004	135.97	53.55	144.19	—	76.76	50.36
2005	49.92	9.08	－145.62	117.55	75.32	30.53
2006	65.59	34.84	38.59	75.77	27.34	50.81
2007	351.08	190.92	474.70	332.49	227.36	280.23
2008	292.88	171.05	392.43	302.84	336.16	216.47
2009	117.89	71.48	259.15	67.20	99.43	75.87

（续）

年份	全国平均	广东	四川	湖南	云南	广西
2010	125.33	22.50	363.28	69.20	196.43	123.86
2011	435.46	239.37	743.63	400.30	539.64	514.02
2012	131.77	21.79	258.45	47.48	193.95	113.46
2013	113.39	21.36	230.39	45.48	201.36	103.12
2014	2.28	3.86	72.47	27.15	114.56	12.67
2015	232.10	192.95	112.37	132.54	392.16	289.36
2016	441.13	378.41	450.57	629.14	543.89	365.96
排名	—	5	2	4	1	3
增幅（%）	707.78	960.86	450.88	533.58	15 420.85	3 784.93

注：排名按照2012—2016年平均利润从高到低排序。

（四）小结

综合以上分析可以得出，2000年以来广东主要农产品生产成本和收益的变化特征如下。

1. 成本大幅上涨，利润空间极大压缩

2000年以来，广东省主要农产品的生产总成本均呈现出大幅上涨的态势，其中上涨幅度最大的是蔬菜、水果和甘蔗等经济作物。2000—2016年，广东蔬菜、水果和甘蔗总成本年均上涨幅度分别为9.09%、8.97%和6.62%；同期，除水果净利润年均增长率（9.02%）超过成本年均增长率之外，蔬菜净利润年均增长率仅为1.65%，甘蔗净利润在2013年、2014年、2015年连续3年出现亏损，2016年上升至盈利状态。广东各种规模生猪养殖的成本也呈总体上涨态势，但净利润波动幅度较大，2015年规模化生猪养殖的净利润虽大幅增长，但每头生猪的净利润不到200元，利润不及成本的15%，2016年净利润上升至378.41元，是成本的20%左右。2000—2016年，广东稻谷和花生总成本年均增长率分别为7.33%和8.67%，但2016年广东稻谷净利润亏损20.19元，花生净利润年均增长率也仅为5.93%。从成本利润率来看，2013—2016年，广东主要农产品中，蔬菜的成本利润率最高，其次是水果，甘蔗成本利润率最低，稻谷和生猪的成本利润率也相对较低（表3-27）。

表 3－27　2000—2016 年广东主要农产品总成本和净利润增长情况

单位：%

农产品名称	成本年均增长率	利润年均增长率	成本利润率
稻谷	7.33	9.80	5.32
花生	8.67	5.93	19.01
甘蔗	6.62	5.16	－10.67
蔬菜	9.09	1.65	211.13
水果	8.97	9.02	57.04
生猪	4.94	15.91	1.02

注：水稻净利润年均增长率时间段为 2000—2014 年，2015 年、2016 年广东水稻净利润分别为－2.21 元、－20.19 元；甘蔗净利润年均增长率时间段为 2000—2011 年；其他农产品成本与利润的年均增长率时间段为 2000—2016 年；成本利润率为 2012—2014 年平均的总成本与净利润的比率；生猪指的是大规模生猪养殖。

资料来源：根据《全国农产品成本收益资料汇编》（2003—2017 年）整理。

2. 人工成本和物质与服务费用大幅上涨

生产成本的大幅上涨直接导致广东主要农产品生产总成本显著上涨。在生产总成本中，稻谷、花生、甘蔗、蔬菜、水果和生猪的人工成本都大幅上涨，在总成本中的比重也在增加。2000—2015 年，这六类农产品的人工成本年均增长率分别为 10.27%、12.02%、10.02%、12.77%、13.36%和 10.87%，其中以水果的人工成本增长速度最快，其次是蔬菜和花生，人工成本占总成本的比重已超过物质与服务费用所占比重。生猪的养殖总成本中，物质与服务费用占比最大，近年来其人工成本的占比在逐渐增加，尤其是规模化生猪养殖的人工成本大幅上涨。2000—2015 年，广东主要农作物产品中的稻谷、花生、甘蔗、蔬菜的土地成本年均增长率均超过了物质与服务费用的年均增长率，但占总成本的比重仍相对较小。因此，从整体来看，推动广东主要农产品成本上涨的主要原因是人工成本、物质与服务费用这两类生产成本的大幅上涨（表 3－28）。

表 3－28　2000—2016 年广东主要农产品各项成本的年均增长率情况

单位：%

农产品名称	人工成本		物质与服务费用		土地成本	
	占比	年均增长率	占比	年均增长率	占比	年均增长率
稻谷	35.32	9.68	46.66	5.99	18.01	5.97
花生	43.03	11.24	41.35	6.63	15.62	6.13
甘蔗	34.71	7.76	51.06	5.43	14.24	7.98

（续）

农产品名称	人工成本		物质与服务费用		土地成本	
	占比	年均增长率	占比	年均增长率	占比	年均增长率
蔬菜	58.87	11.81	34.80	4.98	6.33	9.91
水果	41.30	13.21	51.86	6.18	6.84	−6.57
生猪	3.51	11.26	96.17	4.76	0.32	1.73

注：占比为2013—2016年平均占总成本的比重；生猪指的是大规模生猪养殖。

资料来源：根据《全国农产品成本收益资料汇编》（2003—2017年）整理。

3. 成本-收益竞争优势弱化

通过与其他省份农产品成本与收益的比较，发现，广东主要农产品的成本-收益竞争优势在逐步弱化，其中以甘蔗尤为明显。2000—2016年，广东甘蔗总成本总体高于其他甘蔗主产省份。2000—2011年的广东甘蔗净利润高于其他主产省份，但随着各项成本的快速上涨，导致从2012年开始甘蔗亩产净利润低于其他主产省份，失去了竞争优势。同样，水稻、花生和生猪的优势也在下降，其中在全国九大既种植早籼稻又种植晚籼稻的省份中，广东稻谷生产成本位居第三，净利润水平位居第六。2013年广东水稻生产净利润首次出现亏损，2015年、2016年连续亏损，2016年每亩亏损20.19元。人工成本和物质与服务费用的快速上涨导致广东水稻生产的总成本处于劣势。在全国各花生主产省份中，广东花生总成本排名第五，但净利润水平排名第四，与其他主产省份相比，广东花生成本的上涨主要是人工成本的大幅上涨引起的。因此，近年来，广东主要农产品生产成本的过快上涨导致农产品的竞争优势变弱。

四、广东主要农产品生产效率比较分析

除了直观的成本、收益之外，还可以通过生产效率各要素的分解，有效衡量农业生产的区域竞争力状况。目前，Malmquist 指数作为数据包络分析（DEA）模型的一种，被广泛用于全要素生产效率的测度和分解。其优点是可以利用多种投入与产出变量进行效率分析，且不需要相关的价格信息，也不需要成本最小化和利润最大化等条件。因此，本研究拟采用 Malmquist 指数模型综合比较广东农产品生产效率及其变化情况。

（一）研究方法的选择

本部分方法的原理是将农产品的全要素生产效率（TFP）变化分解为技术进步率（TC）与技术效率（EC）的变化，并进一步把技术效率的变化细分为纯技术效率（PE）变化与规模效率（SE）的变化。Malmquist 指数的具体分解过程如下：

假定生产活动投入为 V 维向量 $\boldsymbol{X}$，产出为 W 维向量 $\boldsymbol{Y}$，$\boldsymbol{O}(\boldsymbol{X})$ 表示产出集合，它是凸的有界闭集，则在 $\boldsymbol{O}(\boldsymbol{X})$ 上定义的产出距离函数 $\boldsymbol{D}_0(\boldsymbol{X}, \boldsymbol{Y})$ 为：

$$\boldsymbol{D}_0(\boldsymbol{X}, \boldsymbol{Y})=\min\{\varphi:(\boldsymbol{Y}/\varphi)\in\boldsymbol{O}(\boldsymbol{X})\}$$

$(\boldsymbol{X}_0^t, \boldsymbol{Y}_0^t)$、$(\boldsymbol{X}_0^{t+i}, \boldsymbol{Y}_0^{t+i})$ 分别表示时期 t 和时期 $t+i$ 的投入产出向量，$\boldsymbol{D}_0^t(\boldsymbol{X}_0^t, \boldsymbol{Y}_0^t)$ 表示以时期 t 技术为参照的时期 t 的投入产出向量的产出距离函数，$\boldsymbol{D}_0^t(\boldsymbol{X}_0^{t+i}, \boldsymbol{Y}_0^{t+i})$ 表示以时期 t 技术为参照的时期 $t+i$ 的投入产出向量的产出距离函数。当时期 t 到时期 $t+i$ 发生技术进步时，则时期 t 和时期 $t+i$ 产出角度的 Malmquist 生产率指数为：

$$\boldsymbol{M}_0^t(\boldsymbol{X}_0^t, \boldsymbol{Y}_0^t, \boldsymbol{X}_0^{t+i}, \boldsymbol{Y}_0^{t+i})=\boldsymbol{D}_0^t(\boldsymbol{X}_0^{t+i}, \boldsymbol{Y}_0^{t+i})/\boldsymbol{D}_0^t(\boldsymbol{X}_0^t, \boldsymbol{Y}_0^t),$$

$$\boldsymbol{M}_0^{t+i}(\boldsymbol{X}_0^t, \boldsymbol{Y}_0^t, \boldsymbol{X}_0^{t+i}, \boldsymbol{Y}_0^{t+i})=\boldsymbol{D}_0^{t+i}(\boldsymbol{X}_0^{t+i}, \boldsymbol{Y}_0^{t+i})/\boldsymbol{D}_0^{t+i}(\boldsymbol{X}_0^t, \boldsymbol{Y}_0^t)$$

Malmquist 生产率指数可以进行如下分解：

$$\boldsymbol{M}_0(\boldsymbol{X}_0^t, \boldsymbol{Y}_0^t, \boldsymbol{X}_0^{t+i}, \boldsymbol{Y}_0^{t+i})=\left\{\left[\frac{\boldsymbol{D}_0^t(\boldsymbol{X}_0^{t+i}, \boldsymbol{Y}_0^{t+i})}{\boldsymbol{D}_0^t(\boldsymbol{X}_0^t, \boldsymbol{Y}_0^t)}\right]\times\left[\frac{\boldsymbol{D}_0^{t+i}(\boldsymbol{X}_0^{t+i}, \boldsymbol{Y}_0^{t+i})}{\boldsymbol{D}_0^{t+i}(\boldsymbol{X}_0^t, \boldsymbol{Y}_0^t)}\right]\right\}^{\frac{1}{2}}$$

$$=\frac{\boldsymbol{D}_0^{t+i}(\boldsymbol{X}_0^{t+i}, \boldsymbol{Y}_0^{t+i})}{\boldsymbol{D}_0^t(\boldsymbol{X}_0^t, \boldsymbol{Y}_0^t)}\times$$

$$\left[\frac{\boldsymbol{D}_0^t\ (\boldsymbol{X}_0^{t+i},\ \boldsymbol{Y}_0^{t+i})}{\boldsymbol{D}_0^{t+i}\ (\boldsymbol{X}_0^{t+i},\ \boldsymbol{Y}_0^{t+i})}\times\frac{\boldsymbol{D}_0^t\ (\boldsymbol{X}_0^t,\ \boldsymbol{Y}_0^t)}{\boldsymbol{D}_0^{t+i}\ (\boldsymbol{X}_0^t,\ \boldsymbol{Y}_0^t)}\right]^{\frac{1}{2}}$$

$$=Ech_0\times Tch_0$$

其中，Ech_0 和 Tch_0 分别表示时期 t 到时期 $t+i$ 的效率变化（Efficiency Change）和技术变化（Technical Change）。用 $\boldsymbol{D}_0$（$\boldsymbol{X}$，$\boldsymbol{Y}\mid\boldsymbol{C}$）和 $\boldsymbol{D}_0$（$\boldsymbol{X}$，$\boldsymbol{Y}\mid\boldsymbol{V}$）分别表示不变规模报酬技术和可变规模报酬技术下的产出距离函数，则时期 t 到时期 $t+i$ 的产出角度的规模效率为：

$$\boldsymbol{SE}_0^{t,t+i}=\frac{\boldsymbol{D}_0^{t+i}\ (\boldsymbol{X}_0^{t+i},\ \boldsymbol{Y}_0^{t+i}\mid\boldsymbol{C})/\boldsymbol{D}_0^{t+i}\ (\boldsymbol{X}_0^{t+i},\ \boldsymbol{Y}_0^{t+i}\mid\boldsymbol{V})}{\boldsymbol{D}_0^t\ (\boldsymbol{X}_0^t,\ \boldsymbol{Y}_0^t\mid\boldsymbol{C})/\boldsymbol{D}_0^t\ (\boldsymbol{X}_0^t,\ \boldsymbol{Y}_0^t\mid\boldsymbol{V})}$$

效率变化又可以进一步分解为纯技术效率和规模效率，故由 Malmquist 生产率指数测算的全要素生产率变动可以表示为：

$$TFPch_0=SEch_0\times Pch_0\times PTch_0$$

$$=\frac{\boldsymbol{SE}_0^{t+i}\ (\boldsymbol{X}_0^{t+i},\ \boldsymbol{Y}_0^{t+i})}{\boldsymbol{SE}_0^t\ (\boldsymbol{X}_0^t,\ \boldsymbol{Y}_0^t)}\times\frac{\boldsymbol{D}_0^{t+i}\ (\boldsymbol{X}_0^{t+i},\ \boldsymbol{Y}_0^{t+i}\mid\boldsymbol{V})}{\boldsymbol{D}_0^t\ (\boldsymbol{X}_0^t,\ \boldsymbol{Y}_0^t\mid\boldsymbol{V})}\times$$

$$\left[\frac{\boldsymbol{D}_0^t\ (\boldsymbol{X}_0^{t+i},\ \boldsymbol{Y}_0^{t+i}\mid\boldsymbol{C})}{\boldsymbol{D}_0^{t+i}\ (\boldsymbol{X}_0^{t+i},\ \boldsymbol{Y}_0^{t+i}\mid\boldsymbol{C})}\times\frac{\boldsymbol{D}_0^t\ (\boldsymbol{X}_0^t,\ \boldsymbol{Y}_0^t\mid\boldsymbol{C})}{\boldsymbol{D}_0^{t+i}\ (\boldsymbol{X}_0^t,\ \boldsymbol{Y}_0^t\mid\boldsymbol{C})}\right]^{\frac{1}{2}}$$

（二）主要农作物产品生产效率的测度与比较

在变量的选取上，把每亩主产品产量（千克）作为产出变量，选取每亩用工数量（日）、每亩化肥用量（千克）、每亩机械作业费（元）、每亩农药费（元）、每亩的其他物质与服务投入费用（元）作为投入变量，从而充分考虑各农产品生产过程中的投入和产出状况。为剔除价格变动的影响，每亩机械作业费（元）、每亩农药费（元）、每亩的其他物质与服务投入费用（元）经全国各省相应年份的农业生产资料价格指数平减。基础数据均来源于 2000—2016 年的《全国农产品成本收益资料汇编》和《中国农村统计年鉴》。

1. 水稻生产效率分析

浙江、安徽、福建、江西、湖北、湖南、广东、广西、海南 9 个省份的稻谷产量占全国稻谷总产量的比重基本维持在 90%以上，是国内稻谷供给的主要来源地区，其稻谷供给行为基本能反映全国的供给情况。因此，下文以这 9 个双季稻生产省份的数据为基础，运用 STATA 13.0 软件，进行生产效率的测算。

（1）补贴前后广东水稻全要素生产率变化。总体来看，补贴政策实施后，广东水稻全要素生产率有所提高。从表 4－1 可知，补贴政策实施前，广东早稻和晚稻全要素生产率均呈下降趋势，其中早稻年均下降 1.7%，晚稻年均下降 4.5%；补贴政策实施后，早稻全要素生产率下降趋势得以缓解，2008 年、2012 年和 2013 年均实现较快增长，增长幅度分别达到 3.1%、8.1% 和 3.4%，晚稻全要素生产率增长则更为明显，2004—2015 年年均增长 6.0%，其中 2008 年和 2013 年分别增长了 11.1 个百分点和 25.4 个百分点。

表 4-1　2002—2015 年广东水稻 Malmquist 指数及其分解指数的变化情况

年份	技术效率指数		技术进步指数		纯技术效率指数		规模效率指数		Malmquist 指数	
	早稻	晚稻	早稻	晚稻	早稻	晚稻	早稻	晚稻	早稻	晚稻
2001	1.015	1.037	1.076	0.884	1.000	1.024	1.015	1.013	1.092	0.916
2002	0.985	1.080	0.902	0.959	1.000	1.061	0.985	1.018	0.889	1.036
2003	1.000	0.858	0.967	1.064	1.000	0.896	1.000	0.957	0.967	0.913
2002—2003	1.000	0.992	0.982	0.969	1.000	0.994	1.000	0.996	0.983	0.955
2004	1.000	1.088	0.924	1.017	1.000	1.086	1.000	1.002	0.924	1.107
2005	1.000	0.883	1.086	1.027	1.000	0.855	1.000	1.033	1.086	0.907
2006	1.000	0.911	0.899	1.139	1.000	0.943	1.000	0.966	0.899	1.038
2007	1.000	1.059	0.983	0.973	1.000	1.025	1.000	1.034	0.983	1.030
2008	1.000	1.129	1.031	0.984	1.000	1.166	1.000	0.968	1.031	1.111
2009	1.000	0.845	0.898	1.195	1.000	0.837	1.000	1.010	0.898	1.010
2010	1.000	1.070	1.040	1.058	1.000	1.001	1.000	1.069	1.040	1.132
2011	1.000	1.155	1.010	0.922	1.000	1.246	1.000	0.927	1.010	1.065
2012	1.000	0.957	1.081	1.097	1.000	0.950	1.000	1.008	1.081	1.050
2013	1.000	1.144	1.034	1.096	1.000	1.097	1.000	1.042	1.034	1.254
2014	1.000	0.910	0.983	1.035	1.000	0.920	1.000	0.989	0.983	0.942
2015	1.000	1.087	1.016	0.986	1.000	1.092	1.000	0.996	1.016	1.073
2004—2015	1.000	1.020	0.999	1.044	1.000	1.018	1.000	1.004	0.999	1.060

注："2002—2003"和"2004—2015"表示相应年份的平均水平。

从全要素生产率构成情况来看，2004 年以后，广东早稻技术进步指数下降幅度缩小，从而有效缓解了早稻全要素生产率下降的速度；2004—2015 年广东晚稻全要素生产率各要素的波动幅度较大，但总体而言，各指数变化趋于改善，其中，技术效率指数由降转增，年均增长 2 个百分点，技术进步指数由降转增，年均增长 4.4%（见图 4-1）。因此，补贴政策对广东水稻生产效率的改善产生了较好的正向作用。

（2）主产省份全要素生产率比较。补贴政策实施后，广东水稻全要素生产率有所提高，但与其他主产省份相比，提高幅度相对较小。就早稻而言，补贴

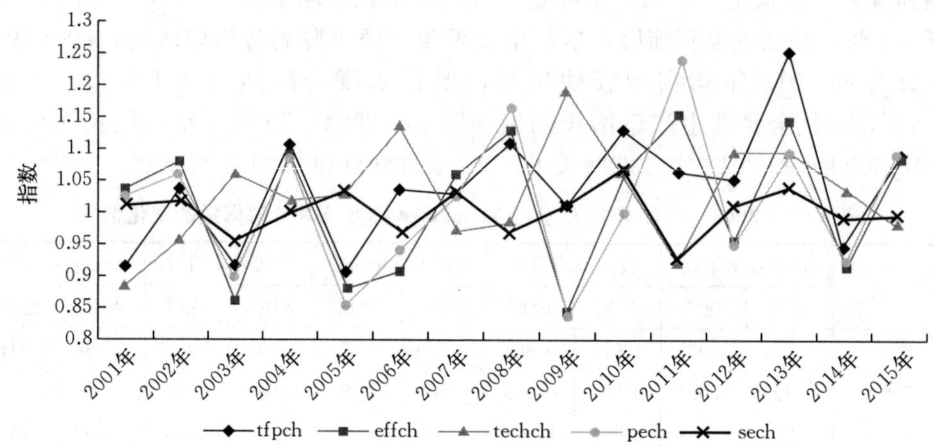

图 4-1　广东晚稻 Malmquist 指数走势

注：tfpch 代表全要素生产率；effch 代表技术效率；techch 代表技术进步；pech 代表纯技术效率；sech 代表规模效率。

政策的实施对福建和海南两省作用最为明显，而广东仅提高了 1.63 个百分点。湖南、江西等省份由于技术效率和规模效率的下降，导致补贴后早稻全要素生产率出现了下降（见图 4-2）。

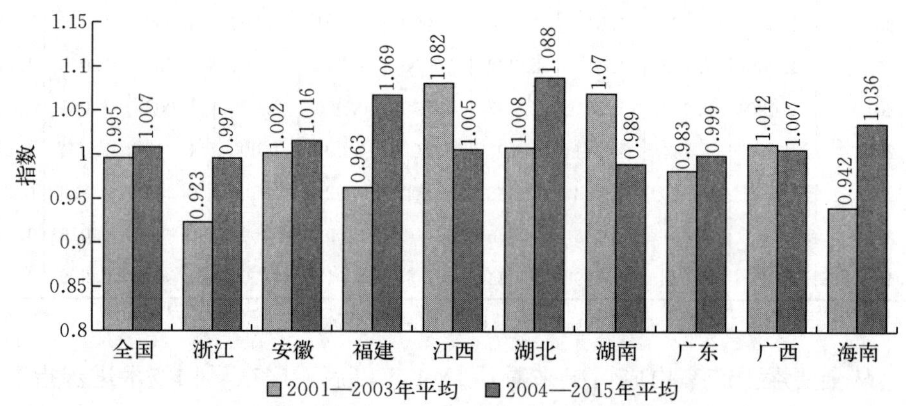

图 4-2　各省份早稻 Malmquist 指数分阶段比较

从图 4-3 的晚稻全要素生产率来看，补贴政策对各省份的晚稻生产效率均产生了一定的积极作用。其中海南、福建和广东的晚稻全要素生产率提高幅度较大，分别提高了 16.97%、13.16%和 10.99%。在水稻补贴政策实施以后，各省份水稻的全要素生产率的变化，主要是因为技术进步指数的变化所导致，技术效率指数变化的幅度不大（见附表 20、附表 21）。

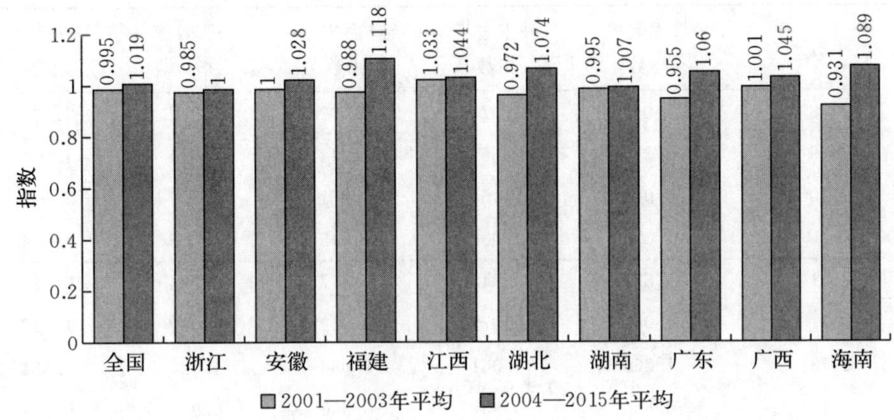

图 4-3　各省份晚稻 Malmquist 指数分阶段比较

2. 花生生产效率分析

(1) 全要素生产率发展变化情况。2001—2015 年，广东花生全要素生产率及其各要素波动幅度较大，总体呈现出在波动中提高的趋势（见表 4-2 和图 4-4）。2011 年以来，广东花生全要素生产率波动加大，2011 年和 2014 年，生产效率分别比上一年下降 24.27%和 26.88%，但 2012 年和 2015 年又分别大幅提高了 22.49%和 36.88%。从花生全要素生产率的各组成因素来看，近年来各因素的变化趋势基本一致，但技术效率指数和纯技术效率指数的数值相对较低，而技术进步指数和规模效率指数的数值总体增大。因此，可以看出，广东花生生产效率的提高主要是技术进步和规模效率提高引起的，技术效率和纯技术效率水平不高，导致花生整体生产效率难以有效提升。

表 4-2　2002—2015 年广东花生生产效率变化情况

年份	技术效率指数	技术进步指数	纯技术效率指数	规模效率指数	Malmquist指数
2001	1.247	0.937	1.234	1.010	1.169
2002	0.957	0.955	0.810	1.181	0.914
2003	0.906	1.135	1.000	0.906	1.028
2004	1.074	0.890	1.147	0.937	0.956
2005	0.861	1.166	0.872	0.988	1.004
2001—2005 平均	1.009	1.017	1.013	1.004	1.014
2006	1.122	1.003	1.000	1.122	1.125
2007	0.891	1.007	1.000	0.891	0.898

（续）

年份	技术效率指数	技术进步指数	纯技术效率指数	规模效率指数	Malmquist指数
2008	1.042	0.976	1.000	1.042	1.017
2009	1.257	0.865	1.244	1.011	1.088
2010	0.941	1.160	0.981	0.959	1.092
2006—2010 平均	1.051	1.002	1.045	1.005	1.044
2011	0.872	0.948	0.877	0.994	0.827
2012	1.041	0.972	1.039	1.002	1.013
2013	1.066	1.061	1.038	1.027	1.131
2014	0.856	0.967	0.866	0.988	0.827
2015	1.075	1.053	1.000	1.075	1.132
2011—2015 平均	0.982	1.000	0.964	1.017	0.986

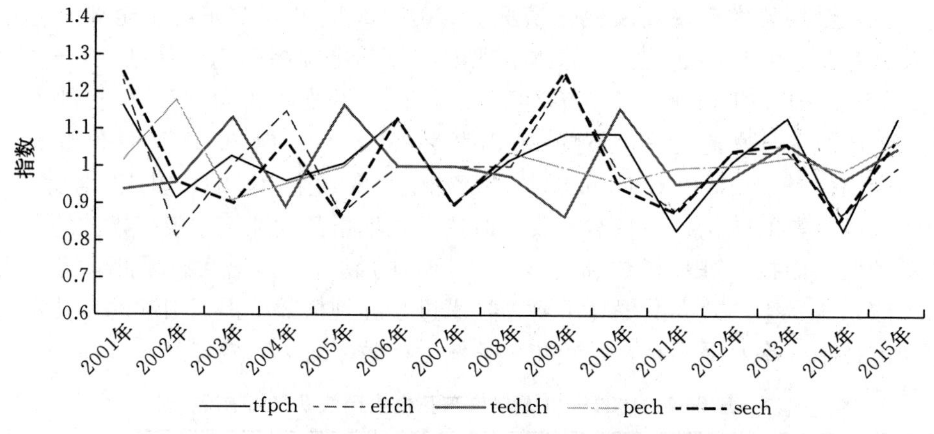

图 4-4　2001—2015 年广东花生生产效率变化趋势

注：tfpch 代表全要素生产率；effch 代表技术效率；techch 代表技术进步；pech 代表纯技术效率；sech 代表规模效率。

（2）主产省份生产效率比较。我国花生主产省份较多，剔除基础数据不全的辽宁、江苏、湖北、贵州、陕西等省份，本文拟选取重庆、福建、四川、河北、广西、山东、安徽、广东、河南 9 个省份进行分析比较。2006 年以来，重庆、河北、山东、广西等省份的花生全要素生产率上涨较快，增长率由负转正；安徽、河南、广东等省近些年花生全要素生产率增长的动力不足，增长率由正转负（见图 4-5）。与其他省份相比，“十二五”期间，广东花生生产效率增长动力不足并出现下降主要是纯技术效率指数整体下降导致的。

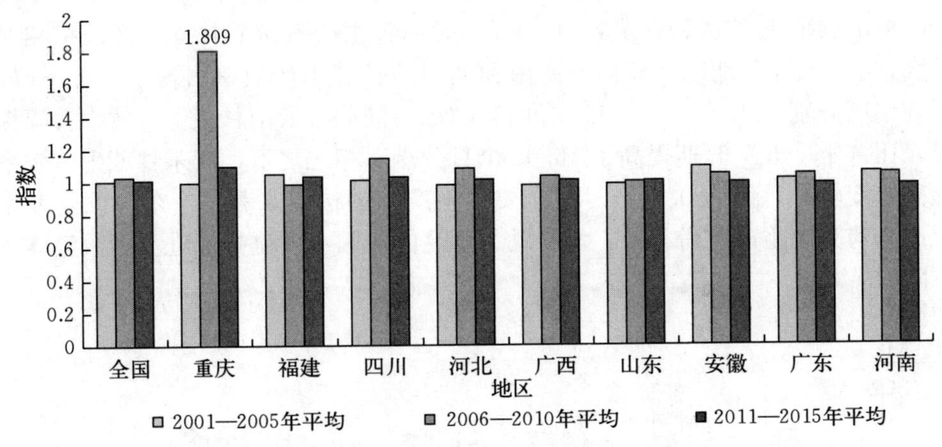

图 4-5 各省份花生 Malmquist 指数分阶段比较

3. 甘蔗生产效率分析

(1) 全要素生产率变化情况。2001 年以来，广东甘蔗生产效率的变化是由技术进步引起的，技术效率、规模效率等因素对甘蔗全要素生产率几乎没有影响。

2001—2015 年，广东甘蔗生产效率虽总体有所提高，但 2009 年以来波动幅度明显加大（见图 4-6）。近年来，广东甘蔗平均生产效率下降速度减缓，2002—2005 年、2006—2010 年、2012—2015 年 3 个时间段分别年均下降 4.5%、1.5%和 0.6%。

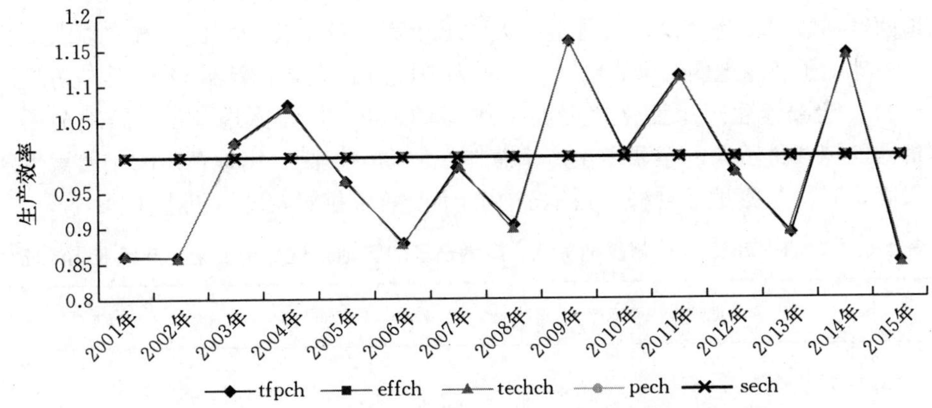

图 4-6 2001—2015 年广东甘蔗生产效率变化趋势情况

注：tfpch 代表全要素生产率；effch 代表技术效率；techch 代表技术进步；pech 代表纯技术效率；sech 代表规模效率。

(2) 主产省份的全要素生产率比较。从"十五""十一五"和"十二五"3个时期的甘蔗生产效率来看，"十一五"时期各主产省份的甘蔗生产效率相对较高，"十二五"期间，广西、海南和四川的甘蔗生产效率出现了明显下降，下降幅度分别为4.46%、8.41%和11.08%。同期，云南甘蔗生产效率大幅提升，比"十一五"时期提高了16.04个百分点。相比之下，广东甘蔗生产效率提高幅度较小，仅为0.91%。从全要素生产率的构成来看，广东甘蔗全要素生产率与其他主产省份相比，增长动力不足的原因主要是技术进步指数整体的下降。

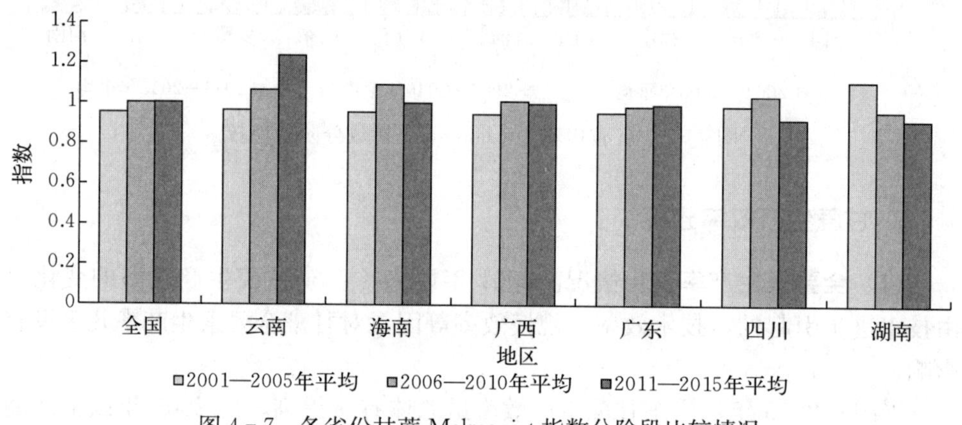

图4-7 各省份甘蔗Malmquist指数分阶段比较情况

4. 蔬菜生产效率分析

由于《全国农产品成本收益资料汇编》中的蔬菜数据露地黄瓜、露地茄子和露地西红柿数据较为齐全，而且是以大中城市为统计单位，因此，本文以露地黄瓜、露地茄子和露地西红柿为例对广州等大中城市的蔬菜生产效率进行比较分析。

(1) 全要素生产率变化状况。2001—2015年，广州露地黄瓜、露地茄子和露地西红柿3种蔬菜的全要素生产率总体在波动中提高，露地黄瓜的全要素生产率最高，其次是露地西红柿、露地茄子的生产效率相对较低（见表4-3）。

表4-3 2001—2015年广州露地黄瓜、露地茄子和露地西红柿全要素生产率变化情况

年份	露地黄瓜生产效率	露地茄子生产效率	露地西红柿生产效率	平均生产效率
2001	—	0.717	0.63	0.449
2002	0.817	0.982	0.954	0.918
2003	0.602	1.366	1.006	0.991
2004	0.61	0.846	1.141	0.866

（续）

年份	露地黄瓜生产效率	露地茄子生产效率	露地西红柿生产效率	平均生产效率
2005	1.057	1.258	0.598	0.971
2006	0.792	0.959	1.016	0.922
2007	1.232	0.965	1.149	1.115
2008	1.084	0.773	1.157	1.005
2009	1.026	1.323	1.073	1.141
2010	1.311	1.035	—	1.173
2011	1.204	0.834	—	1.019
2012	1.039	0.994	1	1.011
2013	1.011	1.001	0.82	0.944
2014	1.07	0.899	0.987	0.985
2015	1.136	1.063	1.097	1.099
2011—2015 平均	1.092	0.958 2	0.976	1.012

注：“—”表示数据缺乏；平均生产效率指露地黄瓜、露地茄子和露地西红柿平均生产效率。

2006—2010 年、2011—2015 年两个时间段，广州露地黄瓜的全要素生产率分别年均增长 8.9%和 9.2%；同期，露地茄子全要素生产率在增长 1.1%后又下降了 4.2%；同样，露地西红柿全要素生产率在增长 9.9%后也下降了 2.4%。由此可知，近年来，广州露地黄瓜全要素生产率增长动力较强，生产率增长率由负转正；而露地茄子和露地西红柿全要素生产率增长动力不足，生产率增长率由正转负。从全要素生产率分解情况来看，2002—2006 年，广州露地黄瓜生产效率持续下降的原因主要是纯技术效率指数和规模效率指数的快速下降，而 2006—2010 年，广州露地茄子生产效率持续增长的原因主要是纯技术效率指数和规模效率指数的快速增长，露地西红柿生产效率持续增长的主要原因是纯技术效率指数和技术进步指数的快速增长；2011—2015 年，技术进步指数的快速增长拉动了广州黄瓜生产效率的较快增长，技术进步指数和纯技术效率指数的下降直接导致广州茄子生产效率的下降，露地西红柿生产效率的下降则主要是由于规模效率指数的快速下降。

（2）全要素生产率的省域比较。虽然广州是全国主要的露地黄瓜、露地茄子和露地西红柿的生产城市，但与其他省份的大中城市相比，效率水平仍有待提升。从图 4－8 可知，2011—2015 年，广州生产的三大蔬菜中，露地黄瓜的生产效率提升速度较快，在全国各大中城市中排名第五，但露地茄子和露地西红柿生产效率出现下降，低于全国平均的生产效率提升速度，导致广东三大蔬菜生产效率提升速度较慢，在全国仅排名第十三位。与其他大中城市相比，广州露地黄瓜全要素生产率增长较快的原因主要是技术进步指数的快速增长；露地茄子和露地西红柿增长动力不足的主要原因则分别是纯技术效率的持续下降和规模效率的快速下降。

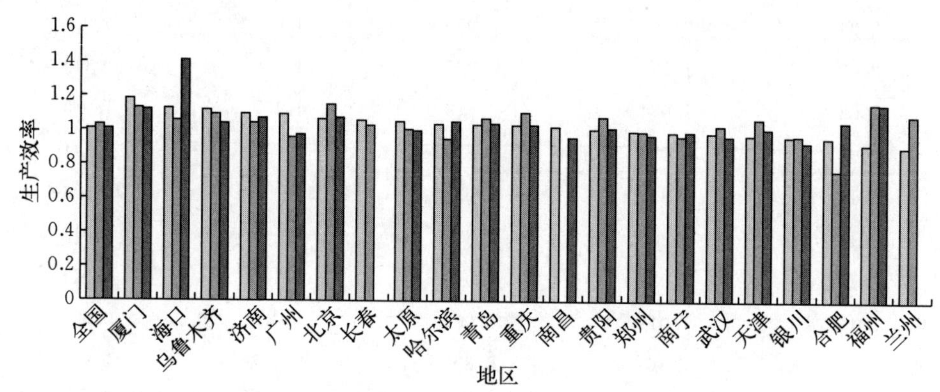

图 4-8　2012—2015 年全国 3 种蔬菜主产大中城市的年均生产效率变化情况

注：南昌缺乏露地茄子生产效率的测度数据；长春、兰州缺乏露地西红柿生产效率的测度数据。

5. 水果生产效率分析

受基础数据的影响，本章水果生产效率的分析选取柑和橘为代表，并对广东、福建、湖北、重庆等地柑、橘生产效率进行比较分析。

（1）全要素生产率变化情况。 2001—2005 年，广东柑和橘的年均全要素生产率均出现负增长。2006—2010 年、2011—2015 年，全要素生产率的增长率均为正值，其中 2006—2010 年柑和橘的全要素生产率增长率分别为 21.0%和 15.5%，增长动力强劲，2011—2015 年则有所减缓，增长率分别为 4.0%和 11.6%（见表 4-4）。从全要素生产率分解情况来看，广东柑的生产效率增长主要是因为技术进步指数和规模效率指数的快速增长；橘的生产效率提升速度加快则是技术进步指数、纯技术效率指数以及规模效率指数综合作用的结果。

表 4-4　2002—2015 年广东柑和橘全要素生产率变化情况

年份	技术效率指数		技术进步指数		纯技术效率指数		规模效率指数		Malmquist 指数	
	柑	橘	柑	橘	柑	橘	柑	橘	柑	橘
2001	0.904	—	0.769	—	1.000	—	0.904	—	0.696	—
2002	0.732	1.234	1.538	0.999	1.000	1.41	0.732	0.875	1.126	1.232
2003	1.179	0.978	0.661	0.88	1.116	0.943	1.057	1.036	0.779	0.86
2002—2003	0.878	0.552	1.010	0.819	0.896	0.554	0.979	0.997	0.886	0.452

（续）

年份	技术效率指数		技术进步指数		纯技术效率指数		规模效率指数		Malmquist 指数	
	柑	橘	柑	橘	柑	橘	柑	橘	柑	橘
2004	1.424	0.669	0.631	0.847	1.057	0.681	1.347	0.982	0.898	0.567
2005	1.023	0.858	0.922	0.886	1.014	0.897	1.004	0.973	0.877	0.778
2006	1.014	0.587	1.280	1.321	1.246	0.617	0.814	0.951	1.298	0.776
2007	1.623	2.425	0.666	0.64	1.809	2.41	0.897	1.006	1.082	1.553
2008	0.479	1.032	1.171	0.648	0.463	0.922	1.036	1.119	0.561	0.669
2009	1.053	1.278	1.760	1.113	0.908	1.122	1.160	1.139	1.853	1.421
2010	1.147	0.88	1.096	1.542	1.000	1.128	1.147	0.78	1.257	1.357
2011	1.063	1.24	1.195	1.053	1.085	1.24	1.011	0.999	1.210	1.155
2012	1.907	0.843	0.607	0.915	1.011	0.834	1.885	1.011	1.157	0.772
2013	0.593	1.528	1.339	1.03	0.989	1.515	0.599	1.009	0.794	1.575
2014	1.429	0.433	0.972	1.178	1.000	0.439	1.429	0.987	1.389	0.51
2015	0.762	2.201	0.996	0.796	1.000	1.103	0.762	1.996	0.759	1.752
2004—2015	1.164	1.079	0.946	0.899	1.000	1.017	1.164	1.061	1.101	0.969

注：表中“—”表示数据缺乏；“2002—2003”“2004—2015”表示相应年份的平均值。

（2）全要素生产率的省域比较。2011 年以来，全国柑主产地区的全要素生产率提升速度均有所减缓。其中，福建，江西、湖南、重庆和广西的柑生产效率均出现了下降（见图 4－9）。相比较而言，广东柑的全要素生产率在提升，提升幅度仅次于湖北，两省全要素生产率的增长率分别为 7.6%和 4.0%。从主产省区橘的全要素生产率来看，近年来，湖北、湖南、广东、重庆等省份的橘全要素生产率提升较快，增长率由负转正；浙江、福建、江西等省的增长

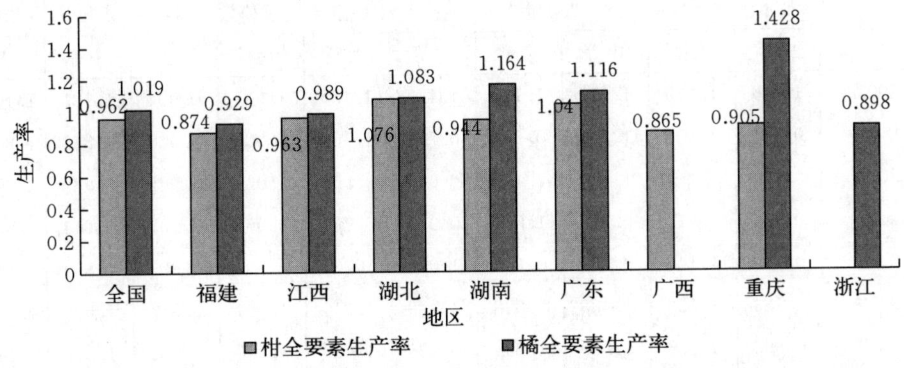

图 4－9 2012—2015 年全国柑和橘主产省份的平均全要素生产率变化情况

注：广西缺乏橘的基础数据，浙江缺乏柑的基础数据。

率仍然为负数。与其他主产地相比，广东柑和橘的全要素生产率提升速度较快的主要原因是规模效率指数的快速增长。

（三）畜禽产品生产效率的测算与比较

统计年鉴中，与农作物相关变量的计量单位不同，肉鸡以每百只为计量单位，生猪以每头为计量单位，本章分析选取产量（千克）为产出变量，选取用工数量（日）、每百只仔畜费（元）、饲料费（元）、医疗防疫费（元）、其他物质与服务投入费用（元）为投入变量，充分考虑了肉鸡和生猪生产过程中的投入和产出状况。同样，为剔除价格变动的影响，仔畜费（元）、饲料费（元）、医疗防疫费（元）、其他物质与服务投入费用（元）经全国各省份相应年份的农业生产资料价格指数平减。

1. 肉鸡全要素生产率的变化与比较

2005—2010 年和 2012—2015 年两个时间段，广东中规模和大规模肉鸡养殖户的全要素生产率均实现增长，其中中规模养殖户的增长率分别为 7.3%和 7.7%，大规模养殖户的增长率分别为 11.1%和 2.9%。总体而言，广东中规模肉鸡养殖户的生产效率提升速度快于大规模肉鸡养殖户的提升速度（见表 4－5）。近年来，大规模肉鸡养殖户的生产效率提升速度放缓，波动幅度加大。2014 年，大规模肉鸡养殖户的技术效率和规模效率均大幅下降，因而其全要素生产率大幅下降；2015 年，受技术效率和纯技术效率指数水平改善的影响，大规模肉鸡养殖户的全要素生产率提高较快。

表 4－5　2005—2015 年广东中、大规模肉鸡养殖户全要素生产率变化情况

年份	技术效率指数		技术进步指数		纯技术效率指数		规模效率指数		Malmquist 指数	
	中等	大型	中等	大型	中等	大型	中等	大型	中等	大型
2005	1.129	1.026	1.050	1.135	1.125	1.135	1.003	0.904	1.185	1.165
2006	0.795	1.204	1.104	0.999	0.795	1.150	1.000	1.048	0.878	1.204
2007	0.944	0.93	1.044	1.152	0.907	0.964	1.040	0.965	0.985	1.072
2008	0.920	0.877	0.917	1.026	0.951	0.795	0.967	1.103	0.843	0.900
2009	0.989	1.148	0.861	0.989	1.000	1.225	0.989	0.937	0.851	1.136
2010	1.183	1.158	1.435	1.028	1.179	1.210	1.004	0.957	1.699	1.190
2005—2010	0.993	1.057	1.069	1.055	0.993	1.080	1.000	0.986	1.073	1.111
2011	1.113	0.865	0.945	0.993	0.849	0.674	1.312	1.283	1.052	0.860
2012	0.965	1.203	1.023	1.018	1.257	1.502	0.767	0.800	0.986	1.224

（续）

年份	技术效率指数		技术进步指数		纯技术效率指数		规模效率指数		Malmquist 指数	
	中等	大型	中等	大型	中等	大型	中等	大型	中等	大型
2013	1.015	1.06	1.001	1.009	0.795	1.005	1.276	1.054	1.016	1.070
2014	—	0.715	—	1.193	—	0.662	—	1.080	—	0.854
2015	1.444	1.227	0.869	0.928	1.859	1.448	0.777	0.847	1.254	1.139
2012—2015	1.134	1.014	0.959	1.028	1.190	1.058	1.033	1.013	1.077	1.029

注：2014 年广东中等规模肉鸡养殖的基础数据缺乏。

2011 年以来，广东中规模肉鸡养殖户的全要素生产率提升幅度大于大规模肉鸡养殖户的提升幅度，增长率为 7.7%，在全国排名第四，次于福建、安徽和内蒙古，其增长率分别为 14.9%、14.4%和 9.9%。广东中规模肉鸡养殖户生产效率的提升得益于纯技术效率的提升。

从图 4-10 可知，2005—2010 年、2012—2015 年两个时间段，大规模肉鸡全要素生产率均为正增长，其中 2005—2010 年的增长率较高，为 11.1%，但 2011—2015 年的增长率下降到 2.9%。与福建、湖南等泛珠三角省份相比，增长动力不足，这主要是技术进步率增长不足导致的。

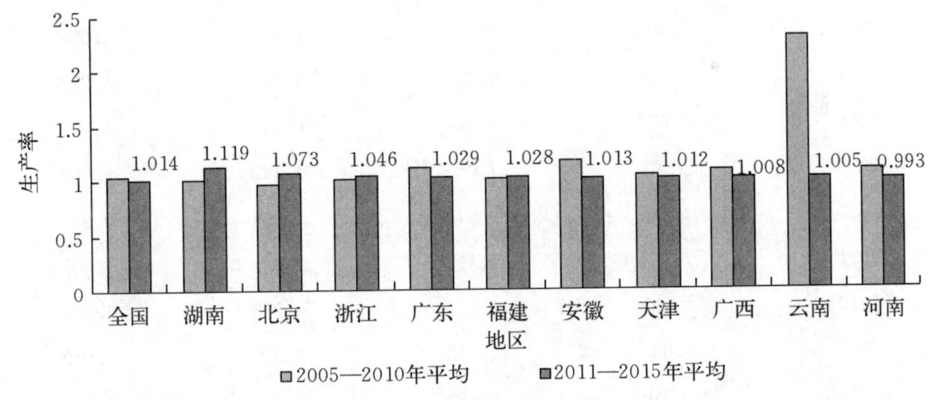

图 4-10　2005—2015 年全国大规模肉鸡养殖地全要素生产率变化情况

2. 补贴前后生猪生产效率的测算与比较

为考察生猪补贴政策对生猪生产效率的影响，本章以 2007 年为分界点，分别按照散养、小规模、中规模和大规模养殖户测算 2002—2006 年和 2007—2013 年生猪补贴政策实施前后两个时间段的广东及全国生猪的全要素生产效率情况。补贴政策实施后，广东散养、小规模以及中规模生猪养殖户的生产效率水平有明显提升。从表 4-6 可知，2001—2006 年补贴政策实施前，广东散养、小规模和大规模生猪养殖户的年均全要素生产率均在下降，年均下降幅度分别为0.6%、0.1%和2.9%，而同期的大规模生猪养殖户的全要素生产率年均提升幅度为5.3%。2007年补贴政策实施以来，散养、小规模和大规模生猪养殖户的全要素生产率年均提升幅度分别为5.2%、4%和2.3%，相比之下，大规模生猪养殖户的全要素生产率提升幅度仅为3.5%。因此，补贴政策对散户、小规模户和大规模户的生产效率作用明显，其中技术进步指数的贡献最大。与之相反，补贴政策对广东大规模生猪生产效率增长产生一定的负面作用，生产效率的增长速度减缓，这主要是规模效率下降导致的。

表4-6　2002—2015年广东各种规模生猪养殖户的全要素生产率变化情况

年份	散养生猪	小规模养殖	中规模养殖	大规模养殖
2001	1.005	—	1.161	1.053
2002	0.878	0.775	0.86	1.028
2003	0.822	0.99	1.036	1.135
2004	1.284	1.193	1.111	1.159
2005	0.936	0.988	0.891	0.965
2006	1.038	1.047	1.06	0.975
2002—2006年平均	0.994	0.999	0.971	1.053
2007	1.21	1.331	1.118	1.252
2008	0.927	0.864	0.947	1.052
2009	1.13	1.065	1.148	0.958
2010	1.066	0.911	0.974	0.988
2011	1.061	1.111	1.083	1.033
2012	1.085	1.012	0.975	1.091
2013	0.995	1.072	1.029	1.019
2014	1.01	1.023	0.986	0.929
2015	0.988	0.97	0.946	0.99
2007—2015年平均	1.052	1.04	1.023	1.035

同样，通过与其他省份相比较可知，补贴政策对广东生猪散养户、小规模户和中规模户的作用明显大于对大规模户的作用，生产效率提升速度在全国的排名分别为第七、第二和第三，而大规模养殖户生产率的提升度在全国排名仅为第19位（见图4-11）。广东生猪大规模养殖户生产效率提升的动力不足主要是由于技术效率和规模效率不足导致的。

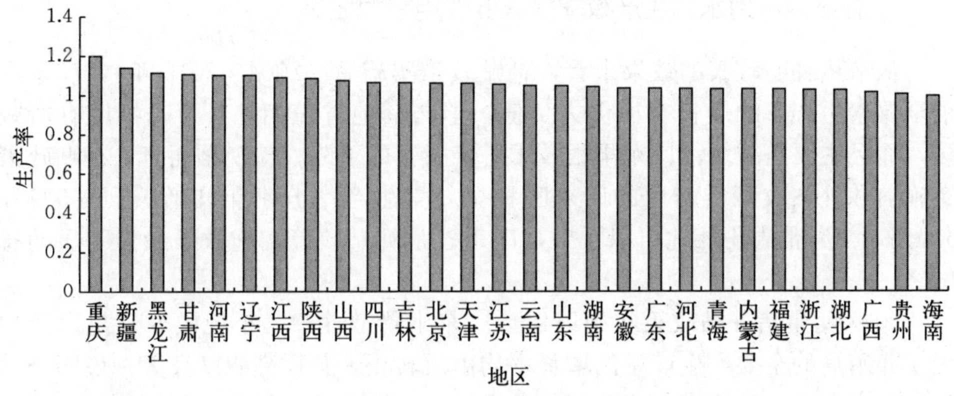

图 4-11　2012—2015 年大规模生猪养殖户的年均全要素生产率情况

(四) 小结

通过对广东主要农产品的生产效率进行测算和比较，可以得出以下结论。

1. 主要农产品总体效率提高，但提升动力不足

近年来，广东主要农产品中，水稻、蔬菜、水果以及畜禽产品的全要素生产率均呈现出正增长的态势，生产率不断提高，而花生和甘蔗全要素增长率由正转负，说明其生产率水平在下降。与其他省份相比，广东水果中的柑和橘的全要素生产率增长幅度较大，说明具备一定的生产效率；蔬菜中的露地黄瓜全要素生产率水平较高，增长动力较强，生产率增长率由负转正，而露地茄子和露地西红柿全要素生产率增长动力不足，增长率仍然为负数；水稻、肉鸡和生猪的全要素生产率也在提升，但与其他主产地相比，仍存在动力不足的问题。

2. 技术效率水平较低是制约生产效率提高的主要瓶颈

综合剖析全要素生产率的构成可知，技术效率水平不高是影响广东农产品生产效率提升的主要制约因素。花生、露地茄子和露地西红柿生产效率的下降都是由于技术效率水平降低导致的，水稻、露地黄瓜全要素生产率的提升主要是由于技术进步率的提高，而技术效率和规模效率的变化幅度均不大，对全要素生产率水平的提高作用有限。此外，广东柑和橘全要素生产率的提高也主要是技术进步因素和规模效率因素共同作用的结果，技术效率的作用不大。与其他地区相比较，近年来，广东主要农产品全要素生产率增长动力不足也主要是技术效率提升幅度不大导致的。

3. 补贴政策对水稻生产效率提高的作用较为显著

从水稻补贴政策的效果来看，补贴政策实施后（2004—2015 年），广东早稻全要素生产率的增长率虽仍为负值，但与其他省份相比，下降幅度有所减缓，而且主要是减缓了广东早稻技术进步指数的下跌；就晚稻而言，补贴政策实施前和补贴政策实施后的广东晚稻全要素生产率分别年均增长－4.5%和6.0%，与其他省份相比可以看出，广东省是补贴政策实施效果最为明显的省份之一。

2007 年生猪补贴政策实施以后，广东生猪散养户、小规模养殖户以及中规模养殖户的全要素生产率的增长率均由负转正，其提高幅度较大，说明补贴政策对广东这 3 种规模生猪养殖户的生产效率没有明显的负向作用。补贴政策实施以来，广东大规模生猪养殖户全要素生产率的增长率有所下降，这主要是规模效率水平下降导致的。

五、广东农产品加工业发展状况分析

农产品加工业既是建设现代农业的重要环节，又是一二三产业对接、农业产业链延伸和衡量区域农业竞争力的重要标志之一。广东农产品加工业历史悠久，从传统的手工作坊到现代的工厂化大生产，总产值不断扩大。以食品工业为例，2015 年广东食品工业规模以上企业 1 849 家，实现生产总值 6 822.43 亿元，占全省地区生产总值的 9.34%；其中主营业务收入为 6 205.11 亿元，增长 3.2%，次于山东、河南、湖北、江苏、四川，位列全国第六[①]。

（一）农产品加工业整体发展状况

农产品加工业是以人工生产的农业物料和野生动植物资源为原料进行工业生产活动的总和[②]。现代工业的诸多部门均需要农业资源作为原料进行生产。因此，农产品加工品涉及的行业多、品类繁杂，这也加大了农产品加工品分类的难度。结合联合国国际标准工业分类体系及《中国农产品加工业年鉴》分类标准，本研究将农产品加工业分为食品工业、纺织工业、木材工业、纸制品工业四大类。

1. 总产值发展情况

广东省毗邻我国香港和澳门特别行政区，靠近东南亚，农产品加工业的区位优势显著，总产值不断扩大。从图 5-1 可以看出，2000—2016 年，广东农产品加工业总产值逐年增长，从 2000 年的 2 762.11 亿元增长到 2016 年的 2.14 万亿元，年均增长率为 13.66%；2000—2007 年，广东农产品加工业总产值占工业总产值的比重总体呈下降趋势，但从 2008 年开始，该比重趋于稳定，保持在 16%左右。

2. 产业结构发展情况

经过多年的发展，在农产品加工业的十大类别中，广东农产品加工业已形

① 资料来源于《中国食品工业年鉴》。

② 张伟．农产品加工业的内容和分类标准［J］．农产品加工，2004（02）：17。

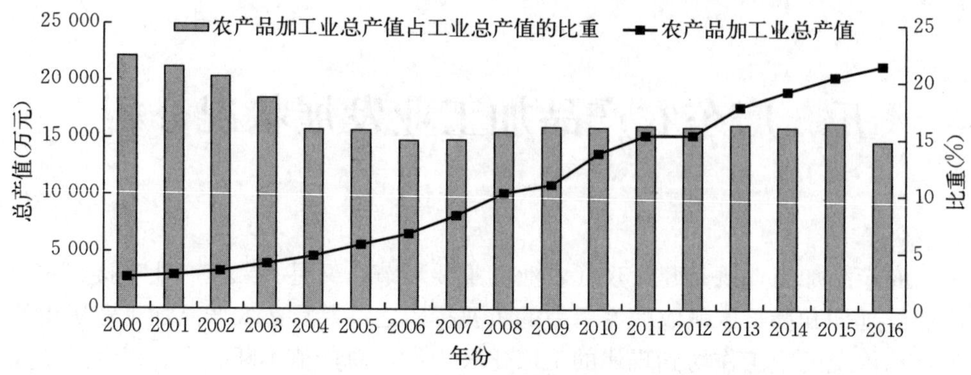

图 5-1　2000—2016 年广东省农产品加工业总产值变化趋势情况

资料来源：根据历年《广东工业统计年鉴》整理。

成了以服装及其他纤维制品制造业、食品加工业和纺织业等行业为主，多业并举的产业格局。

目前，纺织服装、服饰业是广东农产品加工业的第一大产业，其次是食品制造业和皮革、皮毛、羽毛制品业等产业。从图 5-2 可以看出，2004—2016 年，占农产品加工业增加值比重增长幅度最大的是纺织服装、服饰业。2012 年以来，随着广东部分制造业产业的转移，纺织业、农副食品加工业、造纸和纸制品业、烟草制品业增加值占农产品加工业增加值的比重均呈现出下降的趋势，其中纺织业所占比重从 2011 年的 17.88%下降到 2016 年的 11.56%，从广东加工业第二大产业下降为第四大产业。

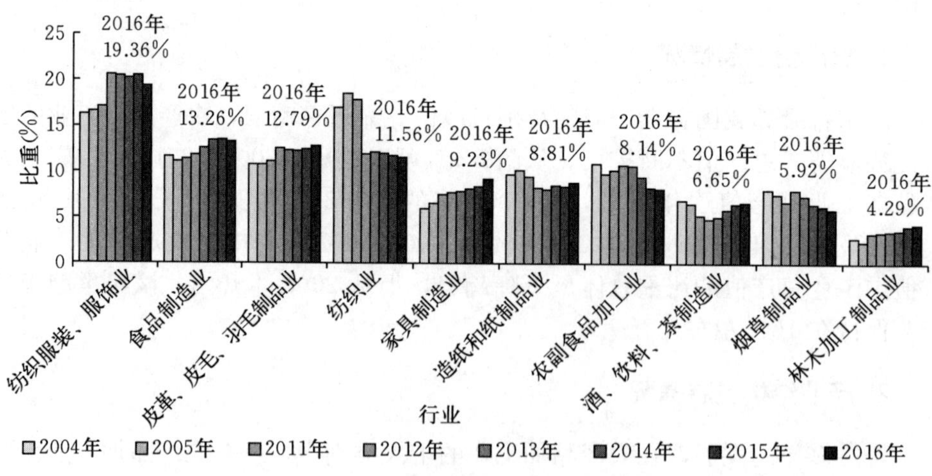

图 5-2　2005—2016 年广东省农产品加工业结构变化趋势情况

注：图中比重为各行业增加值占农产品加工业增加值的比重。

资料来源：根据广东统计信息网数据整理。

3. 企业发展状况

在 2014 年《品牌观察》发布的中国最有价值品牌 500 强榜单中，广东食品品牌占全国 20%，位居第一。广东省共有中国驰名商标近 50 个，146 个食品类产品被认定为 2014 年广东省名牌产品（农业类），140 个食品类商标被认定为 2014 年广东省著名商标①。广东省有食品工业生产许可获证企业 16 815 家，其中规模以上有 1 846 家，10 亿元以上的企业有近百家。

近年来，广东农产品加工企业数量趋于稳定。数据显示②，2000—2010 年广东各类农产品加工企业数不断增加，在 2010 年达到最高值 14 503 家（图 5－3），平均年增幅为 8.72%。2011 年，随着农产品食品加工行业整合力度加大，广东农产品加工企业数大幅减少，并开始趋于稳定，截至 2016 年，具有一定规模的农产品加工企业为 10 957 家。从单位产值来看，各类型农产品加工企业的单位产值都呈现上升趋势，其中食品加工业平均单家企业产值增加了 5 倍以上，这反映出广东农产品加工企业市场集中度逐渐提高，企业发展实现了从量到质的转变。

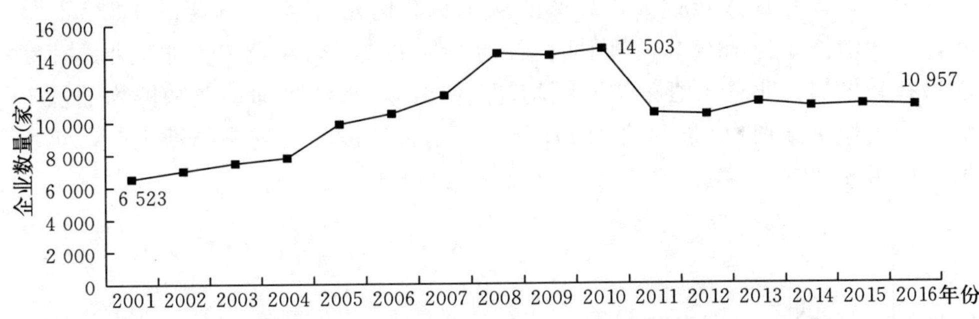

图 5－3　2000—2016 年广东农产品加工企业数量变化趋势情况

资料来源：根据历年《广东工业统计年鉴》整理。

农产品加工业示范企业和基地发展相对较慢。2005 年，农业部公布了 584 家第一批全国农产品加工业示范企业名单，其中广东省入围企业有 22 家，所占比重为 3.8%；2010 年农业部认定了 322 家企业为第二批全国农产品加工业示范企业，其中广东省入围企业有 11 家，所占比重为 3.4%，同比下降了 0.4 个百分点。2005—2010 年，全国累计认定 456 个农产品加工业示范基地，其中广东省有 11 家被授予称号，所占比重仅为 3.1%。

① 资料来源于《中国食品加工业年鉴（2015）》。

② 数据来源于《广东工业统计年鉴》（2002—2016）。

（二）分行业农产品加工业发展状况

从农产品加工业与农业的结合度来看，食品工业、纺织工业、木材工业、纸制品工业中，食品工业与农业的关联度最高，食品工业的发展状况在一定程度上可以反映该区域农产品加工业的发展程度和竞争力情况。因此，本研究将主要从食品工业的角度分析广东农产品加工业的发展状况及其竞争力。

1. 农副食品加工业

农副产品加工业包括了饲料加工，植物油加工，制糖，屠宰及肉类、蛋类加工，水产品加工，盐加工，其他食品加工。农副产品加工可以通过农业种植、养殖结构，建立较为稳定的食品原料基地，拉长产业链条，提高农产品附加值，形成产、供、销一条龙的产业化发展格局。

2003—2016 年，广东农副产品加工业中，饲料加工业的产值最大，其次是植物油加工业、水产品加工业等产业（图 5－4）。2003—2016 年，饲料加工业的生产规模总体逐年扩大，总产值从 130.6 亿元增至 2016 年的 1 232.2 亿元，年均增长率为 18.84%。同期，谷物磨制工业、屠宰及肉类加工业、蔬菜水果和坚果加工业总产值年均增幅均超过 18%，水产品加工业和植物油加工业年均增长率分别为 16.14%和 11.98%，增长速度最慢的是制糖工业，年均增长率为 8.09%。

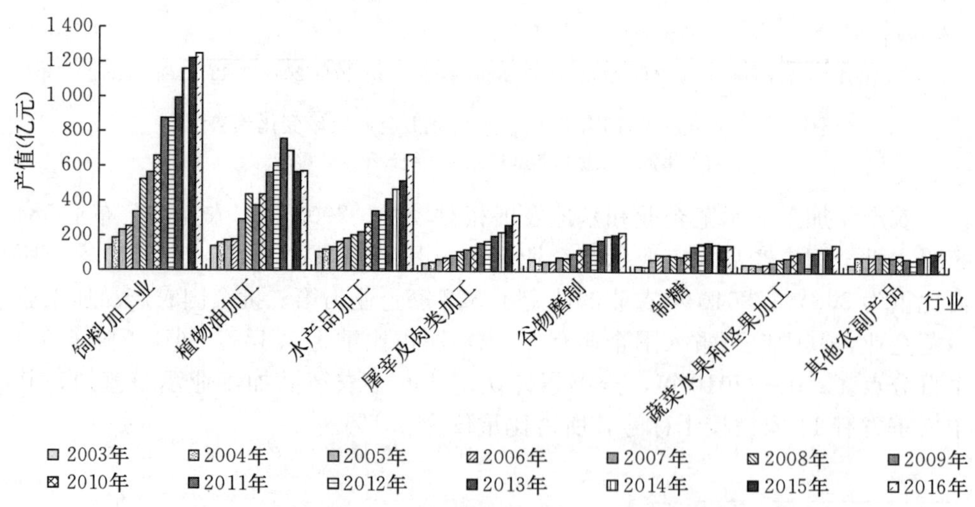

图 5－4　2003—2016 年广东农副产品加工业各产业产值发展情况

资料来源：根据历年《广东统计年鉴》和《中国食品工业年鉴》整理。

（1）饲料加工业是广东农副产品加工业的主导产业。根据《中国食品工业年鉴》数据显示，2003—2015年，广东省饲料加工业的生产规模总体逐年扩大，其中总产值从2003年的130.6亿元增加到2015年的1 232.2亿元，平均年增长幅度为18.84%。从产量来看，2016年广东饲料总产量为2 782.69万吨，其中配合饲料产量2 676.11万吨，占总产量的比例在95%以上，浓缩饲料的产量为45.26万吨，添加剂预混料产量为61.22万吨。从企业发展情况来看，广东饲料企业整体规模和水平都位居全国第一。2015年，广东省共有饲料和饲料添加剂企业1 097家，其中浓缩饲料企业522家，单一饲料企业101家，添加剂预混料企业277家，饲料添加剂企业197家。产量超过10万吨的企业共80家，产量共占全省的62%，30万吨以上的大型饲料企业有21家，100万吨以上的大型饲料企业4家，行业集中度提高。全省共有150个饲料产品为广东省名牌产品，占农业名牌产品的16%。

（2）农副产品加工业总体增长速度放缓。近年来，广东农副产品加工各行业中，除饲料加工业、水产品加工业、屠宰及肉类加工业保持持续增长以外，其他行业发展缓慢，其中植物油加工、制糖业等产值呈现出下降趋势。2014年、2015年，广东植物油加工业和制糖业产值连续两年下降，2015年与2013年相比，下降幅度分别为25.44%和10.32%。因此，行业间发展的不平衡制约了广东农副产品加工业整体增长速度。

2. 食品制造业

食品制造业是广东食品工业中产值最大的产业，包括调味品与发酵品制造业、烘焙食品制造业、方便食品制造业、乳产品制造业、罐头食品制造业等行业，其中调味品与发酵品制造业的产值最大。从图5-5可以看出，2003年以来，广东食品制造业各行业产值总体呈不断增长的趋势。2003—2016年，广东食品制造业中增长速度最快的是调味品与发酵品制造业，总产值从2003年的58.6亿元，增长到2016年的468.1亿元，年均增长率为17.33%；其次是乳产品制造业，总产值从2003年的22.7亿元增长到2016年的164.9亿元，年均增长率为16.47%；其他行业，如罐头食品制造业、方便食品制造业、烘焙食品制造业等行业总产值的年均增长率均在13%以上。

3. 饮料制造业

饮料制造业包括酒精制造业、酒制造业、软饮料制造业、制茶业、其他饮料制造业等。软饮料制造业是广东饮料制造业中产值最大的行业，总产值从2003年的97.9亿元增长到2016年的907.15亿元，年均增长率为18.68%；其次是酒制造业，年均增长率为8.2%；精制茶加工业的产值虽

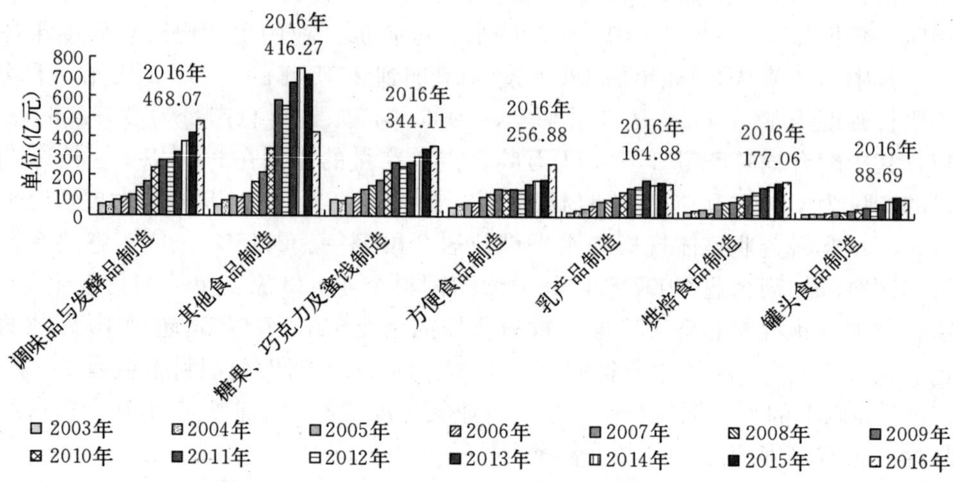

图 5-5　2003—2016 年广东食品制造业各行业产值变化情况

资料来源：同图 5-4。

小，但增长速度较快，年均增长率为 17.02%（图 5-6）。凉茶产业是广东极具发展特色和竞争优势的精制茶加工行业之一，形成的两大凉茶品牌在全国极具影响力。

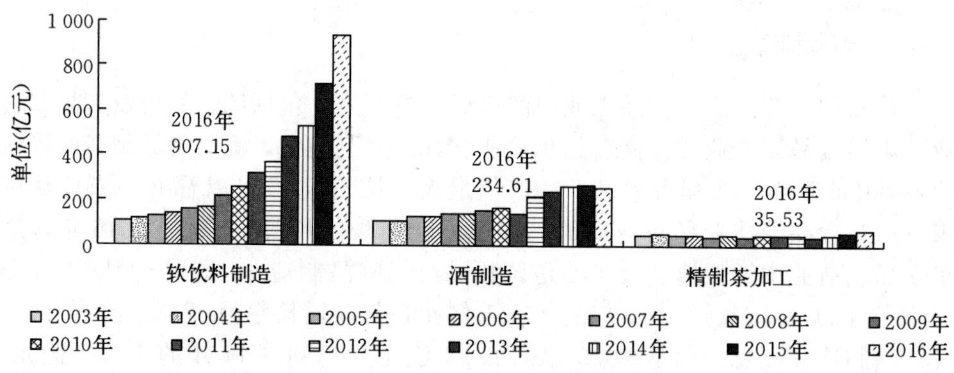

图 5-6　2003—2016 年广东制造业各行业总产值变化趋势情况

资料来源：同图 5-4。

4. 烟草制造业

烟草制品业主要包括烟叶复烤、卷烟制造和其他烟草制品加工。2004—2015 年，广东烟草制造业总产值逐年增长，从 154.4 亿元增长到 463.1 亿元，年均增长 10.50%；2016 年出现大幅下降，同比下降 6.88%（图 5-7），其中增加值为 319.25 亿元，同比下降 6.6%。

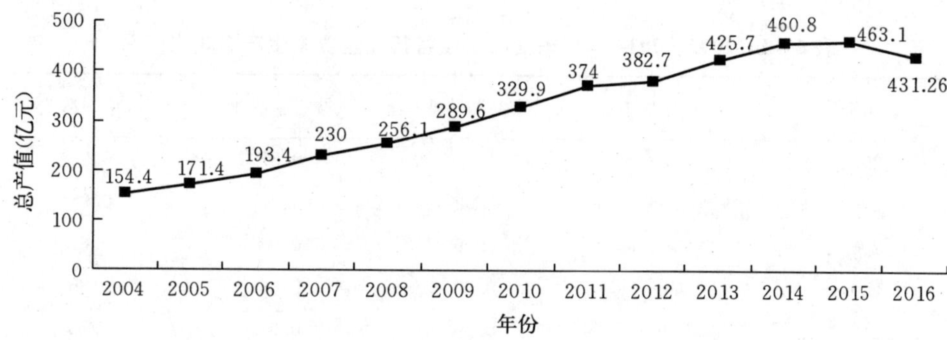

图 5-7　2003—2016 年广东省烟草制造业总产值变化趋势图

资料来源：根据历年《广东统计年鉴》和《中国食品工业年鉴》整理。

（三）农产品加工业生产效率的比较分析

生产效率是反映广东农产品加工业在技术进步、技术效率和规模效率方面的综合指标，也是衡量广东农产品加工业区域竞争力的重要尺度。

1. 变量与数据的选取

为测算食品工业的生产效率，本文采用 Malmquist 指数，并将生产效率进一步分解为技术进步指数、纯技术效率指数和规模效率指数。受数据获取影响，2000—2011 年选取食品工业总产值（亿元）为产出变量，2012—2014 年则选取食品工业销售产值（亿元）为产出变量，选取企业单位数（个）、固定资产净值（亿元）、全部从业人员平均人数（万人）为投入变量。充分考虑了农副食品加工品生产过程中的投入和产出状况。在空间分布上，对 2000—2014 年的全国和泛珠三角地区，即福建、江西、湖南、广东、广西、海南、四川、贵州和云南，进行区域比较。数据均来源于 2000—2014 年《中国工业统计年鉴》和各省份的统计年鉴。

2. 广东食品工业各行业生产效率分析

从表 5-1 可知，2012 年以来，广东食品工业各行业的生产效率总体提高，其中食品制造业生产效率增长动力强劲，饮料制造业和烟草制造业的生产效率呈下降趋势，增长动力不足。从全要素分解情况来看，广东农副食品加工业生产效率的变动主要是由技术进步效率的提升和规模效率的下降引起的；技术进步效率的下降直接导致了广东食品制造业和饮料制造业的生产效率下降；广东烟草制造业生产效率下降则主要是因为技术效率和规模效率的同时下降导致的。

表 5-1　2002—2014 年广东食品工业各行业全要素生产率变化情况

年份	农副食品加工业	食品制造业	饮料制造业	烟草制造业
2001	0.84	1.08	0.87	0.92
2002	0.94	0.92	0.92	0.95
2003	0.84	0.99	0.93	0.67
2004	0.88	0.89	0.88	0.86
2005	0.91	0.90	0.94	0.73
2002—2005 平均	0.88	0.95	0.91	0.82
2006	0.93	0.88	0.83	1.19
2007	0.82	0.91	0.97	0.86
2008	0.86	0.76	0.91	0.80
2009	1.08	0.90	0.92	0.97
2010	0.97	0.98	1.01	0.87
2006—2010 平均	0.93	0.89	0.93	0.94
2011	0.62	0.78	0.65	0.97
2012	1.06	1.05	1.06	1.21
2013	0.95	1.02	0.96	0.96
2014	1.02	1.09	0.94	0.93
2012—2014 平均	0.91	0.99	0.90	1.02

3. 广东食品工业生产效率的省域比较

从图 5-8 可知，2001 年以来，全国各省份农副产品加工业生产效率总体均呈提升的趋势，其中 2011—2014 年，增长动力明显加强。其间，贵州、西藏、河南、江苏和山东的农副产品加工业全要素生产率居全国前列，且 Malmquist 指数均大于 1。2011—2014 年，广东农副产品制造业生产效率降低，在全国的排名仅高于山西、宁夏、甘肃、吉林、黑龙江和海南。分析发现，技术进步效率的持续降低是导致广东农副产品加工业的生产效率在全国排名处于后列的原因。

图 5-9 显示，2011—2014 年，天津食品制造业的生产效率最高，其次是海南；山东、吉林、陕西、新疆、北京、河南、福建、云南等省份的食品制造业曼奎斯特指数也均大于 1。同期，广东食品制造业的 Malmquist 指数接近于 1，与其他省份相比，生产效率增长动力稍显不足，这同样是技术进

步效率低下的缘故。

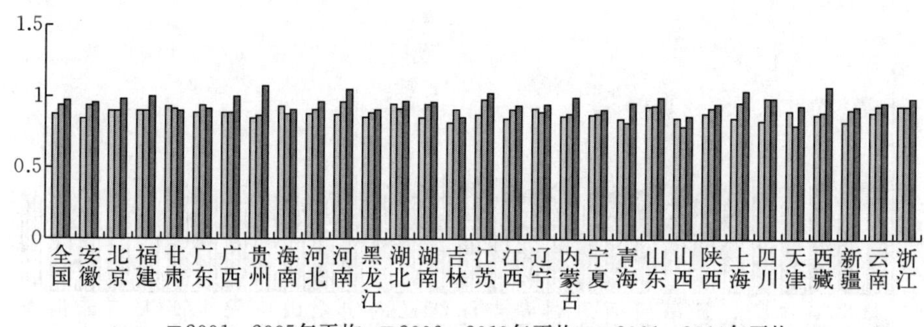

图 5-8　2001—2014 年分阶段全国农副食品加工业 Malmquist 指数变化情况

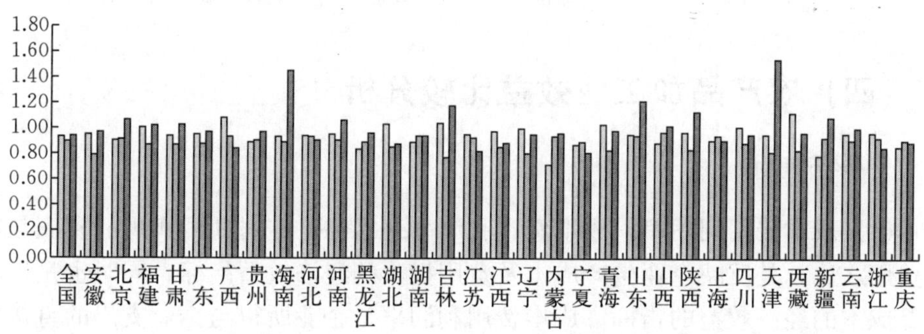

图 5-9　2001—2014 年分阶段全国食品制造业 Malmquist 指数变化情况

从广东饮料制造业和烟草制造业的生产效率与其他省份的比较情况来看（见图 5-10、图 5-11），2011 年以来，广东饮料制造业生产效率提升动力不足，在全国排名较为靠后，这主要是技术效率和规模效率较低引起的；同期，

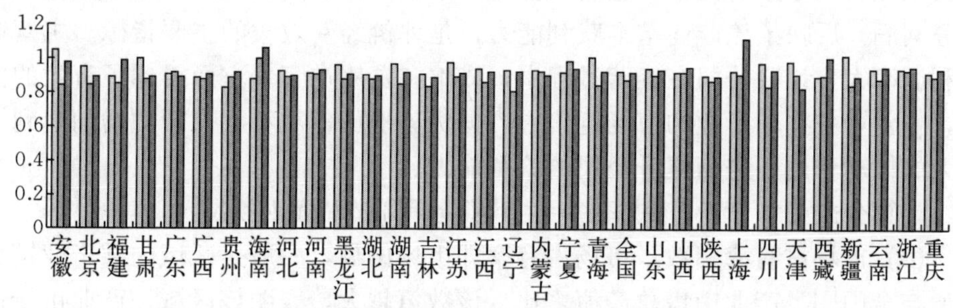

图 5-10　2001—2014 年分阶段全国饮料制造业 Malmquist 指数变化情况

广东烟草制造业的增长动力较强，与全国其他地区相比，这主要是技术进步效率提升引起的。

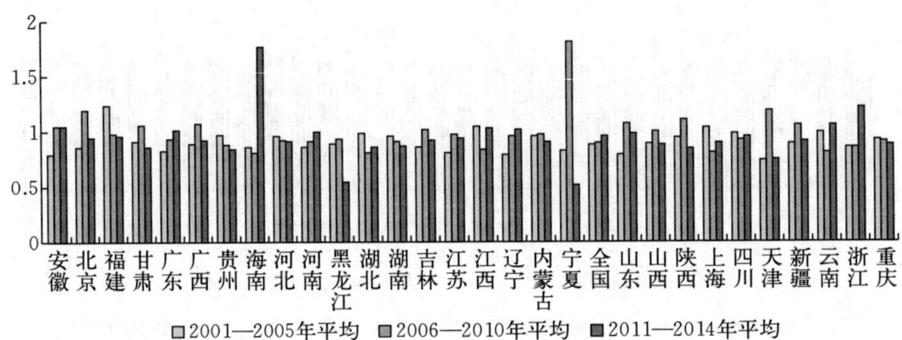

图 5-11　2001—2014 年分阶段全国烟草制造业 Malmquist 指数变化情况

(四) 农产品加工业效益比较分析

1. 评价指标

(1) 成本费用利润率。成本费用利润率是指在一定时期内实现的利润与成本费用之比，是反映企业生产成本及费用投入的经济效益指标，同时也是反映降低成本的经济效益的指标。成本费用利润率是企业所得与企业支出的直接比较，综合反映了企业效益的好坏，数值越高说明企业以低消耗得到高产值，企业的获利能力强，效益高；反之，说明企业的投入并未带来高产出，企业获利能力差，效益低。

计算公式：成本费用利润率＝利润总额/成本费用总额。

(2) 主营业务利润率。主营业务利润率是指企业一定时期主营业务利润同主营业务收入净额的比率。它表明企业每单位主营业务收入能够带来多少主营业务利润，反映了该产业基本获利能力，是评价经营效益的主要指标。主营业务利润率大，说明公司在经营过程中，成本和费用在管理方面得到了有效的控制，主营业务在同行业的市场竞争中占据优势地位，对利润总额的增加起到了巨大的推动作用，进而提升公司的获利能力。

计算公式：主营业务利润率＝主营业务利润/主营业务收入。

(3) 市场占有率指数。市场占有率即市场份额，一般是区域内某产业销售产值与全国同类产业销售总产值之比。该数值越大，表明该区域该产业市场占有率在全国各区域中排名越靠前，成为优先发展产业的可能性越大。

市场占有率指数＝某区域某产业的销售产值/全国某产业的销售总产值。

(4) 综合效益指数。综合效益指数是综合了成本费用利润率、主营业务利润率和市场占有率的结果，取三者的加权平均数来反映一个地区农产品加工品综合经济效益状况。指数越大，说明综合效益能力越强。

2. 主要农产品加工业生产效益比较

从表5-2可知，广东食品工业综合经济效益较强，平均效益指数在全国排名第五，次于上海、江苏、贵州和河南。从各行业的效益情况来看，广东食品制造业的经济效益在全国具有一定的地位，综合经济效益在全国排名第二，仅次于天津；饮料、茶制造业以及烟草制品业在全国均排名第七；农副食品加工业在全国排名第十。从各效益指数的比较来看，成本费用利润率和营业收入利润率均较低，导致广东农副食品加工业总体经济效益水平较低。

表5-2　2015年全国各地区食品工业综合经济效益情况

单位：%

地区	农副食品加工业	食品制造业	饮料、茶制造业	烟草制品业	平均值
全国	14.56	20.95	24.29	39.28	24.77
北京	1.97	3.60	2.69	4.65	3.23
天津	1.05	13.32	1.37	6.31	5.51
河北	4.23	6.85	8.52	5.89	6.37
山西	2.73	1.67	2.65	7.03	3.52
内蒙古	4.42	7.15	5.10	5.40	5.52
辽宁	4.39	5.10	5.50	3.21	4.55
吉林	4.27	4.25	4.11	6.91	4.89
黑龙江	4.02	6.08	4.70	5.22	5.01
上海	1.84	5.49	5.17	39.07	12.89
江苏	6.81	6.85	12.41	19.81	11.47
浙江	2.85	5.99	6.36	11.92	6.78
安徽	4.62	4.55	8.91	7.79	6.47
福建	5.06	7.59	8.04	7.93	7.16
江西	4.78	5.81	5.80	10.49	6.72
山东	8.14	9.09	9.43	10.95	9.40
河南	8.31	10.95	8.68	15.36	10.83
湖北	6.02	6.26	8.34	17.04	9.42

（续）

地区	农副食品加工业	食品制造业	饮料、茶制造业	烟草制品业	平均值
湖南	4.97	5.12	5.44	19.22	8.69
广东	4.70	12.67	8.85	13.06	9.82
广西	5.83	4.97	8.19	9.74	7.18
海南	0.11	2.91	0.37	5.12	2.13
重庆	4.28	4.49	4.59	4.21	4.39
四川	5.06	6.54	12.06	0.13	5.95
贵州	2.38	5.24	25.50	11.50	11.16
云南	2.61	4.26	5.85	22.50	8.81
西藏	0.97	2.09	5.10	—	—
陕西	4.70	6.58	9.34	7.48	7.03
甘肃	1.70	3.36	2.89	7.49	3.86
青海	1.26	2.19	4.30	—	—
宁夏	1.79	4.01	3.65	5.10	3.64
新疆	4.34	4.60	6.90	5.44	5.32

（五）小结

根据上述分析，可以得出以下结论。

1. 农产品加工业规模不断扩大

从食品工业、纺织工业、木材工业、纸制品工业四大类产业组成的农产品加工业总产值来看，2000 年以来，广东农产品加工业总产值呈逐年增长的趋势，其占广东工业总产值的比重也稳定在 15%以上。食品制造业是广东仅次于纺织服装和服饰业的第二大农产品加工产业，占农产品加工业产值的比重保持在 13%左右。近年来，以酒、饮料、茶为代表的饮料制造业的总产值也在不断增长，其占农产品加工业总产值的比重也在不断提升。

2. 农产品加工业生产效率有待提高

尽管广东农产品加工业总产值在不断增长，但生产效率提升的动力不足制约了行业产出水平的提高。从食品工业的各行业生产效率测度情况来看，近年来，广东食品工业各行业的生产效率均有所提高，但从全国范围来看，食品工业生产效率明显滞后，其中农副食品加工业的生产效率水平尤为落后，其产值占广东农产品加工业产值的比重也呈逐年下降的趋势。研究发现，技术进步效率水平较低是导致食品加工业整体生产效率水平不高的原因。因此，在广东工农业生产成本不断增加，农业资源禀赋日趋缩减的情况下，提高农产品加工品生产效率，利用先进的工业生产工艺，实现农产品“制造”向农产品“智造”成为了必然选择。

六、广东农产品竞争力比较分析

（一）广东农产品国际竞争力分析

国际市场占有率指数（IMS）、国际贸易竞争力指数（TC）以及显示性比较优势指数（RCA）是衡量一国或地区农产品竞争力的三大指数。由于广东农产品出口额占全国农产品出口额的比重较小，占世界农产品出口额的比重则更小，因此，本文仅选取贸易竞争力指数和显示性比较优势对广东主要出口农产品的国际竞争力进行深入分析。

1. 国际竞争力评价指标

（1）贸易竞争力指数（TC）。某种农产品贸易竞争力指数是指一国（地区）的某农产品净出口量（额）与该农产品进出口量（总额）之比，为衡量我国及某省的农产品国际竞争力，本文用 TC 表示 i 省农产品的贸易竞争力指数，X_i表示 i 省该农产品的出口总额，M_i 表示 i 省该农产品的进口总额，则 TC 指数可表示为：$TC=(X_i-M_i)/(X_i+M_i)$。TC 指数的取值范围为-1～1，TC 越接近 1，农产品的国际竞争力越强，反之则越弱。

对世界市场来说，$TC>0$ 表明 i 省是某农产品的净供应省份，具有较强的出口竞争力；$TC<0$ 表明 i 省是该农产品的净进口省份，缺乏国际竞争力；$TC=0$ 表明 i 省该农产品的竞争力与国际平均水平相当，进出口属国际间交换。

（2）显示性比较优势指数（RCA）。某种农产品的显示性比较优势是指一国（地区）该农产品出口额占该国出口总额比重与世界出口总额中该农产品出口额所占比重之间的比率。通过这一指标可以测定某农产品在国家（地区）出口格局的地位和趋势，从而根据比值的大小确定该农产品在国家贸易中的相对比较优势，反映其国际竞争力水平。同样，为反映我国及某省的农产品显示性优势，本章用 RCA 表示 i 省某农产品的显示性比较优势指数，X_i 为 i 省某农产品的出口总额，Y_i 为 i 省农产品的出口总额；X_j 为全国某农产品出口额，Y_j 为全国农产品出口总额，用公式表示为：$RCA=(X_i/Y_i)/(X_j/Y_j)$。

对某省来说，如果该省农产品的 RCA 越大，说明该省该农产品的竞争优势越大。若 $RCA>1$，则表明 i 省该农产品具有显示比较优势；$RCA<1$，表

明 i 省该农产品具有显示比较劣势；$RCA=1$，表明 i 省既没有显示比较优势也没有显示比较劣势。

2. 总体国际竞争力分析

2002—2015 年，全国及广东、山东、江苏 3 省的农产品国际竞争力较弱且弱化趋势明显（见表 6－1）。就贸易竞争力指数来看，14 年间，全国及广东、山东、江苏 3 省的 TC 指数平均值分别为－0.134、－0.251、0.035、和－0.509，广东农产品贸易竞争力低于全国水平。虽然山东省 14 年间的 TC 指数大于 0，但随着贸易竞争力的下降，从 2011 年开始，山东从农产品净出口省份转变为农产品净进口省份。同期，从显示性比较优势来看，全国及广东、山东、江苏 3 省在国际农产品贸易中处于劣势地位，14 年间，全国及这 3 个省份的 RCA 指数均值分别为 0.375、0.013、0.142 和 0.010，广东省农产品显示性比较优势远低于全国和山东省。

表 6－1　2002—2015 年全国及农产品贸易前三大省份国际竞争力情况

年份	贸易竞争力指数（TC）				显示性比较优势指数（RCA）			
	全国	广东	山东	江苏	全国	广东	山东	江苏
2002	0.140	－0.113	0.329	－0.316	0.461	0.016	0.248	0.015
2003	－0.015	－0.270	0.249	－0.394	0.404	0.013	0.248	0.012
2004	－0.096	－0.306	0.118	－0.562	0.458	0.012	0.156	0.009
2005	－0.026	－0.191	0.158	－0.498	0.440	0.010	0.149	0.008
2006	－0.015	－0.104	0.147	－0.478	0.410	0.013	0.138	0.008
2007	－0.056	－0.203	0.164	－0.547	0.371	0.011	0.123	0.008
2008	－0.184	－0.282	0.061	－0.510	0.337	0.011	0.107	0.008
2009	－0.142	－0.244	0.076	－0.544	0.347	0.014	0.123	0.009
2010	－0.191	－0.267	0.014	－0.567	0.348	0.013	0.122	0.009
2011	－0.219	－0.264	－0.095	－0.584	0.350	0.013	0.122	0.009
2012	－0.281	－0.296	－0.181	－0.563	0.340	0.013	0.117	0.009
2013	－0.278	－0.293	－0.259	－0.538	0.331	0.013	0.113	0.009
2014	－0.260	－0.332	－0.263	－0.546	0.328	0.013	0.109	0.010
2015	－0.246	－0.347	－0.024	－0.481	0.324	0.013	0.106	0.010

资料来源：根据历年《广东统计年鉴》《中国农业年鉴》《山东统计年鉴》《中国农产品进出口月度统计报告》、2016 年《中国统计年鉴》及联合国统计局（UNSTAT）数据整理。

3. 主要出口农产品国际竞争力分析

（1）园艺、禽畜和水产品总体国际竞争力。园艺产品、禽畜产品和水产品是广东主要出口的三大类农产品，但这三大类产品的国际竞争力也趋于下降。

从表 6-2 可以看出，2002—2015 年，广东园艺产品、禽畜产品和水产品贸易竞争力均较弱，14 年间的均值分别为−0.208、−0.37 和 0.509 且均呈下降趋势；同期，广东禽畜产品具备一定的显示性比较优势，园艺产品和水产品从 2006 年开始处于显示性比较劣势的地位，其中园艺产品显示性比较优势下降趋势明显。

表 6-2　2002—2015 年广东园艺、禽畜和水产品国际竞争力情况

年份	贸易竞争力指数（TC）			显示性比较优势指数（RCA）		
	园艺产品	禽畜产品	水产品	园艺产品	禽畜产品	水产品
2002	0.292	−0.412	0.609	1.051	1.204	0.957
2003	0.181	−0.366	0.674	1.186	1.674	1.434
2004	0.082	−0.138	0.671	1.292	1.872	1.462
2005	−0.007	0.031	0.652	1.071	2.225	1.393
2006	0.063	−0.157	0.548	0.624	1.618	0.686
2007	−0.024	−0.435	0.323	0.682	1.888	0.483
2008	−0.156	−0.516	0.283	0.593	2.004	0.482
2009	−0.325	−0.371	0.651	0.510	2.524	0.911
2010	−0.384	−0.479	0.544	0.441	2.319	1.002
2011	−0.411	−0.370	0.487	0.453	2.641	0.797
2012	−0.465	−0.399	0.462	0.546	2.583	0.796
2013	−0.522	−0.503	0.455	0.437	2.359	0.930
2014	−0.581	−0.565	0.402	0.385	2.225	0.927
2015	−0.658	−0.502	0.362	0.289	2.259	0.908

资料来源：根据历年《广东统计年鉴》《中国统计年鉴》《中国农业年鉴》及海关信息网数据整理。

（2）园艺产品国际竞争力。园艺产品分类较广，涉及蔬菜、水果及干果、花卉、树胶、树脂、虫胶、茶叶等，基于数据可获取性及其代表性，本研究选取蔬菜、鲜干果、树苗及花草、树胶及树脂、茶叶五类农产品作为园艺产品以衡量广东园艺产品国际竞争力。

从表 6-3 可以看出，2002—2015 年，按照贸易竞争力强弱来排序，广东五类园艺产品分别为蔬菜、茶叶、树苗及花草、树胶及树脂、鲜干果，其中鲜干果始终处于净进口状态，贸易竞争力持续弱化；同期，从显示性比较优势来看，五大类园艺产品中，广东仅树苗及花草具有显示性比较优势，其他产品具有显示性比较劣势且该劣势地位趋于明显。

表 6-3　2002—2015 年广东园艺类产品国际竞争力情况

年份	贸易竞争力指数（TC）					显示性比较优势指数（RCA）				
	蔬菜	鲜干果	树苗、花草等	树胶、树脂等	茶叶	蔬菜	鲜干果	树苗、花草等	树胶、树脂等	茶叶
2002	0.820	−0.223	0.261	−0.271	0.963	0.718	1.387	—	—	0.740
2003	0.805	−0.316	0.187	−0.287	0.943	0.793	1.464	—	—	0.993
2004	0.762	−0.385	0.217	−0.229	0.929	0.903	1.503	—	—	0.996
2005	0.851	−0.487	0.208	−0.133	0.916	0.737	1.253	—	—	0.748
2006	0.788	−0.503	0.257	0.035	0.923	0.499	0.618	1.851	1.016	0.511
2007	0.755	−0.523	0.106	−0.010	0.871	0.537	0.690	1.818	0.878	0.626
2008	0.871	−0.573	−0.021	−0.032	0.746	0.494	0.647	1.385	0.430	0.375
2009	0.651	−0.686	0.108	−0.052	0.723	0.443	0.557	1.100	0.316	0.288
2010	0.678	−0.732	0.342	0.034	0.452	0.336	0.573	1.146	0.364	0.423
2011	0.758	−0.724	0.267	0.023	0.448	0.329	0.667	1.272	0.256	0.427
2012	0.579	−0.692	0.186	0.123	0.380	0.356	0.800	1.155	0.330	0.397
2013	0.505	−0.742	0.180	0.177	0.554	0.243	0.618	1.628	0.355	0.429
2014	0.748	−0.817	0.147	0.288	0.396	0.250	0.459	0.927	0.448	0.382
2015	0.688	−0.878	0.200	0.274	0.292	0.217	0.265	1.308	0.397	0.239

注："—"表示由于缺少全国进出口数据导致的 RCA 指数缺乏。资料来源：同表 6-2。

(3) 禽畜及水产品国际竞争力。2002—2015 年，广东禽畜产品中，仅活动物具有贸易竞争力，始终处于净出口状态，其他两类禽畜产品均为净进口且进口与出口差距进一步拉大，导致禽畜产品贸易竞争力更加弱化；相反，广东禽畜产品均具备一定的显示性比较优势（见表 6-4）。从 2002—2015 年的 14 年间，活动物、肉及食用杂碎、奶类及蛋类 RCA 指数均值分别为 1.606、2.115 和 1.13。同期，广东水产品具有贸易竞争力，但不具备显示性比较优势，贸易竞争力和显示性比较优势均呈下降趋势。

表 6-4　2002—2015 年广东禽畜与水产品国际竞争力情况

年份	贸易竞争力指数（TC）				显示性比较优势指数（RCA）			
	活动物	肉及食用杂碎	奶类及蛋类	水产品	活动物	肉及食用杂碎	奶类及蛋类	水产品
2002	0.896	−0.748	−0.301	0.609	1.050	0.583	1.487	0.957
2003	0.976	−0.672	−0.337	0.674	1.444	1.075	1.748	1.434
2004	0.821	−0.368	−0.392	0.671	1.414	1.314	1.929	1.462

（续）

年份	贸易竞争力指数（TC）				显示性比较优势指数（RCA）			
	活动物	肉及食用杂碎	奶类及蛋类	水产品	活动物	肉及食用杂碎	奶类及蛋类	水产品
2005	0.986	−0.083	−0.447	0.652	1.504	1.948	1.550	1.393
2006	0.966	−0.307	−0.460	0.548	1.020	1.528	1.105	0.686
2007	0.958	−0.593	−0.543	0.323	1.376	2.289	0.604	0.483
2008	0.963	−0.672	−0.649	0.283	1.845	2.694	0.383	0.482
2009	0.990	−0.517	−0.691	0.651	1.817	2.944	0.779	0.911
2010	0.973	−0.592	−0.762	0.544	1.519	2.426	0.922	1.002
2011	0.963	−0.485	−0.737	0.487	1.978	2.769	1.122	0.797
2012	0.950	−0.492	−0.753	0.462	2.105	2.755	1.219	0.796
2013	0.805	−0.540	−0.845	0.455	1.984	2.503	1.012	0.930
2014	0.627	−0.566	−0.875	0.402	1.683	2.249	1.006	0.927
2015	0.803	−0.612	−0.750	0.362	1.751	2.530	0.959	0.908

资料来源：同表 6 - 2。

（二）广东农产品区位比较优势的测度

省域竞争力即区位比较优势，是反映一个地区产业竞争力的重要指标，主要利用资源禀赋优势系数（EF）和区位商（LQ）两个指标进行测度。对广东主要农产品省域竞争力进行测度，可以更好地反映广东主要农产品在全国的竞争力水平，为农业产业生产结构调整和可持续发展提供分析依据。

1. 省域竞争力评价指标

（1）资源禀赋系数（EF）。资源禀赋系数是国际上通常采用的用于反映一个国家和地区某种资源相对丰富程度的计量指标，其可定义为：某国或某一地区 i 资源在世界或全国的份额与该区国民生产总值在世界或全国国民生产总值中的份额之比。计算公式为：

$$EF=\frac{V_i/V_{wi}}{Y/Y_w}$$

式中，V_i 代表某一国或地区拥有的 i 资源的数量，V_{wi} 表示世界或全国拥有的 i 资源的数量，Y 代表该国或该地区国民生产总值，Y_w 代表世界或全国国民生产总值。在本章的计算中 V_i 代表某省份的某农产品产量；V_{wi} 表示全国的某农产品产量；Y 代表该地区农业总产值；Y_w 代表全国农业总产值。

若 $EF>1$，则某国或某一地区 i 资源在 H－O 模型的意义上是丰富的，拥有比较优势，反之则不具有比较优势。

（2）区位商（LQ）。区位商是指关于任何两个数量特征在任何两个地区之间分布所呈现的不同程度的一种统计尺度，如果分别有两个数量特征为 X 和 Y，地区 A，则计算公式如下：

$$LQ=\frac{X_a/X}{Y_a/Y}$$

式中，X_a 代表某农作物在地区 A 的种植面积；X 代表某农作物在全国的种植面积；Y_a 代表地区 A 的农作物种植总面积；Y 代表全国农作物种植总面积。在本章的计算中 X_a 代表某省份某农产品种植（养殖）面积；X 代表某农产品在全国的种植（养殖）面积；Y_a 代表某省份农产品种植（养殖）总面积；Y 代表全国农产品种植（养殖）总面积。若 $LQ>1$，表明地区 A 该种农产品生产具有规模比较优势，即在种植面积上具有一定的规模优势，并且值越大，优势越强；若 $LQ<1$，则地区 A 该农产品生产不具规模比较优势；若 $LQ=1$，表明地区 A 该农产品生产规模处于临界状态，既无比较优势，也无比较劣势。

（3）综合比较优势指数（SA）。综合比较优势是资源禀赋系数与区位商综合的结果，其综合反映了一个地区农产品相对比较优势。其计算公式为：

$$SA=\sqrt{EF\cdot LQ}$$

若 $SA>1$，表明与全国水平相比，该地区某种农产品具有生产比较优势且值越大优势越明显；反之则不具备生产上的比较优势。

2. 主要农产品比较优势分析

通过对全国 31 个省（自治区、直辖市）13 种主要农作物产品的综合比较优势指数进行测度，可以确立广东的优势农作物及其竞争力状况。

（1）广东农作物产品优势分析。通过比较研究发现，稻谷、薯类、花生、甘蔗、蔬菜和水果是广东省在全国具有比较优势、省域竞争力较强的农作物产品（见表 6－5），在小麦、玉米、豆类、油菜籽、棉花、烟叶的种植上，广东完全不具备比较优势，茶叶的比较优势也较弱。

受种植条件及结构的影响，小麦比较优势强的省份集中在河南、安徽、山东、河北、江苏、新疆、天津等地；玉米、豆类比较优势主要集中在吉林、内蒙古、黑龙江等省份；重庆、甘肃、青海和宁夏 4 个省份的薯类比较优势明显；油菜籽的比较优势主要集中在青海、贵州、湖北、湖南和江西等主产省份；棉花比较优势集中在全国最大的棉花主产区——新疆；广西、云南、海南和广东是我国四大甘蔗主产省份，综合比较优势强。

全国蔬菜生产具备比较优势的省份较多，包括上海、北京、福建、天津、山东、广东、重庆、浙江、湖北等地；水果比较优势集中在陕西、北京、新疆、宁夏、山西等温带水果主产地以及海南、广东、广西和福建等热带水果主产省份；茶叶比较优势集中在福建、浙江、云南、贵州、四川、湖南和湖北等地；云南还是我国烟叶比较优势较强的省份（见表 6－5）。

表 6－5　全国主要农作物产品综合比较优势指数

地区	稻谷	小麦	玉米	豆类	薯类	花生	油菜籽	棉花	甘蔗	蔬菜	水果	茶叶	烟叶
北京	0.00	0.58	1.34	0.26	0.10	0.24	0.00	0.00	0.00	1.53	2.18	0.00	0.00
天津	0.16	1.33	1.47	0.21	0.03	0.07	0.00	0.10	0.00	1.43	0.71	0.00	0.00
河北	0.05	1.81	1.40	0.32	0.53	1.33	0.04	0.33	0.00	1.35	1.39	0.00	0.01
山西	0.00	1.18	2.16	1.30	0.77	0.06	0.03	0.03	0.00	0.70	1.43	0.00	0.02
内蒙古	0.08	0.52	2.79	2.19	1.68	0.10	0.97	0.00	0.00	0.46	0.24	0.00	0.02
辽宁	0.73	0.01	2.15	0.53	0.40	1.84	0.00	0.00	0.00	1.05	1.13	0.00	0.05
吉林	0.93	0.00	3.89	1.20	0.41	1.18	0.00	0.00	0.00	0.37	0.20	0.00	0.10
黑龙江	1.69	0.06	2.41	4.37	0.46	0.06	0.00	0.00	0.00	0.20	0.08	0.00	0.10
上海	1.43	0.41	0.04	0.23	0.06	0.05	0.27	0.00	0.00	2.10	0.82	0.00	0.00
江苏	1.56	1.67	0.21	0.72	0.15	0.38	1.16	0.11	0.02	1.26	0.44	0.18	0.00
浙江	1.48	0.16	0.08	0.98	0.80	0.17	0.98	0.03	0.29	1.38	1.41	4.09	0.00
安徽	1.55	2.31	0.48	6.54	0.29	1.05	1.75	0.26	0.05	0.81	0.41	1.24	0.06
福建	1.29	0.00	0.06	1.65	0.58	0.99	0.07	0.00	0.23	1.45	1.82	6.53	0.30
江西	3.86	0.01	0.02	0.68	0.70	1.16	2.21	0.14	0.25	0.80	1.04	0.96	0.12
山东	0.06	2.20	1.15	0.28	0.42	2.38	0.02	0.41	0.00	1.41	1.02	0.11	0.08
河南	0.28	2.91	1.01	0.53	0.42	3.05	0.63	0.11	0.03	1.05	0.72	0.41	0.33
湖北	1.56	0.78	0.31	0.38	0.64	0.85	3.40	0.32	0.07	1.05	0.69	2.37	0.15
湖南	2.49	0.02	0.17	0.65	0.38	0.40	2.91	0.13	0.13	1.05	0.74	1.15	0.34
广东	1.54	0.00	0.11	0.29	1.19	1.88	0.02	0.00	2.94	1.41	1.96	0.68	0.08
广西	1.67	0.00	0.38	0.71	0.44	1.07	0.06	0.00	17.05	1.18	1.94	0.73	0.06
海南	1.20	0.00	0.03	1.14	0.15	1.04	0.00	0.00	4.39	1.27	2.02	0.07	0.00
重庆	1.21	0.00	0.62	1.42	4.41	0.48	1.54	0.00	0.06	1.39	0.90	0.79	0.23
四川	1.22	0.70	0.62	2.52	0.98	0.83	1.09	0.01	0.10	1.00	0.71	1.97	0.31
贵州	0.73	0.24	0.61	3.36	0.92	0.27	3.68	0.00	0.51	1.06	0.43	2.93	0.91
云南	0.93	0.29	0.99	1.78	1.91	0.19	1.28	0.00	4.79	0.85	0.79	4.23	1.85
西藏	0.02	1.29	0.07	0.68	0.10	0.02	2.81	0.00	0.00	0.75	0.08	0.05	0.00
陕西	0.14	1.32	0.95	0.65	1.06	0.22	0.94	0.04	0.00	0.79	2.78	1.41	0.13
甘肃	0.01	1.12	1.13	0.89	3.15	0.01	0.96	0.06	0.00	0.98	1.26	0.05	0.02
青海	0.00	1.09	0.25	1.09	3.55	0.00	6.86	0.00	0.00	0.75	0.09	0.00	0.00
宁夏	0.45	0.68	1.39	0.38	2.56	0.00	0.02	0.00	0.00	1.02	1.72	0.00	0.01
新疆	0.08	1.46	0.81	0.30	0.14	0.03	0.19	2.76	0.00	0.54	1.89	0.00	0.00

注：综合比较优势指数为 2013—2015 年平均值。

资料来源：根据 2014—2016 年《中国统计年鉴》整理。

（2）广东优势农作物产品比较分析。根据与全国各省份的比较，可以确定广东主要优势农作物产品在全国的排名情况：花生、甘蔗、水果和蔬菜的排名靠前，其中花生排名第三，甘蔗和水果排名第四，蔬菜排名第五；广东薯类和稻谷省域竞争力也较强，在全国分别排名第七和第八；油菜籽和豆类的排名靠后，分别为第23位和第27位（见表6-6）。

表6-6　2000—2015年广东主要农作物产品综合优势指数变化情况

年份	稻谷	薯类	花生	甘蔗	蔬菜	水果	油菜籽	豆类
2000	1.78	1.19	1.37	3.75	1.33	2.43	0.02	0.26
2001	1.79	1.14	1.42	3.34	1.34	1.85	0.03	0.24
2002	1.73	1.07	1.34	3.16	1.29	2.32	0.02	0.23
2003	1.79	1.04	1.45	2.75	1.32	2.24	0.02	0.21
2004	1.69	1.12	1.45	2.86	1.35	2.39	0.02	0.23
2005	1.62	1.11	1.42	2.83	1.31	2.31	0.02	0.23
2006	1.50	1.11	1.40	2.66	1.26	2.28	0.02	0.24
2007	1.57	1.20	1.72	2.52	1.29	2.40	0.02	0.21
2008	1.53	1.15	1.67	2.36	1.31	2.39	0.02	0.20
2009	1.58	1.18	1.71	2.61	1.34	2.43	0.02	0.21
2010	1.62	1.21	1.75	2.83	1.39	2.48	0.02	0.22
2011	1.60	1.17	1.74	2.87	1.37	2.41	0.02	0.22
2012	1.63	1.19	1.77	2.86	1.37	2.39	0.02	0.27
2013	1.54	1.17	1.81	2.92	1.41	2.41	0.02	0.29
2014	1.55	1.19	1.89	2.89	1.41	2.33	0.02	0.29
2015	1.53	1.20	1.94	3.01	1.40	2.04	0.02	0.30
均值	1.54	1.19	1.88	2.94	1.41	2.26	0.02	0.29
全国排名	8	7	3	4	5	4	23	27

注：均值为2013—2015年的平均值；排名为全国同类产品比较优势排名。

资料来源：根据《中国农业年鉴》（2001—2015年）及《中国统计年鉴》（2016）计算整理。

从表6-6的广东优势农作物产品发展趋势来看，2000—2015年，广东花生综合比较优势在增强；稻谷、甘蔗综合比较优势弱化；2014年以来广东水果综合比较优势也呈现出弱化的趋势；但蔬菜比较优势在2007年以来总体呈增强的趋势；16年来，薯类综合比较优势变化不大。

泛珠三角区域的9个省份中，江西和湖南两省的稻谷资源禀赋优势和区位商优势明显强于其他省份，而广东和海南在稻谷区位商上也具有一定优势；薯类和豆类比较优势集中在贵州、四川和云南等西南省份。

（三）小结

2002年以来，广东主要农产品总体竞争力水平较低，其中部分农产品的国际竞争力和省域竞争力均呈现出进一步弱化的趋势。

1. 农产品总体国际竞争力较弱

从全国范围来看，我国农产品国际竞争力水平较低，2013年以来虽有所改善，但农产品巨额逆差并没有得到有效遏止，主要农产品贸易大省的农产品进出口仍然是净进口状态。2002—2015年，广东农产品国际竞争力呈现出不断下降的趋势，农产品贸易竞争力指数和显示性比较优势指数均低于全国水平，与山东相比也存在较大的差距。从具体农产品的国际竞争力来看，园艺产品、禽畜产品和水产品是广东传统的三大优势农产品，但2007年以来，园艺产品、禽畜产品均呈现出净进口，贸易竞争力不断下降，水产品虽然仍具备一定的竞争力，但竞争力在弱化。因此，广东农产品国际竞争力总体较弱。

2. 农产品省域竞争优势不明显

（1）粮食类农作物比较优势整体较弱。通过对稻谷、薯类和豆类三大类粮食作物的比较优势进行综合测算后发现，粮食资源禀赋和区位商的同时下降，导致广东粮食省域竞争力弱化，且在2013年以后这种弱化趋势更为明显。在泛珠三角区域9个省份中，除了江西省粮食比较优势在增强之外，其余各省份的比较优势均在减弱。从粮食具体品种来看，豆类不具备比较优势，稻谷比较优势也在下降，导致广东粮食总体竞争力水平下降。

（2）油料作物中的花生比较优势较强，油菜籽优势较弱。2000—2015年，广东花生竞争力水平在不断提升，成为了泛珠三角地区花生资源禀赋优势和区位商优势均排名第一的省份，其次是江西、广西和海南；与花生竞争力相反，广东油菜籽与海南的竞争力相当，而与贵州、湖南、江西、云南和四川等主产省相比，既不具备资源禀赋优势又不具备区位商优势。

（3）甘蔗比较优势强，但呈现出弱化趋势。广东省是我国南方四大甘蔗主产省份之一，但资源禀赋优势和区位商优势均弱于广西、云南和海南，且差距较大。从甘蔗种植业比较优势的发展趋势来看，广西甘蔗产业竞争力在不断增强，而云南、海南和广东的甘蔗竞争力在下降。因此，随着全国甘蔗产业比较优势进一步向广西集中，广东甘蔗比较优势将更加弱化。

（4）蔬菜、水果的综合比较优势较强。目前，广东蔬菜和水果综合比较优势在泛珠三角地区分别排名第二和第一。虽然广东蔬菜资源禀赋优势较弱，但区位商优势较强，而且呈现出进一步强化的趋势。因此，在蔬菜综合比较优势上，仅次于福建省，且差距在缩小。从水果的竞争力水平来看，广东水果资源禀赋优势在增强，表现为产量水平的提高；区位商比较优势在下降，表现为种植面积的下降。总体来看，广东水果的比较优势与福建、海南两水果主产省份的差距在缩小。

七、广东农业科技竞争力分析

（一）农业科技发展现状

农业科技是推动传统农业向现代农业转型发展的关键动力，农业科技的创新发展是提升区域农业竞争力的重要途径。农业科技在推动广东农业现代化，提升广东农业竞争力等方面发挥着重要作用。2016 年，广东省农业科技进步贡献率达到 62.7%[①]，在全国排名第二。农业行业累计获得国家和省科技进步奖励 174 项，农业部科技奖励 82 项，省级农业技术推广奖 1 056 项[②]；杂交稻优质化和高产育种研究与应用、畜禽和航天育种技术、重大动物疫病快速诊断与防控技术及疫苗和饲料产品研发等领域处于全国领先水平，并且部分技术已经达到国际先进水平。

在广东省农业现代化“十三五”规划部署中特别强调了知识经济发展的重要性，明确提出了坚持完善农业科技良性发展的环境，积极发展农业科技和提高成果转化，加快广东省农业现代化的进程。本部分内容通过对广东农业科技发展现状及其潜力进行分析，提出提高广东省农业科技竞争力相关的政策建议。

1. 农业科技主体架构情况

江苏、山东是全国的农业大省且农业科技竞争力较强，本章将从农业科研人力投入、资金投入、农业科技推广体系以及农业产业技术体系等几个方面对广东、江苏和山东 3 省的情况进行对比分析，从而考量广东农业科技竞争力状况。

（1）农业科研机构与人员构成。目前，广东省农业科研主体是以政府为主导的农业科研机构。2002 年及以前，广东农业科研和技术开发机构数量较多，但从 2003 年开始，数量趋于稳定。截至 2016 年，广东共有农业科研和技术开发机构 76 个（见表 7－1），且以涉农的国家级、省级科研机构及高校为主。

---

①② 数据来源：广东省农业厅官网。

表 7－1　2000—2016 年广东农业科研开发机构与人员数量变化情况

年份	机构数（个）	职工人数（人）	科技人员人数（人）	科技人员占职工人数比重（%）
2000	94	6 179	3 149	50.96
2001	90	5 846	3 040	52.00
2002	83	5 495	3 058	55.65
2003	76	4 745	2 712	57.15
2004	75	4 615	2 650	57.42
2005	73	4 577	2 731	59.67
2006	73	4 375	2 779	63.52
2007	74	4 679	2 937	62.77
2008	72	4 577	3 026	66.11
2009	71	4 477	3 040	67.90
2010	74	4 737	3 040	64.18
2011	74	4 680	3 026	64.66
2012	71	4 654	3 101	66.63
2013	77	5 269	3 541	67.20
2014	74	4 969	3 438	69.19
2015	76	4 983	3 502	70.28
2016	76	4 781	3 611	75.53

资料来源：根据历年《广东农村统计年鉴》整理。

2000 年以来，广东农业科研机构趋向于精简化发展，这一趋势不仅体现在机构数量上，而且体现在职工数量上。2000—2016 年，广东农业科研和技术开发机构职工人数总体下降，从 2000 年的 6 179 人减少至 2016 年的 4 781 人，减少幅度为 22.63%；相反，科研人员数量总体呈增长趋势，同期的人员数量从 3 149 人增加到 3 611 人，增加幅度为 14.67%。因此，农业科研与开发机构的科技人员占职工人数的比重大为提升，该比重从 2000 年的 50.96%上升到 2016 年的 75.53%，增长了近 25 个百分点，其中 2011—2015 年（“十二五”期间）呈现出逐年增长的趋势（表 7－1）。

从广东农业科技人员的构成情况来看（图 7－1），2000—2015 年，广东农业科技人员队伍质量不断提升。其中，高级职称人员数量占科技人员的比重从 2000 年的 15.62%增长到 2015 年的 28.90%，增长了 13.28 个百分点，而具有中级职称的科技人员数量除 2007 年、2008 年偏高以外，总体较为稳定。

从农业科研与开发人才的分布来看，主要集中在省属各大涉农高校中，如

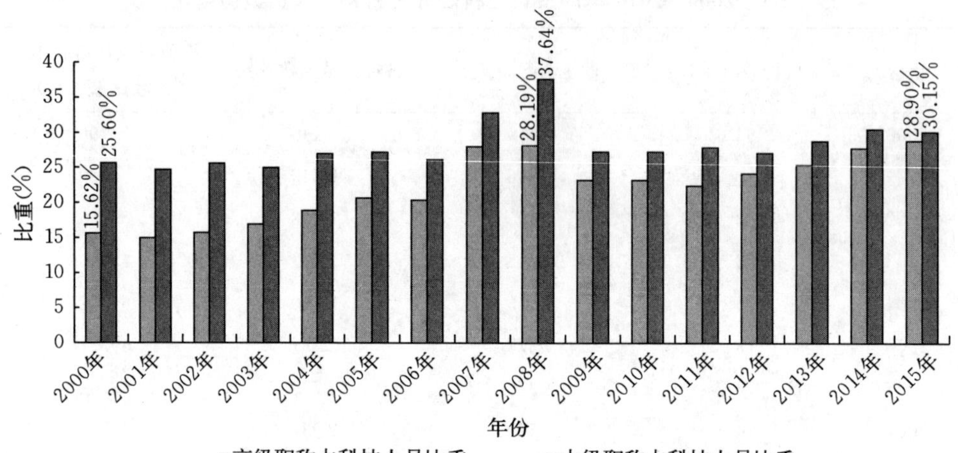

图 7-1　2000—2015 年广东农业科技人员构成情况

资料来源：根据历年《广东农村统计年鉴》整理。

华南农业大学、仲恺农业工程学院、广东海洋大学及佛山科学技术学院等。截至 2016 年 8 月，广东涉农高校中共有从事农业科技研发的院士 5 人、长江学者 10 人、珠江学者 7 人、全省杰出青年 9 人、百千十人工程农业科研人员 5 人，533 位农业科研人员享受国务院政府津贴，国家突出贡献人才 21 人，省级突出贡献人才 8 人，其中拥有高级职称的农业科技人员 2 522 人①。

相比较而言，江苏省和山东省农业科研机构及人员数量情况见表 7-2。

表 7-2　2009—2015 年江苏省与山东省农业科研机构与人员数量

年份	江苏		山东	
	研究与试验发展活动机构数（个）	机构从事 R&D 活动人员数（人）	研究与试验发展活动机构数（个）	机构从事 R&D 活动人员数（人）
2009	37	2 493	25	386
2010	37	2 792	48	841
2011	37	2 920	52	1 297
2012	36	2 888	47	1 200
2013	33	2 792	34	954
2014	31	2 766	34	954
2015	31	2 848	34	954

注：表中 R&D 表示研究与开发（Reseach and Development）。

数据来源：根据历年《江苏统计年鉴》《山东统计年鉴》整理。

① 数据来源于广东省农业科技成果转化公共服务平台。

从图7-2江苏省、山东省以及广东省农业科研机构与科研人员数量的走势图可知，相对于山东省和江苏省而言，广东省农业科研机构数量和农业科研活动人数在3省中数量最多，波动幅度较小较为平稳。在3个省份中，山东省从事农业科研活动人数数量最少，农业科研机构数量以及农业科研活动人数自2013年以来，呈现出一种稳定的趋势。江苏省农业科研机构数量在3省中数量最少，且整体上呈现出递减的趋势，农业科研人员数量先增后减。

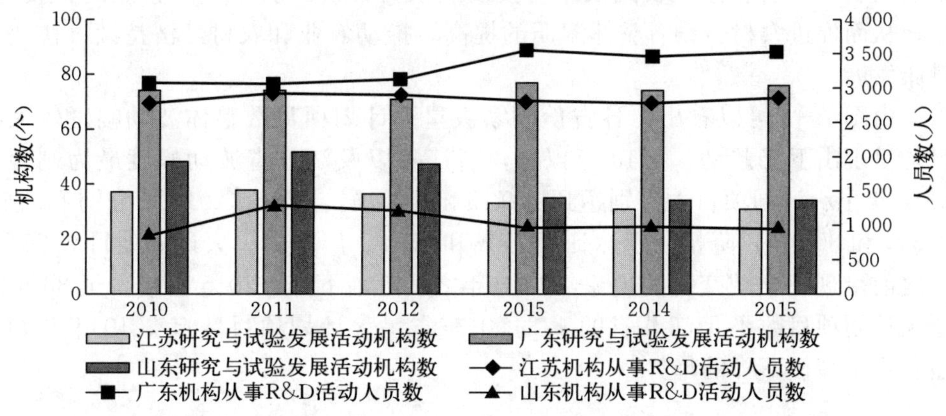

图7-2　2010—2015年广东、山东及江苏农业科研机构与人员数量变动情况

资料来源：根据历年《广东统计年鉴》《江苏统计年鉴》《山东统计年鉴》整理。

（2）农业科技推广体系。目前，广东共有农技推广体系机构2 737个，从具体农业行业分布来看，畜牧业推广机构最多，有953个，占比达35%；种植业成果推广机构有766个，占比为28%；综合类型的推广机构有567个；推广农业机械设备的机构有451个。从地区层级的分布来看，乡镇级占据的比例最大，达到80.5%，其次是县级的推广机构，而省级的推广机构较少①。全省有农技推广人员17 206人，按机构层级划分，省级机构147人，地（市）级机构1 119人，县级机构3 794人，乡镇农技站12 146人，省、市、县、乡农技推广人员占比分别为0.086%、6.57%、22.28%和71.34%；按行业划分，综合类农技推广人员占比最大，为31.26%，其后依次是畜牧业、种植业和农机化，分别占比29.9%、29.59%和9.25%。

作为经济大省和农业大省的江苏，拥有南京农业大学等涉农科研、教学单位70所，涉农院士、专家和学术带头人数量位居全国前茅，农业科技进步贡献率达到65.2%，居全国各省份第一。在农业科技推广方面，为明确全省农业技术推广导向，并充分发挥科技在推进农业供给侧结构性改革、加快农业现

① 数据来源：广东省农业科技成果转化公共服务平台。

代化建设中的支撑引领作用，江苏省农业委员会有针对性地制订并发布实施每年度全省农业重大技术推广计划。2017 年 8 月，江苏省正式成立现代农业科技产业研究会，其主要目的是为了更好地将科技与产业问题联结起来，加快科技成果产业化，促进现代农业与科技产业深度融合[①]。

此外，星火计划作为我国农业科技成果推广途径之一，是经我国政府批准实施的第一个依靠科学技术促进农村经济发展的计划。它通过把先进适用的技术引向农村，引导亿万农民依靠科技发展农村经济，引导乡镇企业的科技进步，从而促进农村劳动者整体素质的提高，推动农业和农村经济持续、快速、健康发展。

由图 7－3 可以看出，各省份国家级星火计划项目数整体波动幅度较大，且均呈现出下降趋势。2013 年以来，浙江省以及江苏省波动幅度最为剧烈，2012 年星火计划项目数分别达到 709 项和 686 项，然而到 2015 年分别下降至 166 项和 309 项，降幅分别达到了 77％和 55％。广东省星火计划项目数 2012 年之前呈现出增减交替的现象，2012 年之后逐渐下降，2015 年减少至 83 项，星火计划项目数不足江苏省的 1/3。山东省星火计划项目数自 2010 年开始，也呈现出缓慢下降的趋势。

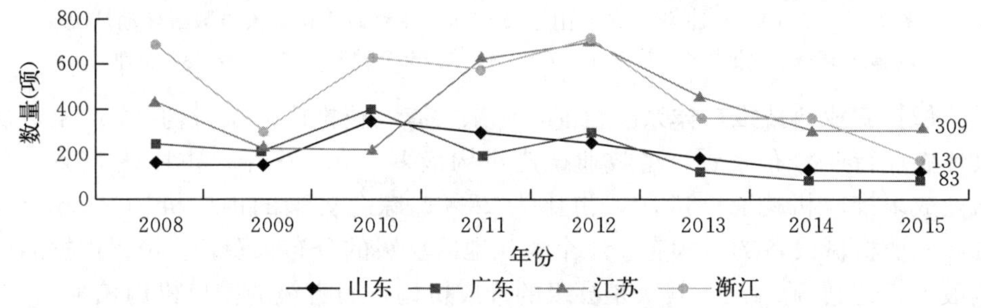

图 7－3　2008—2015 年部分省份国家级星火计划项目数

资料来源：中国星火网。

(3) 农业产业技术体系。目前，广东省参与国家现代农业产业技术体系建设专家数量处于全国第二名[②]，共有 36 个综合试验站站长（岗位）、41 家科研教学单位及企业参与国家现代农业产业技术体系建设，其中首席专家就有 3 人，岗位专家达到 45 人[③]。

农业科技创新团队建设发展迅速。2009 年，广东建立了首批以水稻、生

① 江苏农业网。

② 数据来源：www.gdnkfw.org。

③ 数据来源：广东省农业科技成果转化公共服务平台。

猪、岭南水果、花卉和特色蔬菜的农业科技创新、复合专业型科技人才为主的省级创新团队。随后广东省继续以本区域优势农业产业为主线，在以农产品、共性技术创新为单元，加强与国家现代农业产业技术体系相衔接，完善推进水稻、生猪、岭南水果、花卉和特色蔬菜5个产业技术体系建设的基础上，新启动家禽、茶叶、饲料、蚕桑、食用菌、经济粮油作物、优稀水果、农产品加工、农产品物流保鲜技术等20多个广东省现代农业产业技术体系创新团队建设。

“十二五”期间，山东省先后建成了玉米、蔬菜、水果等22个创新团队，涵盖了63个农产品种类，约占全省主要农产品种类的76%，创新团队建设的数量、规模和覆盖范围都居全国前列。山东省目前共有105个现代农业产业，拥有153名岗位专家，建立了81个综合试验站。5年来，创新团队解决了一批产业发展的瓶颈问题，培养造就了一批科研创新人才，创新了一批支撑产业发展的科技服务模式，取得了一批高水平的科研创新成果①。

近年来，江苏省致力于建设现代农业产业技术体系，目前已经建立14个现代农业产业技术体系，拥有首席专家16名，岗位专家87名，示范基地主任125名。江苏现代农业产业技术体系涵盖育种、种养、加工、营销等全产业链，由产业技术集成创新中心、技术创新团队、推广示范基地3个层级组成，系统开展共性关键技术协同攻关、集成示范、推广服务和决策咨询等工作，保证产业的每个环节、每个领域都有相应的科技力量分布。“十三五”时期，江苏省拟建设覆盖粮食、畜禽、园艺等优势农产品产业的20个农业产业技术体系，每个体系分别设立产业技术集成创新中心1个、技术创新团队若干个、推广示范基地若干个，并力争促进全省农业科技进步贡献率每年递增1个百分点②。

2. 农业科研投入与支出状况

稳定、持续的科研投入是农业科技不断发展的保障。2006年以来，广东各项农业科研投入的比重稳步增长，为农业科技的发展提供了强大动力。从图7-4可以看出，2006—2016年，广东农业科研经费收入与支出均呈现了稳步增长趋势。农业科研经费支出从2006年的5.78亿元，增长到2016年的20.16亿元，年均增长率为13.31%。同期，农业科研投入经费也从6.14亿元增长到21.81亿元，年均增长13.51%，其中，政府资金投入整体上呈现出增加趋势，从2006年的4.33亿元增长到2016年的15.12亿元，年均增长率达

① 信息来源于山东省现代农业产业技术体系创新团队管理平台。

② 数据来源于江苏农业网。

到 13.32%。政府资金在农业科研经费投入中的比重变动幅度较小，自 2010 年以来，保持了一个较为平稳的变动。而江苏农业科研经费投入、支出和政府资金投入均呈现出“一年增一年减”的走势，2014 年江苏省农业科研经费投入达到 169.99 亿元，农业科研经费支出达到 164.38 亿元，而 2015 年两者分别减少至 17.83 亿元和 16.74 亿元，下降幅度均达到了 89%。政府资金投入在农业科研经费投入中所占的比重除 2011 年仅为 53%之外，其余年份变化幅度相对较小，但是变动走势没有明显的规律性。

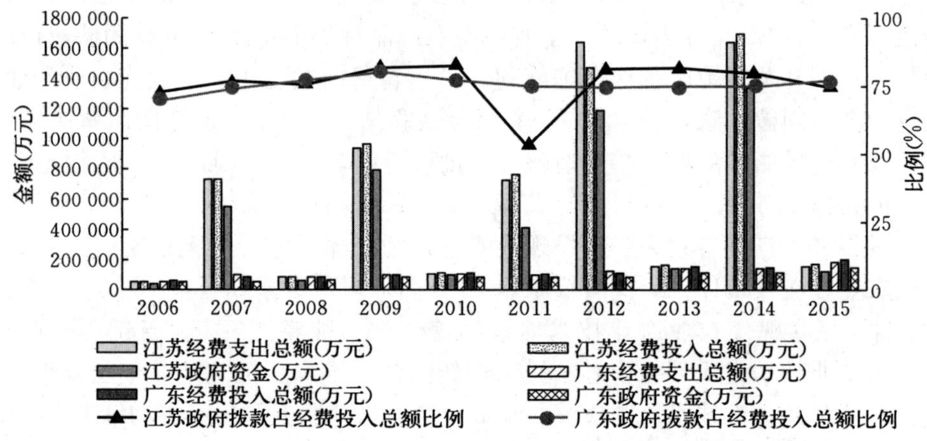

图 7-4　2007—2015 年广东省与江苏省农业科研经费投入变化图

资料来源：根据历年《广东农村统计年鉴》及《江苏统计年鉴》整理。

相对于江苏省来说，广东省农业科研经费投入与支出波动较为平稳，但另一方面，除 2006 年和 2015 年之外，江苏省农业科研投入与支出以及政府资金投入金额整体上比广东省更高。2014 年江苏省农业科研经费投入与支出分别为 169.99 亿元和 164.38 亿元，而广东省农业科研经费投入与支出分别为 15.31 亿元和 14.93 亿元，江苏省投入与支出金额均为广东省的 11 倍。2015 年，江苏省农业科研经费投入与支出减少至 17.83 亿元和 16.74 亿元；而广东省则增长至 20.54 亿元和 18.49 亿元，自 2007 年来广东省农业科研经费投入与支出首次超过了江苏省。

从表 7-3 的广东部分省级农业发展和农村专项资金来看，广东涉农科技发展与创新的专项资金，重点扶持、培育和促进的是对广东省农业、农村经济发展具有战略性、引领性、先进性、特色性产业的领域，其中 2016 年和 2017 年，广东现代农业科技创新、推广与信息化建设的专项资金均超过 1 亿元，省级现代农业产业技术体系建设资金在 2017 年的预算也达到 4 800 万元，比 2016 年调整后的资金增加 1 倍。

表 7-3　2016—2017 年广东部分省级农业发展和农村工作专项资金

单位：万元

专项资金项目	2017 年	2016 年
屠宰环节病害猪无害化处理用途	3 000	15 700
农作物良种良法示范基地建设补助资金	3 500	—
省级现代农业产业技术推广体系建设	4 800	2 000
“三高”农业及发展粮食生产	6 443	3 750
现代农业科技创新、推广与信息化建设	10 399	14 900
现代农业经营主体培育建设	15 940	14 684
现代农业基础设施建设	16 650	25 648

资料来源：2016 年数据来源于广东省财政厅的调整安排资金；2017 年数据来源于广东省农业厅的任务安排资金。

3. 农业科技成果状况

“十二五”期间，广东农业科技创新发展效果显著，农业科技进步贡献率达 62.7%，其中广东省主要农作物、猪、家禽良种覆盖率分别达 97%、95%、85%，水稻优质率达 72%以上，水稻耕种收综合机械化水平达 67%①。

（1）科技创新平台建设情况。目前，广东省建有 1 个国家级重点实验室，4 个国家工程技术研究中心，15 个农业部区域性重点实验室和 9 个科学观测站，22 个农业种质资源圃；其中省重点实验室 43 个，省级企业重点实验室 7 个，省公共实验室 8 个，省级农业科技创新联盟加盟成员单位达 334 家②。

（2）农业技术推广模式发展情况。广东农业技术推广模式发展主要体现在以下几个方面。一是农业技术推广体系不断完善，目前全省 116 个需要改革的县（市、区）已全部完成基层农业技术推广体系改革任务；二是继续攻坚农业单项科技的突破和农业科技服务的提升，并通过出台提高农业科技成果转化的政策，建立市场化的知识产权运营中心和知识产权金融公司；三是重点打造知识产权交易、知识产权金融及知识产权运营三大业务板块等，促进农业科技成果的转化水平，并倡导政企合作，启动实施国家农业科技服务云平台推广应用工作。

（3）重点领域发展情况。近年来，广东农业科技重点领域，尤其是种业科技创新，禽畜遗传资源等领域发展迅速，其中主要农作物杂交种子自给率达到 60%以上，已经建成的国家畜禽核心育种场 18 家，畜禽新品种配套系总数 31 个。

在农业科技优势领域方面，广东正在形成现代种业提升工程、成果转化应

①② 数据来源：广东省农业厅官网。

用工程及职业农民培育工程的协同创新发展。农业科技综合示范基地建设、绿色生态农业科技示范基地及农业生产智能化科技示范基地等也在不断发展。

（二）农业科技发展省域竞争力分析

1. 评价指标体系

评价指标体系是各种互相联系指标群构成的整体，说明所研究的社会经济现象各方面互相依从和互相制约的关系。在对农业科技竞争力进行综合评价时，为了囊括农业科技竞争力的综合要素，需要构建一个完整的指标体系，以提高综合评价的准确性和适用性。

在遵循科学性、系统性、可操作性、可比性原则的基础上，综合参考科学技术部的全国科技进步统计监测指标体系、农业农村部的农业科研机构综合能力评估体系和金莹（2016）、刘莹（2013）等的农业科技竞争力指标体系，结合农业产业的特点，并与广东省实际情况相结合，形成表 7－4 农业科技竞争力综合评价指标体系。

表 7－4　农业科技竞争力综合评价指标体系

一级指标	二级指标	三级指标名称	指标单位
农业科技竞争力	科技投入因素	研究与试验发展（R&D）人员全时当量	人年
		研究与试验发展（R&D）经费内部支出	万元
		研究与试验发展（R&D）经费投入强度	%
		公有经济企事业单位农业专业技术人员	人
		研究与试验发展（R&D）经费内部支出	万元
		地方财政科技拨款	亿元
		财政科技支出占地方财政支出的比重	%
	科技产出因素	发表科技论文	篇
		出版科技著作	种
		国内专利申请授权数	件
		农业植物新品种权申请和授权	件
		理工农医类高等学校 R&D 课题	项
		国家级星火计划项目数	项
	科技推广因素	农业总产值	亿元
	科技促进经济社会发展因素	农用化肥施用量	万吨
		农药使用量	吨
		农村文化机构（乡镇文化站）	个
		农村居民消费支出	元/人
		农村居民家庭平均每百户计算机拥有量	台
		主要农业机械年末拥有量 农业机械总动力	万千瓦
		农村居民纯收入	元/人

2. 农业科技竞争力评价模型构建与数据来源

（1）模型构建原理与步骤。设有 n 个原始指标 x_1、$x_2 \cdots x_n$，通过标准化处理，构成 n 维随机变量，进行正交变换后，得到新指标 F_1、$F_2 \cdots F_n$，新指标的线性表达式如下：

$$F_1 = u_{11}x_1 + u_{12}x_2 + \cdots + u_{1n}x_n$$
$$F_2 = u_{21}x_1 + u_{22}x_2 + \cdots + u_{2n}x_n$$
$$\cdots$$
$$F_n = u_{n1}x_1 + u_{n2}x_2 + \cdots + u_{nn}x_n$$

并且满足 $u_{m1}^2 + u_{m2}^2 + \cdots + u_{mn}^2 = 1$，$m=1$，2，…，$n$，由线性表达式可知，$F_1$ 和 F_2 不相关，且 F_1 的方差最大。根据综合变量指标 F_1、$F_2 \cdots F_n$ 确定第1、第 2、……、第 n 个主成分。

数据处理与分析步骤如下：

① 选择 SPSS 20.0 中文版作为统计分析工具，对 2015 年 31 个省（自治区、直辖市）21 个指标的原始数据进行 Z 标准化处理，从而消除量级和量纲的差异，并将标准化后的数据作为指标值（x_{ij} 标准化处理后的值为 x_{ij}^*）；

② 使用分析菜单，计算标准化数据的相关矩阵；

③ 计算得出相关矩阵的特征根和特征向量，方差贡献率以及累计方差贡献率；

④ 确定主成分个数并且构建综合评价函数。

（2）数据来源。本研究的数据来源于历年的《中国农业年鉴》《中国统计年鉴》及中国星火网。

3. 各省份竞争力发展状况的比较分析

（1）各省份农业科技竞争力主成分分析。本部分将对反映科技竞争力状况的投入、产出、推广及社会促进等方面的指标进行主成分分析。

由表 7-5 可知，前 4 个主成分的累积方差贡献率为 86.66%，且其特征值均大于 1，说明这 4 个主成分基本保留了原始数据大部分的信息。因此，选取这 4 个主成分作为评价指标。根据选取的 4 个主成分中，每个指标所对应的系数和累积贡献率，分别计算出 4 个主成分的具体得分值，并将这 4 个主成分的方差贡献率作为权数，构造综合得分系数：

$$F = 0.552F_1 + 0.2619F_2 + 0.1261F_3 + 0.0596F_4$$

（2）各省份农业科技竞争力排名。根据综合得分系数，可以测度出各省（自治区、直辖市）的农业科技竞争力排名情况。

表 7-5　方差分解主成分分析表

解释的总方差						
成分	初始特征值			提取平方和载入		
	合计	方差	累积	合计	方差	累积
F_1	10.052%	47.865%	47.865%	10.052	47.865	47.865
F_2	4.767%	22.700%	70.565%	4.767	22.700	70.565
F_3	2.295%	10.928%	81.492%	2.295	10.928	81.492
F_4	1.085%	5.168%	86.660%	1.085	5.168	86.660
F_5	0.700%	3.332%	89.993%			
F_6	0.602%	2.865%	92.857%			
F_7	0.491%	2.339%	95.197%			
F_8	0.285%	1.356%	96.552%			
F_9	0.216%	1.029%	97.581%			
F_{10}	0.122%	0.580%	98.162%			
F_{11}	0.098%	0.467%	98.629%			
F_{12}	0.091%	0.434%	99.062%			
F_{13}	0.067%	0.317%	99.379%			
F_{14}	0.050%	0.236%	99.616%			
F_{15}	0.034%	0.164 5%	99.780%			

注：提取方法为主成分分析。

从表 7-6 可以看出各省份农业科技竞争力发展水平的强弱。得分为正，意味着农业科技竞争力水平在全国平均水平之上，得分为负，则农业科技竞争力水平在全国平均水平之下。由表 7-6 可知，北京综合得分 4.3 分，排名第 1 位，江苏、广东、山东、浙江分别排在第 2～5 位，福建、山西、黑龙江、辽宁等省份得分均小于 0。就全国而言，31 个省（自治区、直辖市）中，得分为正的 13 个，得分为负的数量达到了 18 个，说明我国大部分省份农业竞争力处在全国平均水平之下。

表 7-6　2015 年各省份农业科技竞争力得分及排名

地区	F_1		F_2		F_3		F_4		综合 F	
	得分	排名	得分	排名	得分	排名	得分	排名	得分	排名
北京	8.86	1	−3.80	31	5.51	1	−1.01	29	4.30	1
天津	1.67	7	−2.30	29	−1.26	28	1.35	3	0.01	13
河北	−1.12	16	2.99	4	1.91	2	4.19	1	0.72	8

（续）

地区	F_1		F_2		F_3		F_4		综合 F	
	得分	排名	得分	排名	得分	排名	得分	排名	得分	排名
山西	−2.00	23	−0.80	22	0.02	16	−0.13	17	−1.28	24
内蒙古	−1.98	22	−0.81	23	−0.11	17	0.37	7	−1.24	23
辽宁	−0.69	14	−0.24	16	0.05	15	−0.08	15	−0.43	17
吉林	−1.48	20	−0.67	20	0.31	10	0.15	8	−0.88	18
黑龙江	−1.32	17	0.51	11	1.25	5	−0.18	19	−0.30	16
上海	4.60	5	−2.89	30	−0.79	23	1.90	2	1.57	6
江苏	6.66	2	3.04	3	−3.01	31	−0.58	23	4.03	2
浙江	4.96	4	0.13	12	−2.55	30	0.58	5	2.41	5
安徽	0.48	9	1.35	8	0.27	11	−0.05	13	0.60	9
福建	0.41	10	−0.71	21	−0.63	21	0.48	6	−0.07	14
江西	−1.43	19	−0.12	15	−0.32	22	−0.21	21	−0.89	19
山东	2.59	6	4.66	1	0.33	9	−0.15	18	2.80	4
河南	−0.31	11	3.20	2	1.89	3	0.62	4	1.02	7
湖北	0.70	8	0.95	9	0.08	14	−0.01	12	0.57	10
湖南	−0.64	12	1.63	7	0.73	6	−0.20	20	0.21	12
广东	6.23	3	2.10	5	−2.15	29	−1.14	30	3.57	3
广西	−1.89	21	−0.02	13	0.20	13	0.00	11	−1.01	20
海南	−2.48	26	−1.77	25	−0.88	26	0.15	8	−2.01	28
重庆	−1.33	18	−1.31	24	−0.60	21	−0.07	14	−1.18	21
四川	−0.65	13	1.79	6	1.33	4	−1.38	31	0.38	11
贵州	−2.60	29	−0.48	18	−0.17	19	−0.82	25	−1.59	27
云南	−2.45	25	−0.03	14	0.50	8	−0.93	26	−1.20	22
西藏	−3.64	31	−1.81	26	−0.84	25	−0.74	24	−2.65	31
陕西	−0.84	15	0.52	10	0.58	7	−0.94	27	−0.21	15
甘肃	−2.53	28	−0.29	17	0.23	12	−0.96	28	−1.40	25
青海	−2.93	30	−2.15	28	−0.93	27	−0.12	16	−2.34	30
宁夏	−2.38	24	−2.10	27	−0.81	24	0.15	8	−2.04	29
新疆	−2.48	26	−0.59	19	−0.12	18	−0.25	22	−1.47	26

（三）小结

以上分析表明，广东省农业科技竞争力仅次于北京和江苏，在全国排名第三，处于领先地位，这主要是因为广东省拥有丰富的科研机构、高校、独立研发机构以及高新技术产业密集区的科技资源。

此外，广东农业科技发展还有以下优势。

1. 资金与人才优势

广东省农业科研机构数量较多，科研人员数量稳步增长，且科研人员队伍质量不断提高。广东省农业科研机构数量和农业科研活动人数，明显高于农业科技竞争力较强的江苏省和山东省，这也说明广东省农业科研储备力量丰富，对促进广东省农业科技的发展起到了至关重要的作用。此外，逐渐完善的农业技术推广体系以及农业产业技术体系，进一步推动了广东省农业科技成果的应用、推广与转化。近年来，广东省农业科研资金投入与支出、政府资金投入均稳步增加，虽相对于江苏省而言，某些年份广东省农业科研资金投入与产出金额仍稍显不足，但其增长的稳定性是江苏省无法比拟的。

2. 种业硅谷，南繁基地优势

现代种业既是农业产业链的战略环节、关键领域，也是构建农业竞争力最具增值潜力的来源之一。种业科技的发展也是现代科技和经营理念与发展现代农业市场化程度很高的农业科技领域，成为各国农业科技竞争的焦点。目前，广东在优质水稻、高效经济及园艺作物、林木种苗、现代生物育种及产业化等方面，加强现代育种技术研究及特色种质资源保护与开发。利用种业创新平台和广州国际种业中心，打造广东“种业硅谷”的同时，广东还在完善市场监管，构建现代农作物种业体系。例如，加快建立以企业为主体的商业化育种体系，打造育繁推一体化现代种业集团和优势特色产业型种业龙头企业，增强种业持续创新能力和竞争力。广东种业博览会已成为国内最大规模、最具特色、最受关注的农业良种博览盛会，种业平台化优势逐渐显现，成为了全国主要农作物品种研发和推广的“风向标”。

3. 农业互联网科技优势

“互联网＋”农业科技是“互联网＋”现代化农业的重要构成部分，也是农业转型升级的重要推动力量。在“互联网＋”的重大机遇期，广东地区拥有大型互联网企业和基础电信企业的技术、资源优势，目前已初步搭建了一批合理布局和集约化企业数据中心，以及面向全国乃至亚太地区的云计算公共平台和大数据处理中心。因此，广东农业科技应当发挥在农业生产、经营、管理和服务等方面的创新应用水平，为培育农产品电商、农业物联网等新业态提供科技支撑。

4. 农业科技“走出去”地缘优势

东盟国家农业资源丰富，是我国农业“走出去”的战略组成部分。广东与东盟相邻，在我国“一带一路”倡议及打造中国-东盟自由贸易区升级版的背景下，有利于推动广东建设中国-东盟科技合作与技术转移平台，推动与东盟各国共建技术转移协作网络，引导中国和东盟国家农业技术转移与创新合作。地缘和科技优势可使广东与东盟国家共建农业科技联合实验室，开展技术本地化合作研究。此外，还可以建设农业领域国际科技合作基地，加大国际优良种质资源、先进技术和农作物种业物质装备制造技术引进；通过国际科技合作研发，开展农业关键技术的引进、消化、吸收和创新，积极参与国际高新农业科技攻关，开展国际化农业技术人才培训。

八、广东农业支持政策及其效果评价

多年来，世界各国各地都秉承“农业乃民之根本”的基本理念，投入大量财力物力大力发展农业，鼓励农民种植，以保证国家粮食安全，欧美等世界发达农业经济体也把农业支持政策作为提升本国农产品竞争力的战略选择。我国的农业支持政策体系主要是从资金投入、科研与技术推广、教育培训、农业生产资料供应、市场信息、质量标准、检验检疫、社会化服务以及灾害救助等方面，扶持农民和农业生产经营组织发展农业生产，提高农民的收入水平。广东实施的农业支持政策与全国其他省份有相似之处，也在实践中探索出了自己的特色，对其政策效果进行分析评价，有利于进一步完善现有的农业支持政策体系。

（一）国内主要农业支持政策发展情况

我国国内农业支持政策分为价格支持政策、直接补贴政策、一般服务支持政策、金融支持、税收优惠和法律保护六大类（图 8－1）。

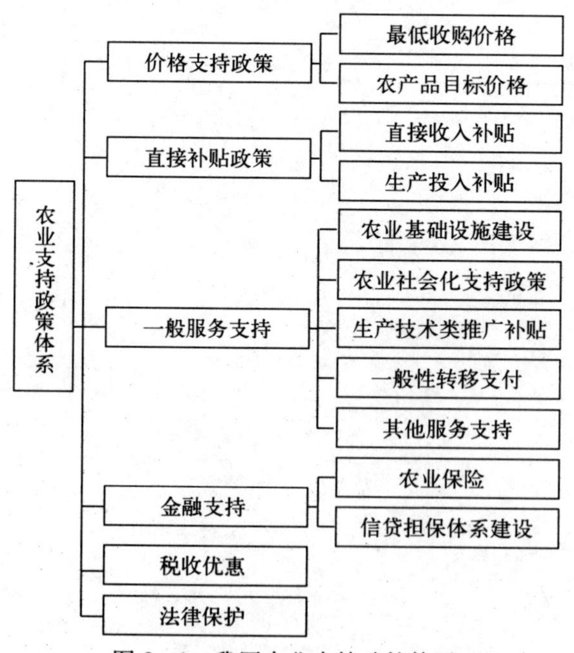

图 8－1　我国农业支持政策体系

1. 价格支持政策

农产品价格支持政策是政府通过干预农产品市场交易数量或交易价格而向农民提供补贴的一种方式。按照实施对象和实施条件，主要可以分为最低收购价格政策和农产品目标价格政策。

（1）粮食最低收购价格政策。2004 年以来，粮食的连年增产增收使得国内粮食价格面临较大的下行压力。为引导农民合理种粮、调动农民种粮积极性，继续稳定粮食生产，避免重蹈“谷贱伤农”的老路，国家规定在市场粮食交易价格达不到最低收购价的情况下，国家委托符合一定资质条件的粮食企业，按照国家确定的最低收购价收购农民的粮食。目前，粮食最低收购价格主要是稻谷和小麦，其中，稻谷自 2005 年开始实施最低收购价，当年中晚籼稻收购价为 72 元/50 千克；小麦于 2006 年开始实施该项政策，当年最低收购价格为 69 元/50 千克。2008 年、2010 年及 2011 年，由于各类主体积极入市收购，稻谷市场价格明显高于最低收购价格，当年国家没有启动稻谷托市收购。粮食最低收购价格的实施，控制了粮食市场的流通量，保障了农民的种粮利益。

表 8-1　2005—2016 年每 50 千克粮食最低收购价格

单位：元

年份	早稻	中晚籼稻	粳稻	小麦	年份	早稻	中晚籼稻	粳稻	小麦
2005	70	72	75	—	2011	102	107	128	95
2006	70	72	75	72	2012	120	125	140	102
2007	70	72	75	72	2013	132	135	150	112
2008	77	79	82	77	2014	135	138	155	118
2009	90	92	95	87	2015	135	138	155	118
2010	93	97	105	90	2016	133	138	155	118

资料来源：2005—2014 年数据来源于《中国粮食年鉴》，2015 年、2016 年数据源于国家粮食局。小麦为白小麦最低收购价。

（2）农产品目标价格政策。2008 年金融危机的爆发导致大豆、棉花等农产品价格暴跌，为保护农民利益，国家启动大豆、玉米、棉花、油菜籽等收储政策，即通过对部分大宗农产品进行临时收购，以达到调节和稳定农产品市场价格的目的（图 8-2）。数据显示，2008 年我国通过农产品临时收储政策共收购玉米 852 万吨、棉花 131 万吨、油料 67 万吨；2009 年进一步加大了收储力度，玉米、大豆、油菜籽、棉花、食糖的收储量分别达到 3 589.1 万吨、686.3 万吨、556.9 万吨、272 万吨和 36 万吨。但临时收储政策并未达到预期效果，一方面由于种植成本上涨，收储价格仍无法达到农民预期，农作物种植面积尤其是大豆面积呈现持续萎缩的趋势；另一方面，国家收储行为客观上也造成粮食价格形成机制及市场价格信号被扭曲，国内与国际价差明显，国外替代品进口及国内农产品库存双增加，不仅使国家背负了沉重的财政补贴负担，从长期来看，也不利于国家的粮食安全和农民利益的保护。

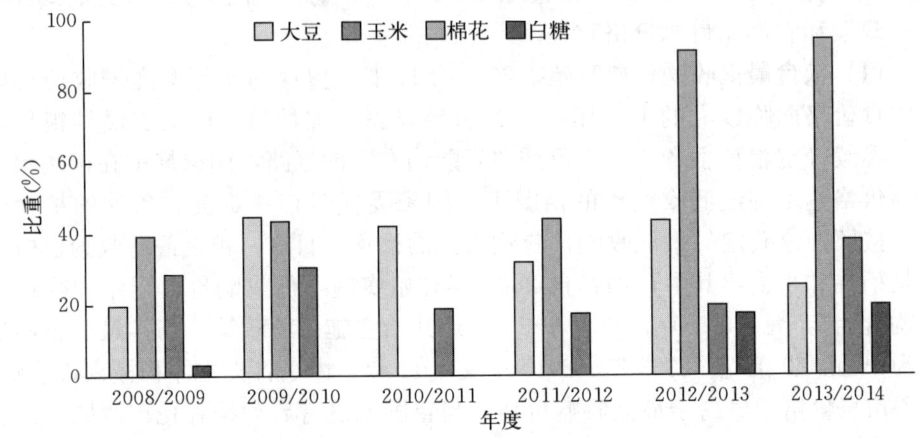

图 8-2　农产品收储量占产量比

资料来源：农业部及《中国粮食年鉴》。

因此，从 2014 年开始，国家不再对大豆、棉花收储，并启动新疆棉花、东北和内蒙古大豆目标价格补贴试点。大豆、棉花市场价格由供求决定，政府不干预。当市场价格低于目标价格时，国家根据目标价格与市场价格的差价和种植面积、产量或销售量等因素，对试点地区生产者给予补贴；当市场价较高时，不发放补贴。2016 年开始，国家取消对东北地区和内蒙古自治区的玉米临时收储政策，并调整为“市场化收购＋补贴”的“价补分离”新机制。

2. 直接补贴政策

农业直接补贴是政府将财政补贴资金直接发放给农民或直接让农民受益的一种补贴方式，包括综合补贴和专项补贴。根据补贴目的和对象可分为直接收入补贴和生产投入类补贴（表 8-2）。

表 8-2　2002—2016 年中央农业四项补贴规模

单位：亿元

年份	粮食直补	农资综补	良种补贴	农机购置补贴	农业直补总额
2002	—	—	1	—	1
2003	—	—	3	—	3

（续）

年份	粮食直补	农资综补	良种补贴	农机购置补贴	农业直补总额
2004	116	—	28.53	0.7	145.23
2005	132	—	38.7	3	173.7
2006	142	120	41.53	6	309.53
2007	151	276	55.7	20	502.7
2008	151	635	120.7	40	946.7
2009	190	756	198.5	130	1 274.5
2010	151	705.9	204	155	1 215.9
2011	151	860	220	175	1 406
2012	151	1 078	220	215	1 664
2013	151	1 071	199	217.55	1 638.55
2014	151	1 071	214.45	237.45	1 673.9
2015	151	1 071	203.5	237.55	1 663.05
2016*	151	837	203.5	228	1 419.5

资料来源：农业部、财政部及政府网站。

*：2016 年，国家将 20%的农资综合补贴存量资金、种粮大户补贴资金和农业“三项补贴”增量资金，约 234 亿元支持适度规模经营。

（1）直接收入补贴。直接收入补贴分为粮食直补和粮油种植大户直接补贴。2004 年，种粮直接补贴政策在全国粮食主产区全面推行，原则上按农户实际播种面积补助，并通过“一卡通”直接发放到农户手中。自该项政策实施以来，中央累计对农民进行直接补贴 1 749 亿元，亩均补贴由 2004 年的 7.6 元增至 2015 年的 9.05 元。粮油种植大户直接补贴政策始于 2016 年，国家将 20%的农资综合补贴存量资金、种粮大户补贴资金和农业“三项补贴”增量资金，用于支持发展多种形式的粮食适度规模经营，向种粮大户、家庭农场等新型经营主体倾斜。但各地补贴标准不一，如山东省对于粮食种植面积为 150～500 亩的，补贴 40 元/亩；超过 500 亩的，每户定额补贴 2 万元；湖南省对种粮面积为 100～200 亩的家庭农场连续 3 年每年补贴 100 元/亩。

（2）生产投入类补贴。一是农资综合补贴。为降低种粮成本，缓解柴油、化肥等农资价格上涨对农民种粮的影响，中央财政于 2006 年利用已建立的粮食直补渠道，根据实际种植面积向农户进行农资综合补贴。由于农资价格持续上涨，国家在 2013 年以前根据农资价格动态追加补贴资金，亩均补贴由 7.62 元/亩增至 63.02 元/亩。二是农作物良种补贴。为提高良种覆盖率、增加农产品质量和改善产品品质，2002 年国家开始对东北地区 1 000 万亩高油品种大豆实行良种补贴，2003 年增加小麦良种品种，2004 年增加水稻和玉米良种品种，2007 年增加棉花和油菜良种品种，2009 年小麦、玉米、棉花、水稻在全国 31 个省份实现全覆盖。三是农机购置补贴。为加快推进农业机械化进程、提高农业综合生产率，2004 年开始在全国 66 个县试点开展农机购置补贴。补贴对象为直接从事农业生产的个人和农业生产经营组织，2016 年补贴机具共 11 大类 137 个品目，一般机具单机补贴额不超过 5 万元，大型机具补贴达 12 万～60 万元。同时，2012 年开始在山西、新疆生产建设兵团等地试点农机报废更新补贴，推动老旧农机报废更新和优化农机装备结构。

除此之外，为加快培育优质生猪、牛、奶牛后备资源，提高生猪良种化水平、促进奶业的可持续发展，从 2005 年开始，国家实施畜牧良种补贴政策。近年来，国家每年安排 12 亿元，对符合条件的母猪、母牛、公羊等每头（只）分别补贴 40 元、30 元和 800 元；每年安排 3 亿元支持高产优质苜蓿示范片区建设，以 3 000 亩为单元，一次性补贴 180 万元；为增加渔民收入，将国内渔业捕捞和养殖业油价补贴政策调整为专项转移支付和一般性转移支付相结合的综合性支持政策，重点支持减船补助、老旧渔船更新改造等。

2016 年，国家将种粮直接补贴、良种补贴和农资综合补贴（“三项补贴”）合并调整为农业支持保护补贴，政策目标为支持耕地地力保护和粮食适度规模经营，并在全国范围内推行。

3. 一般服务支持政策

为提高农业防灾减灾能力、改善农业生产条件、增强农业综合竞争力，国家通过加大农业基础设施建设、强化农业技术推广和社会化服务支持等措施，来促进农村商品流通，推动农村经济发展和农民增收。

(1) 农业基础设施建设。目前，我国农业基础设施建设的支持政策主要分为三类：一是高标准农田建设支持政策，二是农机深松整地作业补助政策，三是粮棉油糖高产创建支持政策。从政策实施情况来看，2011—2016 年全国累计建成高标准农田 4.5 亿亩，粮食主产区亩均产能提升了 10%～20%，2015 年中央补助投资额逐年增加到了 700 亿元的历史新高；2016 年，中央财政进一步安排 285.98 亿元用于土地治理项目，在全国建设 2 781 万亩以上集中连片、旱涝保收、稳产高产、生态友好的高标准农田，亩均提升粮食生产能力 100 千克以上；同期，全国累计完成农机深松整地作业面积 8.5 亿亩，基本实现了北方适宜地区耕地深松一遍的目标；粮棉油糖高产创建支持政策方面，2010 年以来，中央财政共安排了 120 亿元资金支持 5 个市（地）、600 个乡（镇）开展试点，建设 12 500 个万亩示范片，重点开展瓶颈攻关和集成推广高产高效、资源节约、生态环保的技术模式。

（2）农业社会化支持政策。为提高农业生产率，更好地利用先进科技、人才和经营管理理念发展现代农业，国家通过新型农业经营主体支持、高素质农民培育及提供现代农业服务来推动农业产业化发展，促进农民增收。在具体实施状况方面，2007年以来，中央财政累计投入近70亿元农民合作组织发展资金，支持发展粮畜林果业合作社，其中2015年投入达20亿元，较2012年增长135%；2014—2016年，国家共开展400余期示范培训班，通过专家授课、参观考察、经验交流等方式培训了3万名以上的农村基层组织负责人、家庭农场主和大学生村官，其中2016年，农民培育试点工作扩大至8省30市500个示范县，当年中央财政安排农民培训经费达13.9亿元。此外，国家还大力实施产地初加工补助及农业标准化生产支持政策，以改善我国农产品产地初加工条件，减少产后损失，增加有效供给，提高农业生产标准化。

（3）生产技术推广类补贴政策。近年来，国家不断加大对农业技术研发、良种、良法的推广应用及科技成果和实用技术推广的重视力度，以提高农业生产效率、改良农作物品种和提升农产品品质。目前主要有推广现代种业发展支持政策、耕地保护补贴政策和防灾减灾、稳产增产补助政策。此外，从2009年开始，国家启动实施基层农技推广体系改革与建设示范县项目，至2016年累计安排中央财政资金154亿元推动基层农技推广体系改革与建设，实现农业科技进村入户。

（4）一般性转移支付政策。我国现有中央财政支农专项转移支付绝大部分以促进粮食等重要农产品生产、农民持续增收、农业可持续发展等为主要支持内容，而农业一般性转移支付，则是中央政府对有财力缺口的地方政府给予的补助。一般性转移支付不规定具体用途，可由地方政府根据本地区实际情况统筹安排使用，主要包括产粮（油）大县奖励政策、生猪（牛羊）调出大县奖励政策及园艺作物标准园创建支持等。自2005年出台产粮（油）大县奖励政策至2016年，中央财政累计拨付奖励资金2 980.4亿元；2013年以来，中央财政加大生猪（牛羊）调出大县奖励资金力度，每年安排35亿元奖励资金调动地方政府发展生猪（牛羊）养殖积极性；同期，农业部在园艺作物标准化创建支持政策中启动了北方城市冬季设施蔬菜开发试点，力争形成南方蔬菜生产基地建设与北方城市设施蔬菜开发统筹协调、档期互补的生产布局。

（5）其他服务支持政策。随着农业生产国内外环境变化及发展理念的变化，国家也逐步加大了在农业生态环境保护、农产品质量安全等方面的支持。其中农业生态资源保护政策包括退耕还林还草支持政策、草原生态保护补助奖励政策、渔业资源保护补助政策等。在农产品质量安全体系建设方面，一是采取直接补助的措施，如2015年，中央安排基层工作补助7.8亿元，并对养殖环节病死猪进行无害化处理的生猪规模化养殖场，给予每头 80 元补助；二是农产品质量安全追溯体系建设，2012—2015 年，中央共安排 4 985 万元，用于国家农产品质量安全追溯管理信息平台建设和全国农产品质量安全追溯管理信息系统的统一开发；三是农产品质量安全县创建支持政策，2015 年农业部认定了全国首批 103 个农产品质量安全县和 4 个农产品质量安全市创建试点单位，分别安排每个单位 100 万元、150 万元的政府补助资金。此外，国家还实施了农业结构调整政策，包括“镰刀弯”地区玉米结构调整政策和“粮改饲”支持政策。

4. 金融支持

为降低农业生产风险，满足农民在农业生产等方面的资金需求，中央在既有政策性资金信贷支持的基础上，通过实施扩大农业保费补贴品种、构建农业信贷担保体系、发展农村合作金融等政策，提升金融支农能力和水平。

(1) 农业保险支持政策。自 2007 年该项政策试点实施以来，保费补贴覆盖了主要粮棉油作物共 15 个品种，承保的主要农作物突破 14.5 亿亩。农业保费采用各级财政和农户共同投保的形式（表 8-3），考虑到区域经济条件和种

表 8-3　我国主要农业保险品种及分担制情况

	保费品种	保费金额	费率	保费分担			
				中央财政	省级财政	县（区）财政	农户
种植业	水稻、小麦、玉米	均分为 400/500/700 元三档次	4%	35%	25%	15%	25%
	设施农业	—	—	—	—	65%	35%
养殖业	能繁母猪、育肥猪	分别为 1 000/600 元	分别为 7%/4%	40%	30%	10%	20%
	奶牛	分 6 000/8 000 元两档	6%	40%	30%	10%	20%
	鸭、蛋鸡、肉鸡等	—	—	—	—	65%	35%
	淡水养殖	—	—	中央、省及市财政均无补贴，各县（区）可结合自身实际，制定相关政策			
林业	公益林			50%	≥40%		≤10%
	商品林			30%	≥25%		≤45%

注：资料来源于农业部政府网站；对于种植业保险，中央财政对中西部省份补贴保费的 40%；养殖业为 50%。

养作物生长差异，国家将加大对中西部地区、生产大县农业保险保费补贴力度，中央对中西部、东部产粮大县三大粮食作物农业保险保费补贴将分别逐步提高至47.5%、42.5%。此外，积极推进建立财政支持的农业保险大灾风险分散机制。

（2）财政支持建立全国农业信贷担保体系政策。为更好地为农业适度规模经营的新型经营主体提供信贷担保服务，解决农业发展中的“融资难”“融资贵”问题，2015年国家提出力争用3年时间建立健全具有中国特色、覆盖全国的农业信贷担保体系框架。在支持对象上，优先满足从事粮食适度规模经营的各类新型经营主体；业务范围上，通过提供基础设施、引进技术、市场开拓等信贷担保支持，促进农村产业融合与延伸。

（3）发展农村合作金融政策。2014年以来，国家在管理民主、运行规范、带动力强的农民合作社和供销合作社基础上，培育发展农村合作金融，选择部分地区农民合作社开展信用合作试点，丰富农村地区金融机构类型。农村合作金融在不对外吸储放贷、不支付固定回报的前提下，推动其向“生产经营合作+信用合作”延伸。

5. 税收优惠

为支持农业发展，国家对农业产前、产中和产后诸多经营主体和环节实施税收优惠或减免政策。总体而言，农业税收优惠体现在：一是对新型农业经营主体税收优惠支持，对于农民专业合作社、家庭农场、农业企业等经营主体生产、经营、销售等环节进行税费减免；二是对农业技术研发与推广的税费支持，对农业机耕、排灌、病虫害防治、植保、农牧保险以及相关技术培训业务，家禽、牲畜、水生动物的配种和疾病防治取得的收入，免征税收；三是实施生鲜农产品流通环节税费减免政策，对鲜活农产品实施从生产到消费的全环节低税收政策，将免征蔬菜流通环节增值税政策扩大到部分鲜活肉蛋产品；此外，实施鲜活农产品运输绿色通道政策。

6. 法律保护

当前，我国已建立起以《中华人民共和国农业法》为基础，以不同领域专门农业法律为主干，以有关法律中的涉农条款为补充，涉及行政法规和地方性法规的多层次、全方位的农业法律制度。截至2014年10月，全国人大常委会制定的现行有效农业法律有25部，国务院制定涉农行政法规76部，各地还制定了1 300多部农业地方性法规。因此，我国农业法律保护体系体现在，一是农业基本法即《中华人民共和国农业法》，规定了农业和农村经济的基本制度；二是通过《中华人民共和国农民专业合作社法》等对农业主体进行调控，规范农业主体的行为；三是专门性的法律法规，如《中华人民共和国种子法》《中华人民共和国渔业法》《中华人民共和国海洋环境保护法》等；四是规章制度和管理办法。通过农业法律体系，推动农业经济增长、农民增收及农业可持续发展。

（二）广东农业支持政策发展概况

按照补贴目的分类，目前广东农业支持政策主要分为惠农补贴政策、支持现代农业发展政策、农业生态与可持续发展政策三大类。

1. 惠农补贴政策

（1）免征农业税。2002—2004 年，广东省农业税总收入为 26.58 亿元，2006 年起全国免征农业税后，农民种地零税负，从根本上改变了政府与农民的分配关系，成为农村和谐稳定的重要基础。

（2）农业“三项补贴”政策（2004—2015 年）（表 8－4）。在种粮直接补贴方面，2004 年开始，广东在全省范围内对直接从事种植水稻且年播种面积达到 30 亩以上的种粮农民给予直接补助，补贴标准为 20 元/亩；2005 年将补贴面积标准调整为 20 亩以上，当年共补贴水稻种植面积 420 万亩，惠及 12 万种粮大户和 66.6 万种粮农民；2006 年将石灰岩地区因自然条件无法种植水稻而种植番薯、玉米的种粮农民纳入直补范围；2007 年调整种粮大户补贴面积，对种粮 15 亩以上的农户给予 25 元/亩的补贴；2008 年种粮直补范围从年播种面积 15 亩以上的种粮农民扩大到全体种粮农民，补贴标准调整为 8 元/亩。

表 8－4　广东省农业“三项补贴”情况

年份	种粮直补（亿元）	农资综补		良种补贴	
		金额（亿元）	标准（元/亩）	金额（亿元）	说明
2004	0.84	—	—	—	
2005	0.84	—	—	—	
2006	0.84	2.12	7	—	
2007	1.37	6.12	19	0.1	试点
2008	2.65	16.16	49.5	4.21	早稻、玉米、小麦：10 元/亩；中晚稻：15 元/亩
2009	2.65	16.24	49.5	4.43	
2010	2.56	16.13	49.5	4.42	
2011	2.5	18.36	56	5.17	水稻：15 元/亩；玉米、小麦：10元/亩
2012	2.5	18.66	57	5.16	
2013	2.55	24.12	74	5.17	
2014	2.5	23.91	74	5.16	
2015	2.5	19.71	61	5	
合计	24.3	161.53		35.82	

资料来源：历年《广东财政年鉴》及广东农业信息网、广东省财政厅。

农资综合补贴方面，广东省于 2006 年起实施，当年下拨直补资金 21 239

万元；2007 年综合补贴标准由 2006 年的 7 元/亩提高至 19 元/亩；2008 年进一步增至 49.5 元/亩。自该项政策实施以来，累计发放农资综补资金 161.53 亿元。良种补贴方面，2007 年安排良种补贴资金 1 000 万元，在全省 20 个项目县开展试点，推广种植水稻优良品种；2008 年后逐步扩大水稻、玉米、小麦的良种补贴范围，并确定了早稻、玉米、小麦补贴标准为 10 元/亩，中晚稻补贴标准为 15 元/亩；2011 年后，良种补贴范围进一步扩大，推广至种植水稻、玉米、小麦、花生等农作物优良品种，调动了农民种植粮食的积极性，恢复和扩大了粮食种植面积。

2016 年开始，逐步将农业“三项补贴”合并调整为“农业支持保护补贴”，对农资综合补贴标准做了调整，将 20%的农资综合补贴资金用于支持粮食适度规模经营，即由原来每年每亩补 74 元，调整为每年每亩补 61 元，削减了 13 元。

(3) 农机购置补贴。为支持农机购置补贴，提高现代农业机械化耕作水平，广东省于 2006 年开始推进农机购置补贴，当年安排农业机械化发展议案资金 2 740 万元；2007 年，农机具购置补贴资金规模增至 6 950 万元；2008 年进一步安排省级以上资金 13 270 万元，促进农机保有量持续增长，同时发展具有广东特色的园艺设施机械化；2009 年、2010 年农机购置补贴规模分别增至 25 770 万元、29 980 万元，此后农机购置补贴进一步增长，其中中央补贴资金显著增加，2015 年仅中央财政资金便达 3 亿元，对全省符合条件的农民和直接从事农业生产的农机专业服务组织购买农机具给予补贴。

(4) 能繁母猪饲养补贴和保险保费补贴。一是推动和落实能繁母猪饲养补贴，2007 年，广东省筹集能繁母猪饲养补贴资金 1.4 亿元，每头能繁母猪饲养补贴标准为 50 元；2008 年后，将能繁母猪饲养补贴标准由每头 50 元提高到 100 元。二是落实能繁母猪保险保费补贴资金，2007 年共安排 1 863.159 万元，按母猪每头 30 元的标准拨付，2008 年，将省财政对欠发达市、县能繁母猪保险保费补贴资金的负担标准由每头 30 元提高到 35 元，2010 年后补贴资金力度进一步加大。三是对生猪调出大县给予奖励，省财政按每头每年 30 元的标准拨付，安排中央财政资金 5 599 万元，对生猪调出大县给予奖励。

(5) 农村劳动力转产转业培训政策。一是为加快发展海洋经济和现代渔业，从 2009 年开始每年安排渔业转产专项议案资金 6 200 万元，2012 年调高至 12 400 万元，2013 年进一步调高至 12 800 万元，完善产业化基地建设和渔民专业合作组织项目专家评审和以奖代补办法，推动渔民转产转业；二是劳动力培训转移就业的技能培训，为广东省有劳动能力和就业愿望的中青年农民提供一次免费“技能培训补贴”“圆梦计划”补助等，2008—2012 年每年培训农村劳动力 50 万人，安排专项资金 5 亿元。

(6) 农业保险。一是农业、渔业保险。为保障渔民生命财产安全，提高渔业抗风险能力和渔业安全生产保障水平，广东省于 2007 年开始每年安排 2 000 万元政策性渔业保险补助资金推进渔民人身、渔船财产、养殖保险财政补贴。为减轻农民的负担、防范农业种植风险、确保粮食安全和农民持续增收，2008 年后每年安排 2 000 万元资金，开展水稻保险财政补贴，广东省水稻种植业保险保费资金负担比例为：农户负担 20%，中央补助 35%，省市县三级财政负担 45%。2013 年，新增玉米、马铃薯、花生、甘蔗、牛奶 5 个补充项目备选品种。二是森林保险及禽畜养殖保险。2012 年，广东省在前期试点的基础上，安排政策性森林保险补助资金 1 500 万元，用于防范森林火灾和自然灾害，提高林农保险意识，保障林农收入；2013 年，安排政策性能繁母猪保险资金 1.2 亿元，并在高州市推进生猪保险结合病死猪无害化处理试点；2014 年，进一步将试点险种推行至家禽养殖，初步建立较为健全的农业保险体系；2015 年、2016 年分别安排政策性保险补贴资金 8.04 亿元，统筹推进家禽、生猪、水果和水产养殖保险试点工作。同时，2015 年开始，在汕头、韶关、梅州、湛江、清远、河源、汕尾、阳江、茂名、云浮等 10 市开展巨灾保险试点工作，与保险机构签订巨灾保险合同。

表 8-5 广东省农业政策性保险实施情况

险种	试点或推行时间	推行起始金额（万元）
渔业政策性保险	2007	2 000
水稻政策性保险	2008	2 000
森林政策性保险	2012	1 500
能繁母猪保险	2013	12 000
家禽养殖保险	2014	10 000
农业巨灾保险	2015—2016	22 500

资料来源：根据历年《广东财政年鉴》整理。

(7) 动植物防疫与质量安全。一是动植物防疫体系建设。动物防疫体系建设主要包括重大动物防控防疫，如对牲畜口蹄疫、禽流感和高致病性猪蓝耳病强制扑杀给予补偿，对甲型 H1N1 流感消毒药物的购买和防护，完善和提高省市县三级动物防疫机构的重大动物疫病监测疫情处理能力。基层动物防疫补助资金，支持基层开展强制免疫疫苗注射等工作；植物病虫害防控。2008—2014 年，广东省累计安排动植物防疫体系建设资金 4.774 5 亿元，其中 70% 左右资金安排在重大动物疫病防控。二是质量安全体系建设。农产品质量安全监督体系建设主要包括畜禽标识管理，2008—2010 年，广东省每年安排禽畜标识管理经费 2 000 万元，用于配备畜禽标识和二维码识读器，推动动物标识及疫病可追溯体系建设。农产品质量安全监督体系建设，支持农业科技推广、农渔产品质量安全体系建设、农民专业合作组织建设等各项农业生产事业发展，2008—2013年，广东省累计安排农渔业产品质量安全监督体系建设资金4.3亿元。2016年，安排资金0.6亿元，支持水产品质量安全监管体系建设、扶持开展水产品质量安全基础研究，提高水生动物防疫检疫体系能力。

2. 支持现代农业发展政策

（1）现代农业主导产业和区域特色经济板块支持政策。2008年，广东省开始大力开展东江上游和西江北岸特色水果产业带、怀集梁村平原优质稻产业带建设，着力推进全省优势农产品生产向规模化、集约化、专业化、优质化发展。2009年，新增建设韩江上游油茶产业项目，初步形成特色水果、优质水稻、油茶茶叶等3个现代农业生产产业带建设。2009—2013年，中央和省财政累计投入约20亿元建设农业产业带项目，其资金主要来源于中央、省财政、项目所在市（县）财政整合资金及引导社会资金，其中中央财政和社会引入资金占比超过75%。此外，2013年后，每年通过省财政统筹整合省级农业基础设施建设专项资金约3亿元，大力推进省级农业示范区建设。

（2）农业社会化服务支持政策。为更好地支持广东农业发展，满足农业产前、产中和产后的社会化服务需求，广东省利用专项财政资金，支持农业社会化服务发展。一是支持高产、高质、高经济效益的“三高”农业发展，推动农渔产品深加工和产品品种精细化、技术高新化。仅2010年，广东省安排“三高”农业专项资金3 723万元。二是支持现代农业产业化体系建设，支持农业龙头企业、现代农业园区、农民专业合作社发展，推进“一乡一品”、粤台农业合作、农业安全生产体系建设和突发公共事件预警信息发布系统建设。2011年，广东支持农业现代化产业体系建设资金7.07亿元，推进农业结构战略性调整。三是推进农产品流通体系建设，安排农超对接专项资金，支持农超对接物流基础设施、销售终端建设；同时，支持供销合作社服务体系改造，推动农产品流通企业与农产品专业合作社对接。

（3）农业科技创新与应用体系建设支持政策。一是海洋渔业科技与产业发展。为推动海洋与渔业关键技术的研发与推广，开展深水网箱养殖技术的开发与示范应用，打造成高标准、高水平的深水网箱产业园区，推动水产品良种体系建设。2009—2016年，广东省共安排专项资金11.87亿元，其中海洋渔业科技与产业发展专项资金2.4亿元，广东海洋经济综合发展及综合试验区试点建设资金4.32亿元，深水网箱建设资金1.1亿元，水产品良种体系建设资金1亿元，其他用于推进渔民民生保障体系及海洋环境和资源保护体系建设，强化涉海基础设施建设，构建蓝色生态屏障、完善海洋公共服务体系资金约

3.05亿元。二是支持农业科技推广。为了支持农业科研、推进基层农技推广、科研、示范和体系建设，支持"育繁推"一体化种业发展，2010—2015年，广东省共安排农业科技推广专项资金4.53亿元，不断提升现代农业科技水平。

（4）农业新型经营主体发展支持政策。为促进农业产业化发展，改善农村基础设施和农业生产条件，推动农业提质增效和农民增收，广东省于2005开始对农业龙头企业进行扶持，促进农民专业合作经济组织和农业现代化园区建设，当年安排专项资金0.5亿元。2008年以后，逐步加大现代农业经营主体培育力度，累计投入专项资金13.8亿元，其资金主要用于通过贷款贴息方式扶持省重点农业龙头企业；采取以奖代补的方式扶持粤北山区、东西两翼农业现代化示范区建设；支持山区和革命老区特色农业和效益农业发展；扶持基础好、辐射带动作用强的示范专业合作社发展及推动家庭农场等新型农业经营主体建设。

（5）农田整治支持政策。农田整治主要是为了保护、支持农业发展，改善农业生产基本条件，优化农业和农村经济结构，提高农业综合生产能力和综合效益。包括稳产高产基本农田建设、粮棉油等大宗优势农产品基地建设、土地复垦等中低产田改造项目及小型公益设施建设、渔港建设等农业农村基础建设。2005年以来，广东省共安排农田整治专项资金共计434.05亿元（表8-6）：一是现代化标准农田建设资金121.8亿元，即通过中低产田改造、农业综合开发、土地整治、土地开发整理等措施建设成"田成方、渠相通、路相连、土肥沃"的现代化标准农田；二是低效园地山坡地开发资金24亿元，通过低效园地山坡地的开发，转为有效耕地，促进实现全省耕地占补平衡和总量动态平衡，提高粮食综合生产能力；三是高标准基本农田建设资金243.35亿元，高标准基本农田建设是现代标准化农田建设的延续，能够有效增加耕地数量和提高耕地质量，优化土地资源要素配置；四是基本农田保护补偿省级补助资金44.9亿元，按30元/亩的标准对承担基本农田保护的单位予以补偿，率先在全国建立全省基本农田保护经济补偿制度。

表8-6 广东省农田整治资金投入及整治情况

年份	资金（亿元）	项目（目标）
2005	8.9	中低产田改造、农业综合开发、土地整治、土地开发整理
2006	9.9	基本农田水利建设，改善农田排灌条件，提高农业综合生产能力
2007	20.29	建设125万亩现代标准农田
2008	20.29	累计建成现代化标准农田58万亩；新增和改善灌溉面积45万亩
2009	20.29	把125万亩中低产田建设成现代标准农田

（续）

年份	资金（亿元）	项目（目标）
2010	14.82	支持推进125万亩现代标准农田建设
	8	低效园地山坡地补充耕地补助资金，支持新造40万亩有效耕地
2011	7.31	支持推进62.5万亩现代标准农田建设
	8	低效园地山坡地补充耕地补助资金，支持新造40万亩有效耕地
2012	20	扶持建设120万亩标准农田
	8	科学开发低效园地山坡地，实现全省耕地占补平衡和总量动态平衡
	59.09	建设468万亩高标准基本农田
2013	50.48	建设400万亩高标准基本农田，增加耕地数量和提高耕地质量
	11.26	安排基本农田保护补偿省级补助资金
2014	53.38	建设341万亩高标准基本农田
	11.26	基本农田保护经济补偿省级补助资金
2015	46.95	建设1 510万亩高标准基本农田
	11.19	基本农田保护经济补偿省级补助资金
2016	33.45	建设223万亩高标准基本农田
	11.19	基本农田保护经济补偿省级补助资金

资料来源：根据历年《广东财政年鉴》整理。

（6）农业防灾减灾支持政策。在农业生产面临干旱、洪涝等自然灾害和泥石流、滑坡等地质灾害、人为灾害时，采取应急措施，避免或减少农民损失，保障粮食和农业生产。农业防灾减灾资金主要用途为，一是常规性城乡水利防灾减灾工程建设，采取鼓励市（县）落实自筹资金，自筹资金缺口给予财政性补助方式。二是突发性自然灾害，2013年5月，广东全省大部分地区出现了较严重的洪涝灾害，部分地区甚至出现了百年一遇的灾情，防汛形势极为严峻。为此，广东省财政及时筹措资金，安排28 164万元支持防汛救灾复产重建工作。三是农业和森林防灾减灾资金和森林防火带建设，构建农业和林业安全体系。

3. 农业生态与可持续发展政策

广东农业生态与可持续发展政策主要包括海洋生态环境、农村生态环境和林业生态环境三个方面。具体内容包括：一是海洋生态建设和保护，实施沿海渔民转产转业、人工鱼礁建设，完善广东重点海域、海湾的鱼类生存环境，其中，2010年共安排5 000万元生态建设和保护资金。二是农村绿色环保技术的推广应用，通过农村沼气建设、绿色通道建设等工程，强化农业生态建设，为促进农村经济社会的可持续发展奠定了良好的基础。三是生态林建设补助项目，2010—2016年，广东共实施各类生态林业补助项目资金168.06亿元（表8-7）。生态林建设补助项目主要包括：水源涵养林、林分改造、沿海防护林及红树林、生态文明“万村绿”、森林植被恢复、森林抚育、森林资源管护等林业重点工程建设，2010—2016年共提供资金42.6亿元；生态公益林效益补偿，2010—2016年共补偿资金74.86亿元，且省级补偿标准由2007年的8元/亩提升至2015年的24元/亩，每年提升2元/亩；生态景观林带建设，2012—2016年共补助资金9亿元，对粤北山区和东西两翼的生态景观林带建设进行补助，构建立体、复合的生态景观林带；森林碳汇生态工程建设，2012—2016年共补助资金41.6亿元，提高森林碳汇生态补助标准。

表8-7 广东省林业生态建设资金使用情况

年份	资金（亿元）	项 目
2005	4.6	珠江水域、韩江水源涵养林建设及生态公益林效益补偿资金
2008	5.74	生态公益林效益补偿资金
2010	5.45	水源涵养林、林分改造、沿海防护林及红树林建设
	7.26	生态公益林效益补偿资金
2011	1.5	粤北山区和东西两翼的生态景观林带建设补助
	18.9	水源涵养林建设、林分改造、森林抚育、沿海防护林和红树林建设
2012	9.3	生态公益林效益补偿资金
	6	森林碳汇生态工程建设
	1.5	粤北山区和东西两翼的生态景观林带建设补助
	0.45	水源涵养林工程建设
2013	10	生态公益林效益补偿资金
	6	森林碳汇生态工程建设
	1.5	粤北山区和东西两翼的生态景观林带建设补助
	0.45	水源涵养林工程建设
2014	12.4	生态公益林效益补偿资金
	6	森林碳汇生态工程建设
	1.5	粤北山区和东西两翼的生态景观林带建设补助
	5.06	森林碳汇林抚育、林业科技创新基地和林木苗种生产示范基地建设
2015	17.11	生态公益林效益补偿基金
	6	森林碳汇生态工程建设
	1.5	粤北山区和东西两翼的生态景观林带建设补助
	3	森林碳汇林抚育建设

（续）

年份	资金（亿元）	项　目
2016	18.79	生态公益林效益补偿基金
	16.1	森林碳汇生态、生态景观林带等工程建设
	11.99	森林资源管护
	0.3	集体林权制度改革

资料来源：根据历年《广东财政年鉴》整理。

(三) 广东农业支持政策实施效果分析

财政支农政策是推动一国或一个地区农业发展的重要支撑力，其对农业政策的推动作用体现在，既可以通过调控农业生产来影响农民收入，又能够有效地解决促进农业增长所必需的众多公共产品的外部性问题。加之，我国农业补贴除粮食补贴外，具有政策实施周期短，调整变化大的特点，因此，该部分内容主要对广东农业财政支农水平及粮食补贴政策效果进行分析评价。

1. 财政支农水平及其省域比较

为进行对比分析，本文测算了广东、江西、广西、海南、云南、贵州、四川、湖南、福建等南方 9 个省份的财政支农水平。

作为全国农产品进出口大省，2016 年，广东省财政支农资金为 715.44 亿元，尽管较上年减少 11.88%，但在南方 9 个省份中仅次于四川省，较 2007 年增长 414.86%，年均增幅为 17.12%，低于南方 9 个省份 21.28%的年均增幅，也低于全国财政支农资金 19.86%的增速。这表明，相对于南方其他省份，广东省财政支农资金尽管规模较大，但增幅较为缓慢。从财政支农支出占财政总支出的比重看，2007 年广东省财政支农资金占比为 5.46%（图 8-3），2016 年为 5.32%，占比低于南方其他 8 个省份及全国平均水平，且近 10 年来波动较大，而南方 9 个省份和全国财政支农资金占比均呈上升趋势，南方 9 个省份财政支农占比亦显著高于全国平均水平，由 2007 年的 8.59%升至 2016 年的 10.60%。这表明，一是广东省财政支农资金总量较大，但相对于其对第二、第三产业的财政支出，扶持力度偏低，且不稳定；二是广东省财政支农力度落后于全国平均水平和南方 9 个省份平均水平，其财政支农占比仅为相邻的广西、江西、海南的一半左右。

从财政支农支出占农业 GDP 的比重看，如图 8-4 所示，2007 年，广东省财政支农支出占农业 GDP 的比重为 10.18%，略高于南方 9 个省份的平均

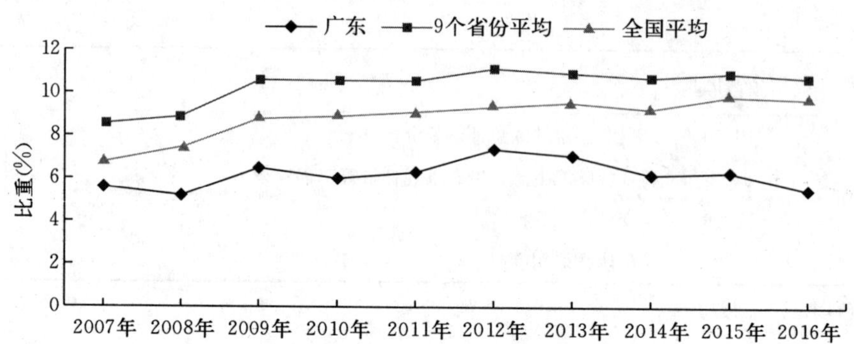

图 8-3 财政支农支出占总财政支出的比重

资料来源：根据国家统计局官网数据计算而得。

水平（9.53%），但低于全国平均水平。2016 年，广东省财政支农支出占农业 GDP 的比重上升至 19.37%，较上年下降，略低于南方 9 个省份的平均水平（23.57%），但与全国平均水平拉大。

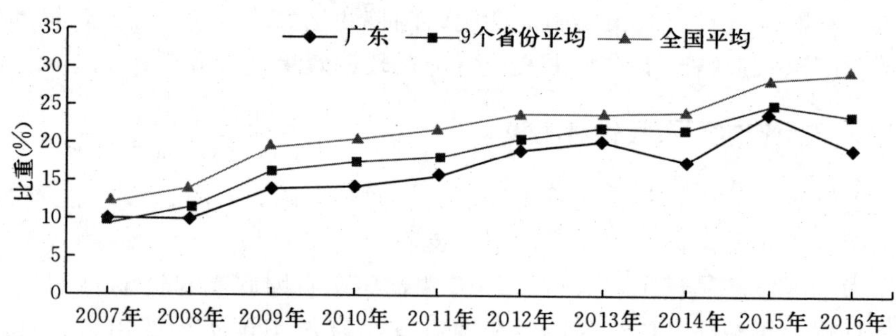

图 8-4 财政支农支出占农业 GDP 的比重

资料来源：根据国家统计局官网数据计算而得。

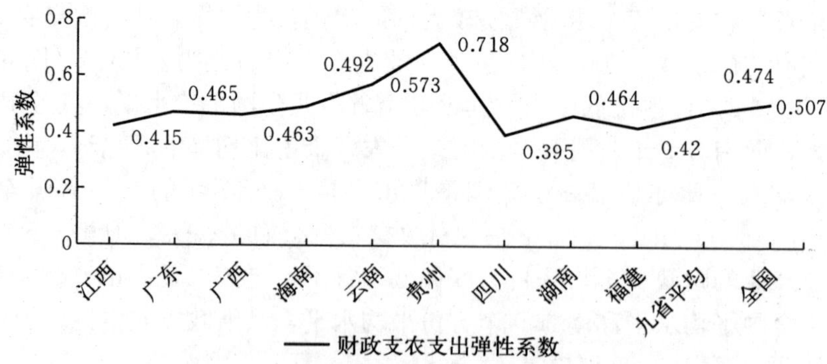

图 8-5 广东及其他泛珠三角区域省份财政支农支出弹性

资料来源：根据国家统计局官网数据计算而得。

从财政支农支出对农业产出的效果看，财政支农支出弹性系数反映了每增加1%的财政支农投入对农业GDP增加的贡献率。如图8-5所示，2008—2016年，广东省财政支农支出弹性为0.465，即财政支农资金每增加1%，则农业GDP增加0.465%。广东省与南方其他省份对比发现，其财政支农支出弹性较小，财政支农支出对农业GDP的贡献率不高。

2. 粮食补贴政策效率评价

我国从2004年开始在全国范围内实施粮食直补、良种补贴政策和农机购置补贴政策，2006年在全国范围内开始对农业生产资料进行综合补贴，2015年后，国家开始对农业“三项补贴”进行试点改革，部分省份将农业“三项补贴”合并为农业支持保护补贴，政策目标调整为支持耕地地力保护和粮食适度规模经营。

（1）数据来源。受数据获取限制，本部分主要研究2004—2015年全国13个粮食主产省份[①]和广东、福建、新疆、重庆共17个省（自治区、直辖市）。研究数据主要涉及农业的投入和产出，农业投入数据主要是农业四项补贴[②]、农业从业人员数量和粮食播种面积，农业的产出数据为粮食产量。其中农业四项补贴数据主要来源于财政部、中国农业信息网以及各省（自治区、直辖市）政府网站；全国及各省份2004—2012年农林牧渔业从业人员数量数据来源于国家统计局官网，2013—2015年农林牧渔业从业人员数量数据来源于各省份统计年鉴；各省（自治区、直辖市）粮食播种面积和粮食产量来源于国家统计局官网。

（2）农业四项补贴与粮食产量描述性分析。从农业补贴规模看，2015年17个省份农业四项补贴平均规模为74.205亿元，较上年略有下降，下降的原因是部分省份变农业三项补贴政策为农业支持保护补贴，补贴资金分列前三的为黑龙江、吉林和河南，补贴金额分别达139.2亿元、131.1亿元和123.64亿元。

从补贴规模增幅看，广东省农业四项补贴增速较快。2015年，广东省农业四项补贴资金总额为28.59亿元（图8-6），较2004年增加27.75亿元，是2004年的34.04倍；17个省份平均农业四项补贴由2004年的6.11亿元增至2015年的74.21亿元，2015年是2004年的12倍。分阶段看，广东省及17个省份平均的农业四项补贴在2004—2008年增幅均较为明显，从2005年开始，

① 包括河南、江苏、安徽、江西、湖南、湖北、山东、黑龙江、河北、内蒙古、辽宁、吉林、四川。

② 即粮食直补、农资综补、良种补贴和农机购置补贴。

各省份陆续实施农资综合补贴政策；国家不断扩大种粮补贴品种和范围，提高粮食直补补贴标准、增加农机购置补贴金额，至2008年，种粮补贴政策在各省份基本实现了按播种面积和按品种的全覆盖。2008年后农业四项补贴增长放缓，主要提高粮食直补和农机购置补贴标准。

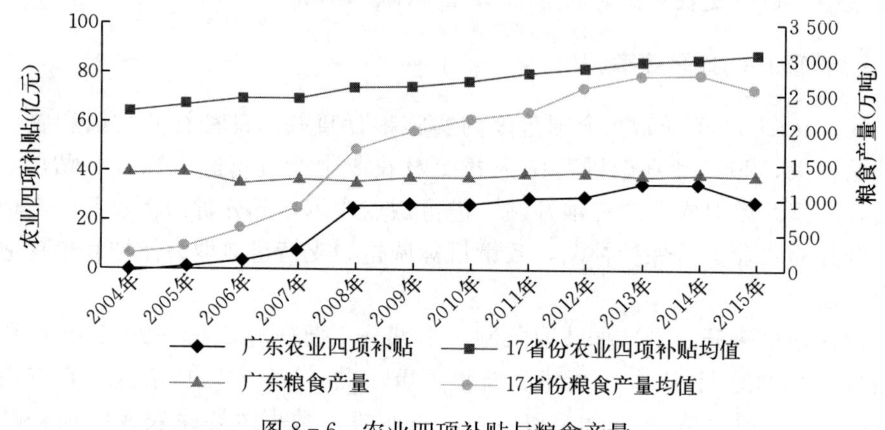

图8-6　农业四项补贴与粮食产量

数据来源：根据历年《广东财政年鉴》《广东统计年鉴》整理。

从粮食产量看，总体而言，17个省份粮食总产量稳步上升。2004—2015年，除福建、广东两省粮食产量略有下降外，其他15个省份粮食产量均增加，其中黑龙江粮食产量10年实现翻番，内蒙古2015年粮食产量是2004年的1.88倍。从粮食产量的稳定性看，福建、广东两省波动最小，其中广东省粮食产量基本维持在1 230万～1 430万吨，福建省粮食产量则维持在630万～740万吨。吉林、辽宁、内蒙古3省（自治区）粮食产量波动较大，黑龙江、新疆两省（自治区）粮食产量除2007年减少外，其他年份均产量增幅明显；其他省份粮食产量平稳增长。

(3) 农业四项补贴政策效率分析。农业四项补贴政策、粮食播种面积及农林牧渔从业人员数量仍在不断变化中，为此采用规模报酬变化模型（VRS模型），从产出的角度运用DEA 2.1软件，分别计算2004—2015年17个省（自治区、直辖市）及全国的综合效率，纯技术效率和规模效率，计算结果分析如下。

表8-8给出了2004年、2015年以及12年内粮食补贴效率与分解指标的平均值。从纯技术效率角度看，2004年，仅有河南、广东、江西、湖南、四川5个省的纯技术效率没有达到生产前沿面；2014年，除福建、江苏、山东等8个地区的纯技术效率是有效的外，其他地区均未达到生产前沿面。对比2004年和2015年结果发现，福建、山东、黑龙江、吉林等8个地区纯技术效

率均保持最优，除河南、广东、江西 3 个省纯技术效率上升外，其他省份纯技术效率下降，17 个省份纯技术效率平均值由 0.957 略降至 0.952。

表 8-8　样本省份粮食补贴效率结构

地区	综合技术效率（TE）		纯技术效率（PTE）		规模效率（SE）	
	2004 年	2015 年	2004 年	2015 年	2004 年	2015 年
河南	0.806	0.928	0.890	0.995	0.906	0.933
福建	0.875	0.852	1.000	1.000	0.875	0.852
广东	0.631	0.863	0.637	0.995	0.989	0.867
江苏	1.000	1.000	1.000	1.000	1.000	1.000
安徽	1.000	0.822	1.000	0.835	1.000	0.985
江西	0.838	0.882	0.839	0.899	0.999	0.981
湖南	0.937	0.908	0.937	0.911	1.000	0.997
湖北	1.000	0.908	1.000	0.916	1.000	0.992
山东	0.970	1.000	1.000	1.000	0.970	1.000
黑龙江	0.894	1.000	1.000	1.000	0.894	1.000
河北	1.000	0.812	1.000	0.817	1.000	0.993
内蒙古	0.977	0.882	1.000	1.000	0.977	0.882
新疆	0.951	0.903	1.000	1.000	0.951	0.903
辽宁	0.999	0.897	1.000	0.925	0.999	0.969
重庆	1.000	0.835	1.000	1.000	1.000	0.835
吉林	1.000	1.000	1.000	1.000	1.000	1.000
四川	0.839	0.821	0.920	0.834	0.912	0.985
全国	0.783	0.828	1.000	1.000	0.783	0.828
平均值	0.917	0.897	0.957	0.952	0.959	0.944

注：平均值为 17 个省份的平均数据。

从规模效率角度看，2004 年的规模有效决策单元个数为 7 个，2015 年下降至 4 个。规模效率平均值从 0.959 下降至 0.944。2015 年，除江苏、山东、黑龙江、吉林规模效率值为 1 外，湖南、湖北、江西、四川和内蒙古等粮食主产区的规模效率值接近于 1，这说明大部分主产区粮食补贴总量与地区粮食生产规模具有一定的匹配性。对比 2004 年和 2015 年结果发现，仅有江苏、吉林 2 个省规模效率均保持最优，山东、黑龙江 2 个省规模效率上升外，其他省份均持平或下降，其中重庆、广东的规模效率下降幅度最大。

将纯技术效率与规模效率相乘，得到综合技术效率。2004 年，综合技术效率有效单元个数为6个，2015年为4个，且有效单元发生变化，其中江苏、吉林2个省综合技术效率始终有效，山东、黑龙江2个省在2015年变为有效，而安徽、湖北、河北、重庆地区则仅在2004年有效。2015年有7个省份的规模效率高于技术效率，主要集中于江西、安徽、湖南、湖北等粮食主产区；7个省份的规模效率低于技术效率，主要是福建、广东、新疆等粮食主销区或产销平衡区。

根据Michael Norman的分类方法，对各主产区的补贴政策效率情况进行分类：第一类是最优规模状态（$PTE=SE=1$），2015年有黑龙江、吉林、江苏、山东等4个省（图8-7）；第二类为短期易改善（$0.9<SE<1$，$PTE>0.9$），河南、新疆、辽宁、湖北、湖南属于这类地区，说明补贴政策效率能在短期内改善；第三类为相对规模较小（$SE<0.9$），有重庆、广东、福建等5个地区，说明相对于产出而言，该地区补贴投入组合不能实现规模经济；第四类为技术无效率（$0.9<SE<1$，$PTE<0.9$），河北、四川、安徽、江西等属于这类地区。

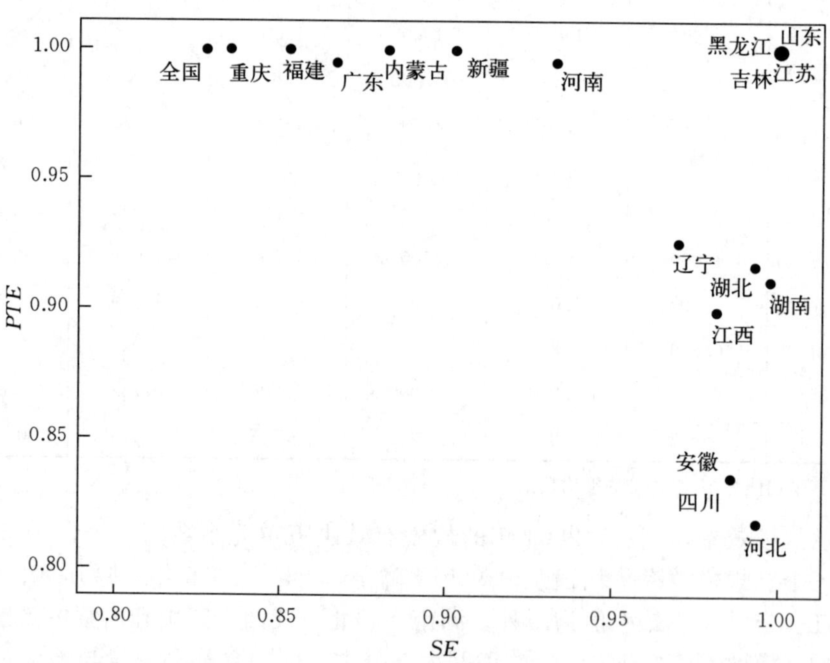

图8-7　2015年样本省份粮食补贴政策效率状态分类

图8-8、图8-9分别为广东省综合技术效率变化及17个省份综合技术效率平均值。就广东省而言，除2006年、2012年综合技术效率为1外，其他大部分年份纯技术效率值小于规模效率，表明广东省农业四项补贴政策的DEA

无效主要是由纯技术效率无效引起的。从样本省份综合技术效率平均值变化可以发现，一是纯技术效率较高但未能达到最优，表明补贴手段、制度设计、操作层面的漏损问题仍然存在。二是在既定水平条件下实际补贴与最优补贴规模的匹配程度不高。这说明，虽然各地区补贴资金在简化发放程序和降低操作成本方面取得了一定的进步，补贴规模与粮食生产规模的匹配仍未达到最佳。

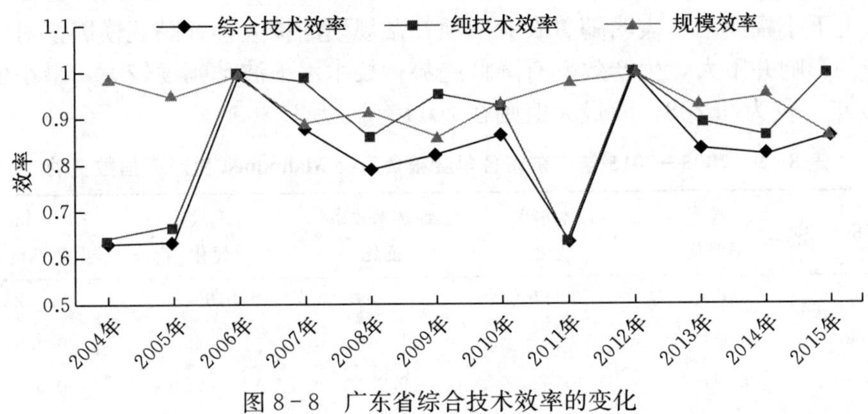

图 8-8 广东省综合技术效率的变化

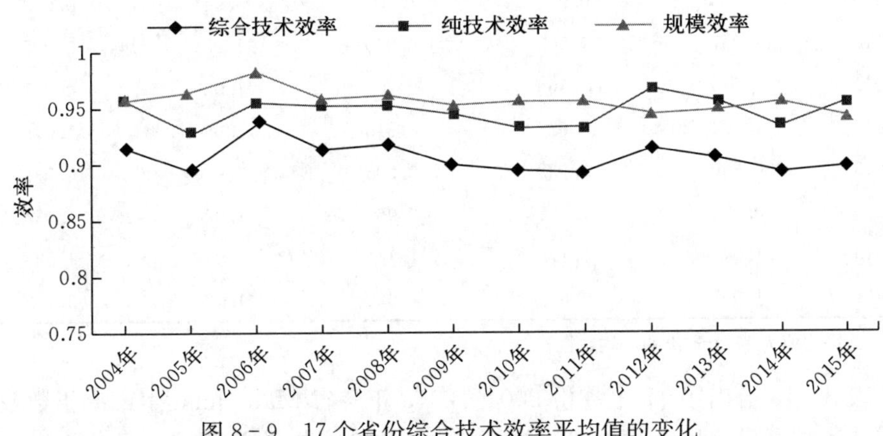

图 8-9 17 个省份综合技术效率平均值的变化

(4) 农业四项补贴政策效率动态评价。 Malmquist 生产率指数能动态反映不同时期农业四项补贴政策效率和技术进步的变化趋势。利用 DEA 2.1 软件分别计算技术效率变化（effch）、技术变化（techch）、纯技术效率变化(pech)、规模效率变化（sech）以及 Malmquist 生产率变化（tfpch），进行整体与不同类型变化趋势分析，以上各值是以 2004 年为基期计算出来的。

表 8-9 显示，2004—2015 年广东粮食补贴效率波动剧烈，2005 年、2012 年、2014 年和 2015 年的 Malmquist 指数大于 1，补贴政策效率增加，而其他

年份的 Malmquist 指数小于 1。整体来看，2009 年以来，Malmquist 指数优化的年份总体增加，说明自 2009 年以来粮食补贴政策效率整体上升。从引起补贴效率提高的原因看，纯技术效率变化和规模效率变化值平均值均大于 1，表明其对补贴生产率的提升有较大作用，技术水平的变化对补贴生产率提升较弱。从各指标的时序变动趋势看，纯技术效率只有 2005 年、2006 年、2009 年、2012 年及 2015 年大于 1，其他年份均小于 1；规模效率值较为稳定，围绕 1 上下小幅波动，表明随着农业四项补贴规模的扩大，补贴规模因素对生产效率的影响并不大，生产效率有降低趋势；技术水平波动幅度较大，最小值在 2006 年，仅为 0.288，而最大值则在 2011 年，为 1.369。

表 8-9　2005—2015 年广东省各年度粮食直补 Malmquist 生产率指数变动

年份	综合技术效率变化	技术水平变化	纯技术效率变化	规模效率变化	Malmquist 生产率指数
2005	1.003	0.999	1.009	0.994	1.002
2006	1.581	0.288	1.542	1.026	0.456
2007	0.877	0.574	0.984	0.892	0.503
2008	0.902	0.494	0.893	1.011	0.446
2009	1.036	0.957	1.101	0.941	0.992
2010	1.057	0.906	0.969	1.091	0.957
2011	0.724	1.369	0.704	1.029	0.991
2012	1.594	0.639	1.518	1.050	1.018
2013	0.830	0.939	0.903	0.920	0.780
2014	0.994	1.061	0.967	1.028	1.055
2015	1.045	1.170	1.141	0.916	1.223
均值	1.057	0.674	1.032	1.024	0.712

注：平均值为 17 个省份的平均数据。

表 8-10 给出了 17 个省份 2004—2015 年各省 Malmquist 生产率指数及其构成，各省（自治区、直辖市）Malmquist 生产率指数差异较大且除安徽、河北外均小于 1。安徽、河北、江西 3 省 Malmquist 生产率指数位列前三，分别为 1.022、1.008 和 0.972；广东省排在第 17 位，为 0.813，这表明，广东省 2004—2015 年粮食补贴效率相对较低。从成因上看，各省补贴效率下降的原因是技术水平，除安徽外，技术水平变动的指数均小于 1，说明在补贴制度创新方面存在不足。从规模效率变动看，广东、新疆、重庆等 7 个省份值小于 1，说明这些地区没有达到最优补贴规模状态，应当优化补贴结构，激发粮农种粮积极性与采用农机进行机械化生产。从纯技术效率看，河北、福建、广东

等13个省份的纯技术效率指数大于或等于1，即在补贴分配、发放的过程中，绝大多数地区都采取了合理的制度改善措施降低操作成本和资金漏损。对于补贴纯技术效率小于1的省份，应积极调整补贴政策，缩小既定补贴条件下实际产出与最优产出的差异。

表8-10　2004—2015样本省份生产率指数及构成

地区	综合技术效率变化	技术水平变化	纯技术效率变化	规模效率变化	Malmquist生产率指数
河南	1.022	0.945	1.023	0.999	0.966
福建	0.999	0.852	1.000	0.999	0.851
广东	1.026	0.792	1.035	0.992	0.813
江苏	1.005	0.944	1.004	1.001	0.948
安徽	1.021	1.001	1.021	1.000	1.022
江西	1.004	0.968	1.004	1.000	0.972
湖南	0.996	0.957	0.993	1.003	0.953
湖北	0.995	0.833	0.997	0.999	0.830
山东	1.004	0.944	1.000	1.004	0.948
黑龙江	1.033	0.938	1.000	1.033	0.969
河北	1.010	0.998	1.009	1.002	1.008
内蒙古	1.034	0.908	1.021	1.013	0.940
新疆	0.992	0.958	1.000	0.992	0.950
辽宁	0.994	0.967	0.998	0.996	0.960
重庆	1.005	0.840	1.021	0.985	0.845
吉林	1.000	0.942	1.000	1.000	0.942
四川	0.997	0.900	0.984	1.014	0.897
全国	1.006	0.932	1.000	1.006	0.937
平均值	1.008	0.965	1.005	1.003	0.973

注：平均值为17个省份的平均数据。

表8-11显示，2004—2015年17个省份粮食补贴效率波动剧烈，2011年、2014年、2015年的Malmquist指数大于1，生产率增速分别为10.0%、0.7%和7.4%，其他年份的Malmquist指数小于1。整体来看，Malmquist指数在10年内的均值为0.973，说明自2004年以来粮食补贴政策效率整体是下降的。从引起补贴效率提高的原因看，规模效率、纯技术效率有助于补贴生产率的提升，技术水平的变化值小于1。从各指标的时序变动趋势看，纯技术效率只有2006年、2008年、2012年及2015年大于1；规模效率值较为稳定，

围绕1上下小幅波动，当规模效率大于1时，随着农业补贴规模的扩大，补贴规模因素有助于生产效率的增长；技术水平波动幅度较大，仅在2010年、2011年和2014年、2015年大于1。

表8-11　2005—2015年粮食直补Malmquist生产率指数变动

年份	综合技术效率变化	技术水平变化	纯技术效率变化	规模效率变化	Malmquist生产率指数
2005	0.970	0.932	0.966	1.005	0.904
2006	1.057	0.674	1.032	1.024	0.712
2007	0.972	0.842	0.991	0.981	0.819
2008	1.001	0.733	1.011	0.990	0.734
2009	0.985	0.959	0.982	1.002	0.944
2010	0.990	1.005	0.998	0.992	0.995
2011	0.994	1.107	0.996	0.998	1.100
2012	1.032	0.892	1.032	1.001	0.921
2013	0.987	0.968	0.996	0.990	0.955
2014	0.986	1.021	0.984	1.002	1.007
2015	1.007	1.066	1.006	1.001	1.074
均值	1.008	0.965	1.005	1.003	0.973

注：平均值为17个省份的平均数据。

（四）发达国家农业政策的优化及经验借鉴

农业农村部农业贸易促进中心研究表明，当前我国对农业部门总体支持水平为10%～15%，与加拿大（14.5%，2011）略微持平，但显著低于欧盟（22.1%，2011）、印度（23.1%，2010）、日本（32.82%，2012）及美国（35.2%，2012）。作为对农业实行支持、高保护政策的典型代表，美国、日本、欧盟等国家和地区自乌拉圭回合多边贸易谈判以来，或根据世界贸易组织（WTO）《农业协定》规定，或结合本国（地区）农业发展环境和特点，调整农业支持政策，提高农产品竞争力。形成了美国以挂钩直接补贴措施为主导的农业支持体系、日本以市场价格支持措施为主导的农业支持体系及欧盟以脱钩直接补贴措施为主导的农业支持体系的三大世界农业补贴支持模式。

1. 美国支农政策

美国在大萧条后开始加强财政支农力度，通过财政补贴和价格支持政策，形成了以挂钩直接补贴措施为主导的农业支持体系，保障国内粮食产量和农民增收。美国财政支农政策总体可以分为两个阶段，第一阶段为 1930 年代至 1995 年，该阶段政府实施了以粮食目标价格为核心的农业支持政策，即政府制定目标价格，当市场价格低于目标价格时，政府按照价差给农户进行补贴。第二阶段为 1996 年至今，1996 年美国政府对原有的《农业法》做了调整，把对价格的补贴变为对农业生产者的收入补贴，按照单产和历史面积对农民直接支付，该项政策的实施大幅降低了生产者成本，而集中化的补贴分配使大部分补贴向规模农场集中，提高其农产品在国际市场中的价格优势和竞争优势。当前，美国农业补贴金额巨大，补贴方式以“黄箱”政策为主，但近年来注重向“绿箱”政策转变。

一是 WTO 中的“黄箱”政策，主要包括价格补贴、面积补贴、营销贷款、牲畜数量补贴等政策，美国政府通过允许农业生产者用尚未收获的农产品当抵押向政府的农产品信贷部门取得贷款，用该笔贷款来维持正常的生产活动，收获后用所得收入偿还贷款；同时按照单产和历史面积对农民直接支付，目前每年金额约为 50 亿美元。二是 WTO 中的“绿箱”政策，美国政府从 1986 年实施土地休耕保护计划限制了耕地面积，同时也防止了农产品价格较大幅度下跌，保障农民权益；同时美国还重视农业投入、改善农业基础设施，实施草地保育和农业科学政策，通过量化生产力，增强农产品在国际市场上的竞争力。三是农业保险政策，美国政府为农户提供保费收入补贴，并鼓励、支持私营保险公司的发展及运营管理，在美国联邦农作物保险项目下，农民可以购买保障的农作物品种超过 100 种。四是农产品贸易政策，通过关税和配额制度、出口补贴政策和技术性贸易壁垒，加大本国农产品出口量，维护了国内农产品的市场稳定。

2. 日本支农政策

日本人均耕地少，从事农业就业人员占全社会总就业比重低，但其土地产出率和劳动生产率均位居世界前茅。自 20 世纪 50 年代以来，日本政府一直给予农业部门高度保护和巨额补贴，形成了以市场价格支持措施为主导的农业支持体系。日本农业政策的目标在于，在保障粮食安全的基础上，充分发挥农业和农村所具有的多方面功能，促进农业的可持续发展。1999 年，日本出台《粮食、农业和农村基本法》进一步调整农业政策目标，减少农业生产和流通干预，推动农业支持市场化，保障国民生活安定和国民经济稳定。

调整后的日本主要农业支持措施有：一是实施生产资料购置补贴，通过改造或建立农业基础设施，农民可获得 50％的中央财政补贴、25％的都府县补贴、25％金融机构贷款。二是实施对市场和贸易扭曲较小的“绿箱”政策。注重对农业、农村基础建设的投入，对地处山区和半山区等发展条件不利地区给予农民直接收入补贴和政策性低息贷款，鼓励小规模经营农民脱离土地，对扩大农业经营规模的农民提供补助。三是对水稻实施的限制产量计划下的收入补贴“蓝箱”政策，以市场需求为导向，调减水稻种植面积、鼓励水稻规模化和集约化种植，利用规模效应提高水稻经营效益和效率。四是突出农业多功能性和可持续发展，围绕土壤和水资源保护、生态维护、文化传承等农业多功能，给予农地水环境保护直接补贴、水土保持补贴、水田综合利用补贴、弃耕地再利用补贴、环境友好型农业补贴等，激活农村地区活力。同时，日本政府通过支持农业协会、人才培养计划、产业合作与融合等配套措施振兴农村经济。截至 2012 年，日本对农业部门总支持占农业总产值的比重始终超过 30%，农业保护和支持强度仅次于美国。

3. 欧盟支农政策

自 20 世纪 60 年代以来，欧盟所实施的共同农业政策（CAP）极大地促进了农业的发展和保护力度。1999 年，全体欧盟委员会通过对《欧盟 2000 年议程》的认同，推动农业政策的深层次改革。改革的核心在于，一方面对降价给农民造成的损失，采取直接补贴的方式，增加农民收入；另一方面，降低农产品的政府限价，为此 2000—2001 年，肉价补贴和谷物价格支持均降低了 20%，但通过直接收入补贴弥补了部分价格损失，对农民收入结合农产品产量进行直接补贴。2003 年后，欧盟在继续延续直接收入补贴代替价格补贴政策的同时，通过“单一支付计划”等一系列农业政策，推动欧盟农业补贴朝着绿化、脱钩、收入支持方向发展，促进农业市场化和长远发展。

具体而言，当前欧盟农业支持政策主要体现在：一是实施“单一支付计划”，即以面积或历史补贴额度为依据对农场进行一次性补贴，“单一支付计划”的补贴措施与环保、食品安全以及动物福利标准紧密相关，并要求农田保持良好的农业生产及环境条件，强化农村发展政策，促使农民更有市场竞争力，农业生产更具市场导向性。该项补贴政策转变了欧盟以往与农业生产挂钩的补贴方式，对农民按照市场需求自主生产提供支持，减弱了农场主对产量的关注，降低农业支持带来的供求扭曲。二是农村发展政策，欧盟各成员国根据土地的质量和区位远近对农场按面积进行补贴，对农场实施的小规模环境保护或培训项目及大型复杂项目如农村社区项目、土地管理项目等进行支持，使农场尤其是土质较差的农场获得更多的补贴。三是农业保险政策，法国的农业保险在欧盟较为发达，2005 年，法国有政府补贴的新型农业保险体系开始运作，新型保险体系实现完全的商业化运作，保费完全由商业市场决定，政府不干预保险公司经营，保险公司开展冰雹、风、霜等险种后可享受保费补贴，农户可以自愿选择投保品种，政府对多风险的作物产量保险给予 35%的保费补贴。四是注重新型农民培育，为解决农民老龄化的问题，欧盟 CAP 新一轮改革议案中提出，将 2%的直接支付专门用于支持 40 岁以下的青年农民从事农业；同时，通过优化提前退休政策改善安置年轻农民的条件，以援助改进生产者退休制度。但欧盟对青年农民素质有较高要求，如需要通过公立免费职业教育、实习等方式接受相关技术和经营等培训并取得相应证书才能从事农业。五是强化农业环境保护，欧盟对于减少杀虫剂、化肥等高耗能、高危害生产资料及退耕还林等环境友好型生产的农民进行补贴。

4. 经验借鉴与启示

(1) 对农业的补贴力度仍需加强。尽管我国不断加大对农业的财政支持力度，但与发达国家差距仍非常明显。我国农村人口基数大、通过转移支付手段支农补贴资金流通环节长，导致人均可用补贴额度低、支农资金流失较多；农业政策覆盖不全会影响农民作物种植的积极性。发达国家较高的补助标准、较广的补贴范围及通过大量使用直接补贴方式既能有效保障农民利益，提高农民积极性，又能够较好地解决资金流失问题，提高农民满意度。因此，一方面，我国应进一步加大支农补贴力度，扩大补助范围、提高补助标准；同时，通过补贴符合国家政策方针且前景较好的农业项目，并采取财政贴息等转移支付手段，拓宽农民个体或组织的融资途径，从而达到结构调整的目的；另一方面，转变支农补助方式，避免财政支农资金流通环节过长、补助资金不及时等问题。

(2) 调整“黄箱”政策，提高“绿箱”补贴水平。“保护性农业补贴”与“支持性农业补贴”是 WTO 农业协议所提到的两大补贴政策。保护性农业补贴指的是政府提供针对农产品的出口、价格或其他方式的补贴，其会导致农产品贸易、价格以及结构的扭曲，即“黄箱”政策。支持性农业补贴则指的是政府实施的转移支付与支持，尤其是在水利、环保以及科技等方面，其不会导致农产品贸易、价格以及结构的扭曲，即“绿箱”政策。无论是美国、日本还是欧盟，均能较好地利用 WTO 农业规则，在国内支持规则许可下的“黄箱”微量允许和发挥“绿箱”政策，推动本国农业发展。当前，“黄箱”政策是我国农业补贴的现状，而“绿箱”政策利用相对较少，为此，我国在用好“黄箱”政策，优先保口粮供给，支持口粮生产发展的同时，加强对“绿箱”支持，加大投入农业农村基础设施建设，大力补贴农作物和畜产品生产的技术推广、信息服务、研究投入等，同时借鉴日本经验，在生态脆弱地区拓展“蓝箱”支持；此外，变部分“黄箱”政策为“绿箱”政策，如促进粮棉流通部门实行的“黄箱”政策转变成面向农民的“绿箱”补贴。

（3）逐步将农业补贴政策法律化。美国等发达国家在农业政策实施过程中，充分利用法律条款来约束各个执行部门，同时将政策实施进行强制管控，从而有效地保护了本国农业的稳定发展。当前，我国农业支持方面的法律还不健全，政府还需要做大量的工作，在将政策细化为法律条文的同时，还应建立长效跟踪、监管以及评估制度，规定各执行部门的行为准则，执行人员有法可依，确保农业补贴资金准确到位、精准实施和最佳效果，避免政策执行过程中的不可控性及随意性。

（五）小结

十多年来，我国农业补贴政策不断改善，农业补贴力度不断增强，补贴品种稳步增加，补贴结构在持续调整和优化，但与世界发达农业经济体相比，仍存在较大差距。2004 年以来，广东财政支农力度在不断加大，补贴标准不断调整提高，但也存在补贴效率不高的问题。

1. 现行农业支持政策存在的问题

（1）补贴政策短期化。我国农业补贴政策的短期化主要体现在两个方面：一是财政补贴政策目标的短期化，二是财政补贴政策开始实施的时间不长。首先，目前，我国农业补贴政策并没有形成独立完整的政策体系，财政用于农业的补贴大多依赖于政府制定的农业经济政策，并作为相关政策的配套措施推行。由于国情复杂，农业经济环境多变，政府根据不同情况制定的农村经济政策也就不断发生变化，财政补贴政策也会随之改变。此外，部分补贴政策是为了保障农产品正常生产，稳定市场价格而出台的，具有一定的“应急性”，如生猪补贴、大棚育秧、地膜覆盖及防灾减灾补贴。其次，观察各种农业补贴的发展历程，大部分农业补贴政策的试点、出台时间都是在 2004 年以后，实施时间较短，且各年都有一定的调整，缺乏长期性，部分补贴政策仅根据财政状况或相关政策需要而“安排”财政补贴资金，缺乏规范性和长期性，农业补贴的效益低下。而且这种政策短期化也促使种粮农民行为短期化，在生产投入、耕地保护、资源节约以及生态恢复等诸多方面都有体现，严重影响农业发展。

（2）财政支农资金补贴结构不合理。一方面我国未充分使用 WTO 规则所允许的“绿箱”政策，缺少农业结构调整援助、收入安全网计划等对农户的直接支付措施。另一方面尽管我国在加入 WTO 时做出了 8.5%的“黄箱”微量免除水平的承诺，我国“黄箱”政策总量可达农业总产值的 17%，但近年来我国非特定产品“黄箱”政策空间使用比例均不足 20%，按 2013 年产值计算的未使用空间约 5 800 多亿元。因此，中央政府和各级地方政府应充分发挥补贴资金的效率、加快“绿箱”政策的制度创新、加大“黄箱”政策的投入力度。从补贴政策的结构来看，目前的补贴政策主要侧重于农资综合直补等有限的几项直接补贴政策，以及基础设施建设等一般服务项目，结构设置较为单一。

(3) 直接补贴政策效用递减，行政执行成本高。一是农业生产成本上涨削弱了补贴政策对农民增收的促进作用。客观来看，近年来广东省农业补贴确实增加了农民经营性收入，但从农业生产的成本收益来看，由于人工、农资、地租等生产成本的上涨幅度大于补贴所带来的收益，导致农业补贴政策边际效应递减，对农民的激励作用并未达到预期的效果。二是补贴政策指向不明和精准度不高大大降低了政策效果。具体而言，农资综合直补、良种补贴以实际种植面积为补贴发放依据，造成高、低产田甚至抛荒田之间单位补贴标准的无差异性；补贴资金以村民小组按承包土地进行分摊，造成实际种粮农户享受不到补贴；农业机械购置补贴范围仅限于茶叶机械、机械化育秧、插秧等机械，农产品流通设备（如保鲜冷藏设备）被排除在外，影响了农民购置的积极性。且流通环节补贴过高，造成大部分补贴利益流向消费者和粮食收购企业，降低了补贴的效率。三是补贴管理过程复杂，行政执行成本高。农业补贴种类较多，实施面广，各项补贴政策的对象、标准和发放方式不统一，且都要经过申报、核实、公示、上报、审批、发放等多个程序，涉及财政、农业、粮食、银行、保险等诸多部门，协调困难，行政运作成本高，加大了政策落实的难度，特别是关于农业信息的收集与核实，工作量大且不可控因素多，例如农户补贴面积的确定，主要的信息来源渠道仍然是村里的会计上报，而在乡镇政府、财政部门、农业部门等层层上报的过程中，大都没有做到认真有效的审核，此时由于村会计对各项补贴政策的要求缺乏深入的了解，以及逐户核实作物种植情况等条件的缺失，导致数据的真实性和可信度降低，造成播种面积与补助面积不一致，减弱了补贴政策的效果。

2. 广东财政支农政策及其效果评价

(1) 财政支持力度大，但增速相对缓慢。2004 年以来，广东省财政支农资金总量较大，2015 年，广东财政支农资金总额在泛珠三角区域仅次于四川。但相对于其对第二、第三产业的财政支出，扶持力度偏低，且不稳定。通过比较发现，2007 年以来，广东财政支农资金的年均增长幅度不仅低于其他泛珠三角省份，而且低于全国的增速，广东财政支农占财政总支出的比重也明显低于全国及泛珠三角区域平均水平，其比重仅为相邻的广西、江西、海南三地的一半左右，与全国平均水平的差距也较大。从财政支农的效果来看，广东财政支农对农业 GDP 增长的贡献率不高，在泛珠三角区域中是最低的。因此，广东财政支农的总体规模虽大，但动力不足。

(2) 粮食补贴效率总体提升，但仍待改善。2004—2015 年广东粮食补贴效率波动剧烈，但 2009 年以来，补贴效率有明显提升，这主要是技术效率提高引起的，规模效率和技术进步效率对全要素生产率提升的贡献相对较小。研究发现，广东、江西、安徽等 7 个省份数值小于 1，说明这些地区没有达到最优补贴规模状态；从纯技术效率看，广东、河北、福建等 13 个省份的纯技术效率指数大于或等于 1，即在补贴分配、发放的过程中，绝大多数地区都采取了合理的制度改善措施降低操作成本和资金漏损。按照补贴政策效率分类，广东粮食补贴效率在短期内容易改善。因此，虽然广东粮食补贴效率在提升，但从长远来看，提高适度规模经营和改进技术水平是效率进一步提升的发力点。

九、竞争力导向的广东农业支持政策体系构建

从发达国家的发展经验来看，提升本国农产品竞争力是其农业支持保护政策的基本目标。长期以来，我国农业支持政策是以增加产出，满足产品供给为基本导向，如粮食直补、良种补贴、农资综合补贴等，但事实证明，这种支持政策已严重偏离最初的出发点，农产品竞争力不升反降。从近年来广东农业生产发展的状况来看，农业生产成本大幅增加，比较收益大幅下降，主要农产品生产效率不高等问题，导致区域农产品竞争力呈现出下降趋势。因此，在农业供给侧改革和中国进入特色社会主义新时代的背景下，广东农业支持政策改革和完善的主要方向应当是以提升农业竞争力为导向，以保障农产品有效供给和实现农民增收为目标。

（一）当前广东农业生产的优势与不足

通过前文分析，可以梳理出当前广东农业发展的优势产业及存在的问题，从而为有针对性地提出农业支持政策提供参考。

1. 农业优势产业分析

（1）优势经济作物。广东虽不是全国粮食作物的主产省份，但依托良好的气候条件和地理位置优势，广东成为花生、甘蔗、蔬菜和水果等经济作物的生产大省，具有一定的规模优势和产量优势。

2016 年，广东农作物播种面积占全国农作物播种总面积的比重为 2.90%，在全国 31 个省（自治区、直辖市）中排名第 17 位。因此，播种结构的优化利用是提升广东农作物产品竞争力的现实基础。2016 年广东稻谷播种面积占农作物播种面积的比重最大，其次是蔬菜，花生、薯类以及甘蔗的播种面积也较大，这五类农作物播种面积占广东农作物播种总面积的比重达 90%以上（见表 9－1）。从主要农作物产品的省域比较优势来看，广东花生资源禀赋优势和区位商优势在泛珠三角地区排名第一，综合比较优势在全国排名第三，是全国第五大花生出口省份；甘蔗和水果综合比较优势在全国排名第四，虽然甘蔗比较优势在弱化，但广东仍然是全国四大甘蔗主产省份之一，食糖出口量居全国

首位，具有其他非主产省份无法比拟的优势；蔬菜综合比较优势在全国排名第五。因此，总体而言，花生、水果、蔬菜、甘蔗等经济农作物产品是广东优势农业产业，在全国具有一定的竞争力。

表 9-1　2016 年广东主要农作物播种面积及产量情况

农作物	播种面积（千公顷）	占全省的比重	产量（万吨）	占全国的比重
稻谷	1 888.6	39.09%	1 170.76	5.25%
薯类	351.06	7.27%	167.21	4.98%
花生	369.02	7.64%	111.93	6.47%
蔬菜	1 414.84	29.29%	3 569.12	4.46%
甘蔗	161.86	3.35%	1 479.29	13.00%
水果	1 130.59	—	1 717.01	6.06%

注：因为水果种植包含果园种植，因此未将其与全省农作物播种面积作比较。

资料来源：根据 2017 年《中国统计年鉴》整理。

(2) 水产品产业。广东是仅次于山东的全国第二大水产品生产、出口省份。从养殖面积来看，无论是淡水养殖还是海水养殖，广东均没有优势，但凭借单产上的优势使广东水产品产量在全国占有重要地位。2000 年以来，广东水产品产量占全国水产品总产量的比重曾一度高达 15%以上，近年来下降到约 13%。20 世纪 90 年代，水产品是广东出口创汇的主要农产品之一；进入 2000 年以来，水产品成为了广东为数不多的净出口且具备较强国际竞争力的农产品之一；2013 年以来，水产品出口额占广东农产品出口总额的比重保持在 17%以上，是广东第一大出口农产品；2016 年，广东水产品出口额占全国水产品出口总额的比重为 12.38%，是全国第四大水产品出口省份①。因此，水产品是广东农产品中竞争优势较强的农产品。

(3) 农产品加工业。广东作为对外开放的第一大省，工业基础相对雄厚。广东农产品加工业以先进的工业化水平为依托，具有较强的行业竞争力。2015 年，广东食品工业总产值为 6 822.43 亿元，占广东工业总产值和全国食品工业总产值的比重分别为 5.04%和 12.06%②；2016 年广东食品工业增加值占制造业增加值的比重为 6.37%。广东食品工业中，食品制造业产值规模最大，其次是农副食品加工业。根据广东省统计局数据显示，2016 年，食品制造业和农副产品加工业增加值占广东食品工业增加值的比重分别 39.03%和

① 根据海关信息网数据计算，前三大出口省份分别为福建（27.67%）、山东（24.89%）和辽宁（15.21%）。

② 根据 2016 年《中国食品工业年鉴》数据整理计算。

23.98%；饮料行业、烟草行业所占比重分别为19.58%和17.41%。从全国来看，广东农产品加工业销售总产值位居全国前列，特别是食品制造业和饮料制造业在全国具有较强的竞争优势。受农业原材料生产规模及劳动力成本大幅增加的限制，近年来广东农副产品加工业正在向周边省份转移，农副产品增加值占食品工业增加值的比重在下降。

2. 面临的主要问题与不足

（1）粮食刚性需求大与生产不足的矛盾长期并存。广东不是全国粮食的主产省份，但却是全国最主要的粮食消费大省之一。改革开放以来，广东粮食播种面积从1978年的7 603.47万亩减少到2016年的3 764万亩，占全国粮食播种面积的比重也从4.20%下降到2.22%；同期，粮食产量占全国粮食总产量的比重从4.95%下降到2.21%[①]。作为全国最大的人口大省和粮食消费大省，2015年，广东常住人口占全国人口总数的比重为7.89%，粮食消费量为4 284万吨，占全国粮食消费总量的比重约为6.6%。从产销比来看，广东粮食产量不到消费量的1/3。目前，广东粮食除了部分实现自给外，其余均来自其他省份或者从国外进口。受土地资源的约束，广东粮食播种面积增加和产量增长的潜力较小，但粮食需求却呈刚性增长。因此，从广东粮食未来发展的趋势来看，刚性需求大于生产不足的矛盾将长期并存。

（2）农业生产成本大幅上涨，生产效益下降。生产效益反映了农业生产中成本与收入之间的关系，是衡量农产品区域竞争力的关键指标之一。2000年以来，广东主要农产品生产成本大幅上涨，净利润大幅压缩。2000—2016年，广东主要农作物产品的生产成本年均增长率约为8%，利润的年均增长率则相对较低，在6%左右。2015年，每亩水稻和甘蔗的净利润为负值。在农产品的成本构成中，包含物质与服务费用、人工成本的生产成本大幅上涨直接导致广东农产品生产总成本的大幅上涨，其中农作物人工成本的年均增长率在10%以上。农业生产成本的居高不下，导致部分农产品生产总成本明显高于全国平均水平。2015年，广东柑和橘、水稻、甘蔗的生产成本分别比全国平均水平高出118%、12.78%和4.49%。总体来看，蔬菜、水果、花生以及生猪的生产成本高，净利润也高；稻谷、甘蔗等农产品生产成本高，净利润低。

（3）农业科技生产效率动力不足。广东农业科技竞争力较强，但科技与农业的衔接度及对农业生产效率的推动作用有待进一步提高。2001年以来，广东主要农产品的生产效率在波动中提升，在全国具有一定的比较优势，但面临的主要问题是生产效率提升的动力不足制约了效率优势的发挥。从具体农产品

① 根据广东统计信息网、中国统计局网站数据计算整理。

品种来看，水稻、蔬菜、水果以及畜禽产品的全要素生产率呈正增长态势，生产效率在提升，而花生和甘蔗全要素增长率由正转负，生产率水平在下降。通过省域分析比较可知，广东水果中的柑和橘的全要素生产率增长幅度较大，具备一定的生产效率水平；黄瓜全要素生产率水平较高，生产率增长率由负转正，增长动力较强，而茄子和西红柿全要素生产率增长率为负数，增长动力不足；水稻、肉鸡和生猪的全要素生产率也在提升，但与其他主产地相比，仍存在动力不足的问题。增长动力不足的原因，主要是技术效率水平偏低的缘故。目前，广东农业生产的总体效率状况是技术进步效率在提升，规模效率相对固化，技术效率相对较低。因此，广东未来农业科技发展应当把提升科技效率水平作为着力点，进而提升农业科技生产效率。

（4）农业支持政策结构有待进一步完善。从目前的补贴结构来看，补贴政策主要侧重于粮食直补、良种补贴、农资综合直接补贴等几项有限的直接补贴政策以及基础设施建设等一般服务项目，结构设置较为单一。这种政策结构限制了“绿箱”措施制度创新的可能性、削弱了其对农户和生产经营者的激励作用。从广东现行粮食和生猪补贴的政策实施效果来看，补贴政策对水稻和生猪的生产效率，尤其是技术进步效率起到了一定的提升作用，但对规模效率和技术效率的作用不明显。因此，这也反映出现行的农业支持政策对广东农业适度规模经营和技术效率提升的作用不大。提升农产品竞争力是保障粮食安全和提高农民、生产经营者收入的关键所在。当前，广东粮食、畜牧产品等农产品在全国的竞争力较弱，而具有一定竞争优势的花生、蔬菜、水果、甘蔗等农作物产品的竞争力也在弱化，因此，急需从提升竞争力的角度，重构广东农业支持政策体系。

（二）广东农业竞争力提升的基本方向

广东农业支持政策体系构建于全国农业支持政策体系的基础之上，是广东工业化、城镇化、农业现代化发展的客观需要。结合党的十九大、乡村振兴战略及广东农业竞争力发展的现状，本研究对广东农业竞争力提升的基本方向进行了分析和阐述。

1. 以乡村振兴战略为竞争力提升的总体方略

党的十九大报告明确提出了要实施乡村振兴战略，要坚持农业农村优先发展，这是我国首次把解决好“三农”问题上升到战略高度。2018 年中央 1 号文件把实施乡村振兴战略定性为决胜全面建成小康社会、全面建设社会主义现代化国家的重大历史任务和新时代“三农”工作的总抓手。因此，要把实施好乡村振兴战略作为广东新型农业支持政策构建和竞争力提升的基本指向。

（1）坚持“质量兴农、效益兴农、绿色兴农”的发展理念。完善农业支持保护制度是推进体制机制创新，强化乡村振兴制度性供给的重要组成部分，必须要以提升农业质量效益和竞争力为目标，强化绿色生态导向，创新完善政策工具和手段，扩大“绿箱”政策的实施范围和规模，加快建立新型农业支持保护政策体系[①]。当前，广东农业发展的突出矛盾是农产品质量不高与大众对高质量农产品的巨大需求存在矛盾，农业生产效益不高与农民增收的迫切愿望存在矛盾，农业生态环境破坏与绿色可持续的发展环境存在矛盾。新时期广东农业的发展应当坚持质量、效益、绿色的发展理念，并将其贯彻落实到农业供给侧结构性改革和产业转型升级之中。

（2）发挥比较优势，培育新动能。作为我国经济最发达的省份，2017年广东GDP连续第29年位居全国第一，城镇化率接近70%。与快速发展的工业化和城镇化相比，农业发展速度相对缓慢，农业仍然是广东经济发展的薄弱环节；与其他省份相比，近年来广东农业比较优势逐渐弱化，相关产业大而不强，强而缺乏品牌特色的问题较为突出，提高农业创新、竞争力和全要素生产率尤为必要。从农业产业的发展来看，产业兴旺是乡村振兴的重点，必须要以农业供给侧结构性改革为主线，充分利用广东工业和服务业发达的优势，大力推进一二三产业融合发展。构建广东以竞争力为导向的农业支持政策，要以乡村振兴战略为指导和总体方略，着力进行体制机制创新，培育农业农村发展新动能。

2. 以现代农业科技和新型经营主体为基本支撑

（1）强化现代农业科技和技术装备的主导作用。农业科技进步和创新是农业生产发展的不竭动力，是推动农业现代化发展的关键。虽然广东农业科技在全国的竞争力较强，但农业科技资源协同攻关不足，农业科研与转化应用、“产学研”一体化脱节，科技成果转化率偏低等问题仍然制约了农业科技的进一步发展。根据广东省农业厅数据显示，2017年广东农业科技贡献率为67%，但科技成果转化率仅为50%。在农业技术装备上，适宜丘陵山区的多功能中小型农机具和适宜设施农业装备的配套机具的创新和研发较少，不利于山区小规模农业机械化水平的提升。因此，强化广东农业科技的支撑作用，就必须着力破解制约农业科技创新发展的突出问题，补齐农业科技发展短板，突出科技创新体系、成果转化体系和农技推广服务体系三大体系建设，充分发挥企业在创新决策、科研组织、研发投入、成果转化等方面的主体作用，

① 2018年中央1号文件。

加大政策、投入等支持保障力度，为加快农业科技创新营造良好条件和环境。

（2）加快培育新型农业经营主体，引领现代农业发展。作为农业供给侧结构性改革的核心主体和实现农业现代化的主导力量，新型农业经营主体日益发展成为农业农村发展的重要支撑。2017 年 5 月，中共中央办公厅、国务院办公厅印发了《关于加快构建体系培育新型农业经营主体的意见》，提出要发挥政策对新型农业经营主体发展的引导作用，要建立健全支持新型农业经营主体发展的政策体系。目前，我国新型农业经营主体尚处在培育阶段，其作用有待进一步发挥。为加快新型农业经营主体的培育，一方面要大力支持农业企业尤其是省级农业龙头企业的发展，加快推进龙头企业培优工程的建设；另一方面，要大力支持行业协会和专业合作社的发展，重点在产品加工、流通和社会化服务等环节予以支持。此外，要持续推进新型职业农民培训工作，创新考核机制，建立起新型职业农民作用发挥与农业支持政策挂钩的新型职业农民扶持政策。

3. 以重点产品和重点专项为关键突破口

（1）培育重点产品，打造重点品牌。从重点产品来看，主要分为两类：一是关系到粮食安全的农产品，包括作为口粮消费的水稻和生猪、肉禽等肉类产品，以及既可以作为粮食消费又可以饲料化的薯类，这两大类农产品应该作为影响广东居民正常生活及宏观经济健康运行的重点支持农产品；二是具有区域竞争优势、特色优势的农产品，包括花生、蔬菜、水果、甘蔗等广东具备区域竞争力的经济农作物，其中岭南特色水果、岭南红茶、南药、盆栽花卉、特色水产等广东特色农业产业应当做大做强，并进行合理的区域布局和规划，以避免同质化和多而不强的局面。此外，还应当鼓励地方特色农产品创立品牌，形成一批竞争力强的地理标志农产品。

（2）定位重点专项，构筑产业平台。2017 年中央 1 号文件指出，"鼓励地方统筹使用高标准农田建设、农业综合开发、现代农业生产发展等相关项目资金，集中建设产业园基础设施和配套服务体系。"近年来，广东省正着力打造一批以现代农业产业园区建设、新型经营组织培育和基础设施建设为主导的农业重点专项项目。通过农业重点专项项目的实施，有利于集聚现代生产要素和发挥技术集成、产业融合、创业平台、核心辐射等功能作用。广东应当发挥工商资本发达的优势，加快推进现代农业产业园区建设，在此基础上打造一批都市观光休闲农业、农业公园、农产品加工物流园等新产业、新业态，与此同时，推进农业支持政策在现代农业产业园先行先试，使现代农业产业园成为广东农村产业兴旺的突破口。

（三）加强和完善农业支持政策的建议

发挥农产品比较优势，提高农业综合效益和竞争力，加快培育农业农村发展新动能，以竞争力为导向，以增加农民收入，保障产品有效供给为目标，是当前和今后一段时期我国农业政策改革和完善的主要方向。2017 年中央 1 号文件明确提出，要推进农业供给侧结构性改革，以体制改革和机制创新为根本途径，优化产品产业结构，着力推进农业提质增效。农业提质增效的关键在于提高农产品竞争力，其中农业要素禀赋结构是农业支持政策改革的基础。党的十九大明确提出农业农村优先发展，并提出了“乡村振兴”战略。当前，广东农业要素禀赋结构的变化是农业劳动力逐步减少，农用地大幅缩减后的相对固化，而农业资本投入机制和科技进步水平亟待提高。因此，本研究将主要从培育农业产业和农产品竞争力的角度，探索构建广东新型农业支持政策的新思路、新途径。

1. 完善和优化农业直接补贴措施

农业直接补贴主要涉及粮食直补、良种补贴、农资综合补贴在内的农业支持保护补贴以及养殖业补贴和农业保险保费补贴。农业直接补贴是一种最直接的农业补贴方式，对促进增产和增收具有一定的效果，但由于其属于黄箱政策的内容受 WTO 农业国内支持规则的限制。因此，在国家农业直接补贴政策的基础上，广东要立足省情，完善和优化区域农业直接补贴措施，以促进农业增效、农民增收。

（1）建立精准补贴的补贴机制。所谓精准补贴，就是要使补贴的对象、资金、品种、措施精准。目前主要是要加大对农业实际生产者和实际生产面积的精准补贴力度。2016 年 10 月，按照农业农村部、财政部的要求，广东省农业厅、财政厅、农垦总局联合下发了《广东省全面推行“三项补贴”改革工作实施方案》，将原来的“三项补贴”调整为农业支持保护补贴，政策目标也调整为支持耕地地力保护和粮食适度规模经营。从具体实施标准来看，是以土地承包确权登记颁证面积为基础，对已改变用途、长年抛荒地、占补平衡中“补”的面积和质量达不到耕地条件的耕地等不予补贴；补贴资金按照中央下达的年度补贴总量和核准的补贴面积予以发放。可见，广东农业支持保护补贴的标准仍是建立在耕地面积和中央补贴总量的基础上的，农业生产经营的实际补贴对象、不予补贴耕地的具体划定和实施准则等问题并没有从根本上解决，政策缺乏明确的指向性和操作的灵活性。因此，在广东农业生产尤其是粮食生产弱质化、农业生产环境恶化、粮食生产比较效益日趋降低、土地撂荒抛荒现象没有得到有效缓解的情况下，广东应当在国家农业支持保护补贴政策的基础上，建立起对粮食实际生产者、实际种植面积以及优质稻米生产经营者的支持保护体制。从具体措施来看，要充分利用农村土地承包经营权确权登记颁证的成果，建立和完善与土地承包面积相关的农村三资平台，加强对土地承包经营的监管。一是通过建立地方农业土地生产监测网络，对粮食实际种植面积给予监测并对土地撂荒抛荒的土地承包经营者不予以补贴，撂荒抛荒3年以上者，其所承包和经营的土地由当地集体收回；二是通过建立地方政府监管下的土地流转服务平台，引导农户转变传统的口头协议式的流转方式并建立实际生产经营者的生产信息数据库，建立起对粮食实际生产经营者的补贴机制。

（2）加大扶持力度，培育和发展新型农业经营主体。新型农业经营主体是广东农业农村改革发展的重要推动力量，也是农业先进生产力的代表，对农业提质增效发挥着重要作用。目前，我国正在着力培育新型农业经营主体。2017年5月，中共中央办公厅、国务院办公厅联合印发的《关于加快构建政策体系培育新型农业经营主体的意见》提出，建立健全支持新型农业经营主体发展政策体系，其中包括完善财政税收政策，加强基础设施建设，改善金融信贷服务，扩大保险支持范围，鼓励拓展营销市场，支持人才培养引进等6项举措，重点在金融、保险和用地方面加大政策力度。因此，广东在积极响应国家政策的同时，要做到以下几点：一是要科学界定农业新型主体的范围，一般而言，新型农业经营主体指的是在家庭承包经营制度下，经营规模大、集约化程度高、市场竞争力强的农业经营组织和有文化、懂技术、会经营的职业农民①，包括专业大户、家庭农场、农民合作社、龙头企业、经营性农业服务组织、农业产业化联合体等；二是要加快构建和实施《关于加快构建政策体系培育新型农业经营主体的实施意见》，为广东培育和发展新型农业经营主体提供政策导向和支撑，支持的重点同样是在金融、保险和用地3个方面。在补贴政策方面，农业补贴资金向新型农业经营主体倾斜，细化和落实种地保险赔偿费用补贴、自愿让出土地费用补贴、牲畜养殖废弃物处理补贴以及有机化肥使用补贴，支持农户以土地入股的形式参与农业生产经营，提高新型农业经营主体在改善农业生产环境和提高产品质量等方面对普通农户的辐射、带动效应。

2. 建立对重点区域、重点产品的专项补贴政策

建立重点区域和重点产品专项补贴政策的目的旨在促进区域优势农产品整合，提升农产品生产效率和竞争力。在重点区域和重点产品的选取上，可以广东省“粮食生产功能区和重要农产品保护区”划定试点为基础，对粮食和优势

---

① 《浙江省人民政府办公厅关于大力培育新型农业经营主体的意见》，（浙政办发〔2012〕73号）。

特色农产品给予专项补贴。

（1）优质粮食生产区专项补贴。一方面，要针对粮食生产的重要性，落实好粮食生产的普惠性补贴；另一方面，要建立起对优质水稻生产区的转型补贴。从水稻种植的地域分布来看，广东水稻生产主要集中在粤西和粤北地区，其中茂名、湛江、梅州、肇庆和江门的稻谷产量约占全省稻谷总产量的一半；从市场需求来看，市场主要分布在珠三角地区，需求缺口大的产品主要是优质大米，因此，应建立水稻重点种植区域与质量、单产水平挂钩的专项补贴，而非传统的种粮大县补贴。建议在中央财政补贴的基础上，对优质水稻生产区的生产主体进行省级财政补贴，与已有的农业支持保护补贴相配套，以提高市场粮食生产的质量并增加供应量。

（2）特色农产品专项补贴。目前，具备广东特色的农产品包括七大类 30 个品种，分布在不同的生产区域。通过结合扶持地方特色农业产业发展的政策，打造“一村一品”“一县一业”的特色农业产业发展格局，促进一二三产业融合发展。在区域和品种的选择上，建议大力扶持资源优势突出、区域特色明显、市场发展前景好、示范带动作用强的特色产业和产品，拓展产业链，提升价值链，促进广东农业农村新产业、新业态发展。

（3）优势农产品专项补贴。近年来，广东具备比较优势的农产品，如稻谷、木薯、蔬菜、甘蔗、水果、水产品的生产效率在不断提高，但优势农产品的技术效率水平不高导致生产效率提升的动力不足，比较优势难以有效发挥。目前，广东农业补贴产品主要是国家规定的稻谷、马铃薯等粮食类产品，具备比较优势的木薯、花生、甘蔗、蔬菜等市场需求大的农产品补贴力度小或者没有补贴，不利于缓解市场供需紧张的矛盾。因此，建议设立优势农产品专项补贴，加强对优势农产品生产和流通薄弱环节的支持力度。

3. 强化一般性服务支持政策的引导作用

农业生产一般性服务政策是实现农业可持续发展、提升农产品竞争力的具有长期效应的政策。发达国家增强农业竞争力的普遍做法是加强农业一般服务的支持[①]。广东农业一般服务支持主要是从农业综合开发、农业科技创新和推广以及农业社会化服务 3 个方面着手。

（1）建设农业综合开发平台，引导多方共建田园综合体。广东地少人多，尤其是粤东和粤北地区人均耕地面积少，土地细碎化问题严重。土地确权颁证后，解决了农户承包地“四至不清”的问题，明确了承包地面积。党的十九大报告明确指出，“保持土地承包关系稳定并长久不变，第二轮土地承包到期后

① 叶兴庆，《我国农业支持政策转型——从增产导向到竞争力导向》。

再延长三十年”。因此，土地确权和土地承包关系的长久不变，有利于加快农村土地市场要素的流动，在某种程度上有利于政府和农业生产经营者对农户承包地进行农田开发和改造。农业综合开发的重点和主业是建设高标准农田，这既是贯彻落实藏粮于地、藏粮于技的战略要求，也是农业供给侧结构性改革中加强农业基础设施建设的需要。建议在土地确权的基础上，以粮食主产区和产粮大县为重点，资金和项目重点向高标准农田建设难度大的地区倾斜。坚持以田园综合体建设作为农业综合开发的突破口。在资金投入上，要继续推进创新投融资模式，结合中央财政资金和省级财政资金，充分利用广东工商资本发达的优势，加强对与优势产业相配套的农田水利基础设施建设的投入力度，适度鼓励工商资本参与其中，实施政府引导，小农户、新型农业经营主体、社会资本等多方责任共担、利益共享的发展机制并积极开展项目评估，建立以绩效结果为导向的资金分配方案；在产业发展模式上，优先支持地方主导特色产业的发展，以项目为引导，支持新型农业经营主体发展农业优势特色产业，逐步形成以产业为导向的农业综合开发新模式。

（2）完善农业技术推广体系，加快农业科技成果转化。农业科技创新和推广是农业持续发展的不竭动力。改革开放以来，广东农业发展面临的资源约束逐步加大，农业产出远不能满足正常的生产和消费，已从农业生产大省转变成农产品主销大省，农业生产必须向效率型转变。为此，应充分发挥广东农业科技的资源优势和竞争力优势，加大农业科技创新和推广的力度，构建现代农业发展的科技创新体系，加快农业科技成果的市场转化。建议以市场为导向，设立专项资金，支持具备竞争优势的广东特色农产品科技创新和推广应用，从而加快培育农产品科技竞争优势。针对广东农业科技资源主要集中在珠三角地区及县级农业推广体系不完善的问题，建议建立起珠三角地区与其他地市的农业科技资源共享机制，优先保障粤东西北地区的农业人才和农技资金供应。此外，应加大对农民自主创新的重视和支持，鼓励科技示范户发挥带头作用，探索建立小农户、新型农业经营主体、农业科研机构、农业高校广泛参与的现代农业技术推广联合体并转变传统的“研发为主”策略，建立以市场需求为导向的农业技术研发体系，重视来自农业生产一线的技术需求信息，具有针对性地进行研发改进与推广应用，从而加快农业科技成果转化。

（3）构建新型农业社会化服务体系，服务现代农业发展。农业社会化服务是当前发展现代农业的一大特征和趋势。建立健全完善的农业社会化服务体系是现代农业的重要支撑。广东农业社会化服务支持政策体系的建立，要强化统筹，鼓励多元主体参与，充分调动各类市场主体的积极性和主动性。在国家大力实施“乡村振兴”战略的背景下，通过政府购买服务、定向委托、实施项目等形式，积极引导社会资本参与农业社会化服务。针对市场上农业社会化服务的主体多、规模小、服务能力和针对性不强的问题，要加大对市场农业服务企业的资源整合力度，加强新型农业社会化服务组织的培育力度。一是要加大对新型农业经营主体的扶持力度，逐步加大财政扶持补贴专项资金规模；二是要完善农村信息服务，加快建立农业全产业链的社会化服务体系，打造广东农产品电商网络服务平台，推进农业产供销一体化发展。此外，在农业综合开发的基础上，加强对农业社会化服务基础设施建设的支持力度，不断提高农业社会化服务组织的服务能力和水平。

4. 建立和健全现代农业金融支持体系

2018 年中央 1 号文件提出，要开拓投融资渠道，强化乡村振兴投入保障，加快形成财政有限保障、金融重点倾斜、社会积极参与的多元投入格局。广东工商资本发达，但与其他农业大省相比，农业领域投资相对不足，农业投融资机制仍需创新并完善。因此，亟待建立和健全现代农业金融支持体系，为广东农业提质增效及实施乡村振兴战略提供资金保障。

（1）构筑资金保障平台，创新农业发展投融资体系。2017 年 11 月，由广东省政府设立的广东省农业供给侧结构性改革基金组建方案正式实施。该基金方案落实了基金出资人、出资比例，基金运转的前期准备工作基本完成，但尚需完善基金的运行、管理机制。建议以项目为引导，以服务农业供给侧结构性改革和乡村振兴为宗旨，加快融资产业和地市子基金的建设进度。在基金的社会出资人方面，明确中国农业银行、中国邮政储蓄银行、农村商业银行等银行的职责定位，选取优质社会资金尤其是农业龙头企业资金的注入，以辐射带动地方特色产业做大做强；在项目投资上，要注重选取广东优质粮食、优势农产品、特色农产品等生产项目，集中打造地方特色优势产业集群；在项目的考核上，要科学合理制定项目投资考核评估办法，引导更多资源配置到农村经济社会发展的重点领域和薄弱环节，服务乡村振兴战略的发展。

（2）完善农业保险体系，加大对粮食和优势农产品的保险补贴力度。农业保险是财政支农的重要手段，对转移和分散农业经营风险，保障农民收入发挥着巨大作用。一方面，广东是我国农业自然灾害频发的省份，农业灾害多、分布广，台风、暴雨、洪涝等气象灾害发生的频率高、强度大。虽然 2014 年以来，广东农作物受灾面积占农作物播种总面积的比重呈逐年下降的趋势，但该比重仍然高达 15%以上（2016 年为 15.47%），渔业受灾面积占全国渔业受灾总面积的比重大，约为 7%，2016 年广东渔业受灾面积占养殖面积的比重为 13.42%；另一方面，频繁的自然灾害不利于粮食生产。党的十九大提出，要确保国家粮食安全，把中国人的饭碗牢牢端在自己手中。广东虽然不是粮食的主产省份，但粮食生产的气候适宜、耕地质量是全国所有省份中最好的，与此同时，粮食生产也是受自然灾害影响最大的省份之一。目前，广东已建立并正式实施的包括中央财政补贴在内的四级财政补贴的险种有 9 个，涉及水稻、森林、能繁母猪、育肥猪、玉米、马铃薯、花生、甘蔗、奶牛；2016 年，香蕉、荔枝、龙眼和木瓜这四大岭南特色水果也被列入政策性农业保险范围。尽管如此，广东农业保险险种数量与其他省份相比仍显不足，对高效设施农业、地方特色农产品的保险覆盖仍需加强，因此，应进一步建立和完善政府巨灾风险准备金与商业再保险相结合的机制，逐步建立起针对部分蔬菜和水果等农产品的目标价格保险。在农业保险信息方面，应构建省级农业保险信息网络服务平台，为农业生产经营者提供农业保险网络化、便捷化服务。

参 考 文 献

波特，1996. 国家竞争优势［M］. 台北：天下文化出版社.

毕洁颖，聂凤英，2010. 英国农业补贴政策研究［J］. 世界农业（5）：29－32.

蔡昉，1994. 比较优势与农业发展政策［J］. 经济研究（6）：33－40.

蔡昉，王德文，2002. 比较优势差异、变化及其对地区差距的影响［J］. 中国社会科学（5）：41－54.

曹帅，林海，曹慧，2012. 中国农业补贴政策变动趋势及其影响分析［J］. 公共管理学报（4）：55－63.

曹晓会，2015. 山东省黄瓜种植成本收益研究［D］. 泰安：山东农业大学.

陈恭军，袁亮，刘莹，2007. 江苏省区域农业竞争力的因子分析研究［J］. 当代经济（18）：94－95.

陈俭，布娲鹣·阿布拉，陈彤，2014. 中国与中亚五国农产品贸易模式研究［J］. 国际贸易问题（4）：78－89.

程国强，2011. 中国农业补贴制度设计与政策选择［M］. 北京：中国发展出版社.

丁存振，肖海峰，2018. 中国与中亚西亚经济走廊国家农产品贸易特征分析——基于“一带一路”战略背景［J］. 经济问题探索（6）：112－122.

顾和军，2008. 农业税减免、粮食直接补贴政策对我国主要农产品国际竞争力的影响［J］. 国际贸易问题（8）：42－48.

国家经济体制改革委员会经济体制改革研究院，中国人民大学，深圳综合开发研究院联合研究组，1997. 中国国际竞争力研究报告（1996）［M］. 北京：中国人民大学出版社.

方秋爽，沈月琴，张晓敏，等，2017. 国内外农业补贴政策研究［J］. 世界农业（1）：82－86.

侯彦明，郭振，2016. 农业竞争力评价方法及实证［J］. 统计与决策（12）：59－61.

胡跃，2012. 基于主成分分析法的浙江农产品出口竞争力研究［J］. 生产力研究（12）：48－50.

胡小平，涂文涛，2003. 中美两国小麦市场竞争力比较分析［J］. 管理世界（9）：89－94.

黄季焜，马恒运，2000. 中国主要农产品生产成本与主要国际竞争者的比较［J］. 中国农村经济（5）：17－21.

黄祖辉，王鑫鑫，宋海英，2010. 浙江省农产品国际竞争力的影响因素——基于双钻石模型的对比分析［J］. 浙江社会科学（9）：19－27.

江六一，李停，雷勋平，2016. 结构优化视角下我国农产品国际竞争力提升机理及对策研究［J］. 管理世界（5）：170－171.

金碚，1996. 产业国际竞争力研究［J］. 经济研究（11）：39－44＋59.

靖飞，2008. 中国肉类产品显示比较优势变动实证分析［J］. 中国食物与营养（11）：28－32.

李大胜，耿静超，庄丽娟，等，2004. 广东农产品出口贸易及其国际竞争力的研究［J］. 南方经济（9）：41－44.

李登旺，仇焕广，吕亚荣，等，2015. 欧美农业补贴政策改革的新动态及其对我国的启示［J］. 中国软科学（8）：12－21.

李谷成，郭伦，高雪，2018. 劳动力成本上升对我国农产品国际竞争力的影响［J］. 湖南农业大学学报（社会科学版）（5）：1－10.

李兰英，万超伟，李浪，等，2013. 基于灰色关联的柑橘市场竞争力影响因素分析：以浙江省为例［J］. 林业经济（11）：65－69.

李莉，2015. 蔬菜种植成本收益研究［D］. 泰安：山东农业大学.

李勤昌，高琪，2013. 金砖五国农产品国际竞争力比较分析［J］. 东北财经大学学报（6）：74－82.

李豫新，李婷，2011. 中国新疆与中亚五国农业国际竞争力实证分析［J］. 农业技术经济（10）：121－128.

厉为民，1991. 我国农业的国际竞争力［J］. 科学对社会的影响（1）：12－22.

连耀山，2012. 闽台农产品贸易的竞争力分析及策略研究［J］. 中国农业资源与区划（5）：77－83.

梁謇，2013. 农业补贴政策效应的经济学分析［J］. 北方论丛（6）：154－158.

廖程胜，廖良美，2016. 我国农产品出口竞争力实证分析及对策研究［J］. 北方园艺（16）：182－187.

刘林青，周潞，2011. 比较优势、FDI与中国农产品产业国际竞争力：基于全球价值链背景下的思考［J］. 国际贸易问题（12）：39－54.

刘雪芬，杨志海，王雅鹏，2013. 我国水禽产业竞争力的特点和影响因素与提升路径［J］. 农业现代化研究（3）：308－312.

马爱慧，张安录，2012. 农业补贴政策效果评价与优化［J］. 华中农业大学学报（社会科学版）（3）：33－37.

马国瑞，2015. 中国主要水果种植成本收益比较研究［D］. 泰安：山东农业大学.

马丽荣，王恒炜，2014. 甘肃省主要油料作物比较优势分析［J］. 中国农业资源与区划，35（5）：8－12.

毛凤霞，冯宗宪，2007. 新贸易格局下我国农产品竞争力研究［J］. 国际贸易问题（6）：45－49.

茅锐，张斌，2013. 中国的出口竞争力：事实、原因与变化趋势［J］. 世界经济，36（12）：3－28.

毛世平，龚雅婷，刘福江，2017. 英国农业补贴政策及对我国的启示［J］. 农业现代化研究（1）：32－37.

彭超，潘苏文，段志煌，2012. 美国农业补贴政策改革的趋势：2012年美国农业法案动向、诱因及其影响［J］. 农业经济问题（11）：104－109.

齐城，2008. 中国粮食比较优势与政策支持水平实证分析 [J]. 中国农村经济 (12)：42-49.

钱加荣，赵芝俊，2015. 现行模式下我国农业补贴政策的作用机制及其对粮食生产的影响 [J]. 农业技术经济 (10)：42-47.

乔娟，张宏升，2004. 论农业产业带建设与提升农产品竞争力 [J]. 农业经济问题 (12)：35-38.

屈小博，霍学喜，2007. 我国农产品出口结构与竞争力的实证分析 [J]. 国际贸易问题 (3)：9-15.

石琦，阮建青，潘伟光，2015. 加入WTO后中国主要油料比较优势与政策支持水平变化趋势分析 [J]. 中国农村经济 (5)：58-69.

帅传敏，程国强，张金隆，2003. 中国农产品国际竞争力的估计 [J]. 管理世界 (1)：97-112.

谭砚文，曾华盛，2015. 美国农业目标价格补贴政策的演变及对中国的启示 [J]. 农村经济 (9)：125-129.

王福重，朱丽丽，2006. 我国农产品比较优势的CATM法测算 [J]. 国际贸易问题 (7)：19-25.

王纪元，肖海峰，2018. 中国与东盟农产品产业内贸易及影响因素：基于1992—2015年面板数据的实证研究 [J]. 经济问题探索 (2)：113-120.

王伶，2015. 基于因子分析的湖北省农产品国际竞争力评价：省际比较的视角 [J]. 中国农业资源与区划 (4)：10-15.

王欧，杨进，2014. 农业补贴对中国农户粮食生产的影响 [J]. 中国农村经济 (5)：20-28.

王亚芬，周诗星，高铁梅，2017. 我国农业补贴政策的影响效应分析与实证检验 [J]. 吉林大学社会科学学报 (1)：42-51.

王亚运，蔡银莺，朱兰兰，2017. 农业补贴政策的区域效应及影响因素分析：以湖北省武汉、荆门、黄冈等典型主体功能区为实证 [J]. 华中农业大学学报（社会科学版）(1)：8-15.

王友丽，王健，2010. 基于逼近理想点法的福建省区域渔业竞争力分析 [J]. 中国海洋大学学报（社会科学版）(6)：25-29.

魏茂青，郑传芳，2013. 我国农业补贴政策研究述评 [J]. 发展研究 (2)：95-99.

吴敬学，沈银书，2012. 我国生猪规模养殖的成本效益与发展对策 [J]. 中国畜牧杂志 (18)：5-7，11.

肖峰，曾文革，2014. 中欧农业支持体系战略转型比较研究 [J]. 中国软科学 (2)：12-21.

谢国娥，金睿，王常青，2011. 基于AHP的农产品国际竞争力的影响因素及对策研究 [J]. 华东理工大学学报（社会科学版）(2)：40-47.

谢汶莉，李强，2015. 中国与TPP核心国农产品国际竞争力的比较 [J]. 国际贸易问题 (7)：35-46.

熊启泉，邓家琼，2014. 中国农产品对外贸易失衡：结构与态势［J］. 华中农业大学学报（社会科学版），33（1）：60-68.

许恒周，2009. 江苏省各地区农业竞争力评价比较分析［J］. 中国农机化（6）：18-22.

孙能利，2012. 省域农业竞争力比较研究：以山东省和湖北省为例［D］. 武汉：华中农业大学.

薛毫祥，陈章言，许琴瑟，等. 2015. 不同养殖规模生猪饲养成本与收益比较分析［J］. 江苏农业科学（4）：422-425.

闫国庆，陈丽静，刘春香，2004. 我国农产品比较优势和竞争力的实证分析［J］. 国际贸易问题（4）：17-22.

杨林，袁晓燕，邓丽禛. 2013. 基于 DEA 模型的中国地方农业补贴效率评价［J］. 地方财政研究（4）：23-27.

杨苗苗，丁家云，2014. 安徽农产品国际竞争力的影响因素分析［J］. 铜陵学院学报（2）：12-15.

杨青龙，2011. 国际贸易的全成本观：一个新的理论视角［J］. 国际经贸探索（2）：21-27.

杨文洁，2010. 提升广东农产品国际竞争力中的政府作用研究［D］. 广州：华南理工大学.

叶兴庆，2017. 我国农业支持政策转型：从增产导向到竞争力导向［J］. 改革（3）：19-34.

尹宗成，田甜，2013. 中国农产品出口竞争力变迁及国际比较：基于出口技术复杂度的分析［J］. 农业技术经济（1）：77-85.

喻志军，2009. 中国外贸竞争力评价：理论与方法探源：基于“产业内贸易指数”与“显示性比较优势指数”的比较分析［J］. 统计研究，26（5）：94-99.

张国梅，宗义湘，2018. 中国与其他金砖国家农产品产业内贸易及其影响因素分析［J］. 统计与决策，34（9）：143-146.

张宏翔，2013. 优化中国农业财政支出管理的政策建议［J］. 经济研究参考（12）：12-13.

张红宇，2012. 从英法农业现状看欧盟共同农业政策的变迁［J］. 世界农业（9）：132-139.

张建武，钟晓凤，李楠，2018. 广东农产品出口竞争力提升途径与对策：基于农业供给侧结构性改革的视角［J］. 南方农村（3）：4-10.

张金昌，2001. 用出口数据评价国际竞争力的方法研究［J］. 经济管理（20）：17-25.

张晶晶，2014. 基于 DEA 模型的我国农业补贴政策的效率评价［J］. 统计与决策（17）：65-67.

张瑞荣，申向明，王济民，2010. 中国肉鸡产业国际竞争力的分析［J］. 中国农村经济（7）：28-38.

张宇青，周应恒，2015. 中国粮食补贴政策效率评价与影响因素分析：基于 2004—2012 年主产区的省际面板数据［J］. 财贸研究（6）：30-38.

赵昕，2013. 粮食直补政策与农民增收问题研究［J］. 财政研究（5）：52-54.

钟甫宁，徐志刚，傅龙波，2001. 中国种植业地区比较优势的测定与调整结构的思路［J］.

福建论坛（经济社会版）（12）：29－32.

周怡岑，陈晓亮，彭文武，2017. 我国农业补贴政策的问题与改进建议［J］. 农业经济（3）：87－89.

朱满德，李辛一，程国强，2015. 综合性收入补贴对中国玉米全要素生产率的影响分析：基于省级面板数据的 DEA－Tobit 两阶段法［J］. 中国农村经济（11）：4－14.

Begemann B D，1997. Competitive Strategies of Biotechnology Firms：Implications for U. S. Agriculture［J］. Journal of Agricultural and Applied Economics，29（1）：117－122.

Bowen H P，1983. On the theoretical interpretation of indices of trade intensity and revealed comparative advantage［J］. Weltwirtschaftliches Archiv，119（3）：464－472.

Cohen，1985. Global Competition：New Reality，Report of the President's Commission on Industrial Competitive［Z］. Washington：U. S Government Printing Office.

Dong－song C，Hwy－chang M，2000. From Adam Smith to Michael Porter：evolution of competitiveness theory［J］. world scientific.

E，Isikli，2007. International competitiveness of Turkish agriculture：a case for horticultural products［J］. Acta Agriculturae Scandinavica，4（3）：181－191.

Ferto I，Hubbard L J，2003. Revealed Comparative Advantage and Competitiveness in Hungarian Agri－Food Sectors［J］. The World Economy，26（2）：247－259.

Fertö I，Hubbard L J，2007. Intra－Industry Trade in Horizontally and Vertically Differentiated Agri－Food Products between Hungary and the EU［J］. Acta Oeconomica，57（2）：191－208.

Gorton M，et al，2001. The International Competitiveness of Polish Agriculture［J］. Post Communist Economies，13（4）：445－457.

Hudson D，Ethridge D，2000. Competitiveness of Agricultural Commodities in the United States：Expanding Our View［J］. American Journal of Agricultural Economics，82（5）：1219－1223.

Isikli E，2007. International competitiveness of Turkish agriculture：a case for horticultural products［J］. Acta Agriculturae Scandinavica，4（3）：181－191.

Jiang Y，Shi G，2014. An Empirical Analysis of the Effects of Agricultural FDI on the International Competitiveness of Agricultural Products in China［J］. Modern Economy，05（11）：1046－1052.

Martin L，Westgren R，1991. Agribusiness competitiveness across national boundaries［J］. American Journal of Agricultural Economics，73（5）：1456－1464.

Mosoma K，2004. Agricultural competitiveness and supply chain integration：South Africa［J］. Argentina and Australia. Agrekon，43（1）：132－144.

Reiljan J，Kulu L. The Development and Competitiveness of Estonian Agriculture Prior to Joining the European Union［EB/OL］. http://ideas. repec. org/p/mtk/ febawb/10. html.

Robert H，1987. Ballance，Helmut Forstner，Tracy Murray. Consistency Tests of Alternative Measures of Comparative Advantage［J］. The Review of Economics and Statistics，69

(1)：157-161.

Rosen D，et al，2004. Roots of Competitiveness：China's Evolving Agriculture Interests [J]. Policy Analyses in International Economics (72) .

Sagheer S，2009. Developing a conceptual framework for assessing competi - tiveness of Indian's agrifood chain [J]. International Journal of Emerging Markets，4 (2)：137-160.

Sharples J A，1990. Cost of Production and Productivity in Analyzing Trade and Competitiveness [J]. American Journal of Agricultural Economics，72 (5)：1278-1282.

Štefan Bojnec，2001. Trade and Revealed Comparative Advantage Measures：Regional and Central and East European Agricultural Trade [J]. Eastern European Economics，39 (2)：72-98.

Sassi M，2003. The Competitiveness of Agricultural Products in World Trade and The Role of the European Union. International Conference，Agricultural policy reform and the WTO：where are We heading? [J]. Capri (Italy) (7)：23-26.

Vollrath T L，1991. A theoretical evaluation of alternative trade intensity measures of revealed comparative advantage [J]. Weltwirtschaftliches Archiv，127 (2)：265-280.

Yeats A J，1985. On the appropriate interpretation of the revealed comparative advantage index：Implications of a methodology based on industry sector analysis [J]. Weltwirtschaftliches Archiv，121 (1)：61-73.

附　录

附表1　2000—2015广东省稻谷生产总成本构成变化分析

年份	总成本（元/亩）	物质与服务费用		人工成本		土地成本	
		金额（元/亩）	占比（%）	金额（元/亩）	占比（%）	金额（元/亩）	占比（%）
2000	412.69	210.95	51.11	126.00	30.53	75.75	18.35
2001	396.75	193.98	48.89	126.88	31.98	75.90	19.13
2002	400.33	203.40	50.81	122.10	30.50	74.83	18.69
2003	399.62	203.68	50.97	120.96	30.27	74.98	18.76
2004	457.80	226.78	49.54	154.09	33.66	76.93	16.80
2005	489.78	236.42	48.27	157.31	32.12	96.06	19.61
2006	507.25	235.54	46.43	168.00	33.12	103.71	20.45
2007	556.69	265.68	47.72	174.22	31.30	116.80	20.98
2008	656.48	339.90	51.78	194.53	29.63	122.06	18.59
2009	672.85	316.97	47.11	210.06	31.22	145.83	21.67
2010	755.26	353.32	46.78	253.87	33.61	148.08	19.61
2011	880.24	403.04	45.79	319.67	36.32	157.53	17.90
2012	1 069.42	456.41	42.68	447.79	41.87	165.23	15.45
2013	1 160.27	473.62	40.82	506.16	43.62	180.50	15.56
2014	1 219.65	499.94	40.99	536.95	44.02	182.76	14.98
2015	1 253.52	523.41	41.76	545.75	43.54	184.36	14.71

资料来源：根据《全国农产品成本收益资料汇编》（2001—2016年）整理。

附表2　2000—2015广东省甘蔗生产总成本构成变化分析

年份	总成本（元/亩）	物质与服务费用		人工成本		土地成本	
		金额（元/亩）	占比（%）	金额（元/亩）	占比（%）	金额（元/亩）	占比（%）
2000	758.09	414.12	54.63	242.00	31.92	101.97	13.45
2001	768.30	495.56	64.50	170.56	22.20	102.18	13.30
2002	740.87	492.32	66.45	147.40	19.90	101.15	13.65

（续）

年份	总成本（元/亩）	物质与服务费用		人工成本		土地成本	
		金额（元/亩）	占比（%）	金额（元/亩）	占比（%）	金额（元/亩）	占比（%）
2003	741.51	443.45	59.80	194.88	26.28	103.18	13.91
2004	923.92	511.14	55.32	306.92	33.22	105.86	11.46
2005	950.01	499.92	52.62	325.44	34.26	124.65	13.12
2006	997.76	559.69	56.09	309.90	31.06	128.17	12.85
2007	1 095.87	593.95	54.20	366.55	33.45	135.37	12.35
2008	1 088.43	594.91	54.66	338.60	31.11	154.92	14.23
2009	1 315.40	701.25	53.31	401.31	30.51	212.84	16.18
2010	1 649.76	782.69	47.44	580.73	35.20	286.34	17.36
2011	2 055.05	921.08	44.82	817.76	39.79	316.21	15.39
2012	2 270.33	890.62	39.23	1 047.72	46.15	331.99	14.62
2013	2 454.43	885.67	36.08	1 245.58	50.75	323.18	13.17
2014	2 099.84	882.86	42.04	888.21	42.30	328.77	15.66
2015	2 302.50	946.18	41.09	1 014.16	44.05	342.16	14.86

资料来源：同上。

附表 3　2000—2015 年全国生猪主产省份散养生猪生产总成本

单位：元/头

年份	全国平均	广东	河北	山西	辽宁	黑龙江	陕西
2000	601.46	675.14	565.91	657.24	518.84	546.44	559.61
2001	627.25	697.22	590.71	740.53	656.44	520.30	569.72
2002	595.07	641.52	574.72	654.75	556.34	553.31	576.02
2003	642.8	668.01	607.84	708.51	737.23	571.29	625.99
2004	803.76	874.12	781.89	930.38	795.56	752.14	723.03
2005	803.79	843.12	827.51	966.52	753.55	731.15	745.38
2006	782.06	846.24	733.26	869.54	721.91	717.48	702.11
2007	1 058.57	1 141.91	1 035.34	1 112.29	1 094.54	1 047.58	1 008.90
2008	1 316.17	1 439.17	1 258.32	1 314.10	1 332.89	1 157.04	1 279.22
2009	1 180.82	1 221.38	1 058.80	1 184.21	1 218.95	1 138.38	1 147.93
2010	1 250.20	1 454.43	1 129.27	1 287.97	1 363.51	1 113.96	1 352.80

（续）

年份	全国平均	广东	河北	山西	辽宁	黑龙江	陕西
2011	1 576.30	1 791.22	1 428.38	1 578.34	1 753.67	1 388.11	1 717.45
2012	1 778.15	1 942.36	1 630.60	1 777.75	1 947.16	1 515.08	1 948.48
2013	1 853.02	2 046.73	1 658.89	1 868.86	1 975.47	1 519.33	2 158.51
2014	1 844.00	2 092.51	1 613.27	1 880.06	1 973.47	1 465.20	2 158.56
2015	1 835.35	2 177.13	1 686.52	1 851.12	2 000.97	1 466.70	2 049.75
增长幅度	205.15%	222.47%	198.02%	181.65%	285.66%	168.41%	266.28%
年均增幅	7.72%	8.12%	7.55%	7.14%	9.42%	6.80%	9.04%

资料来源：同上。

附表 4　2000—2015 年全国生猪主产省份散养生猪生产总成本

单位：元/头

年份	湖南	广西	海南	四川	贵州	云南	青海
2000	558.34	601.66	611.48	568.82	636.02	661.98	595.49
2001	557.02	676.23	611.1	617.13	631.95	671.26	627.31
2002	522.63	610.44	587.99	571.11	603.12	632.21	626.81
2003	484.05	628.15	603.03	655.44	659.02	668.80	637.93
2004	760.33	752.34	775.17	718.06	786.93	893.95	723.45
2005	847.90	763.17	753.7	711.56	861.69	863.50	738.34
2006	920.08	818.00	731.41	737.44	680.16	835.01	740.86
2007	956.76	1 079.60	914.03	906.14	1 247.53	1 124.63	906.46
2008	1 392.31	1 368.00	1 353.30	1 222.09	1 377.44	1 451.81	1 290.32
2009	1 205.39	1 206.02	1 070.20	1 167.78	1 258.42	1 238.19	1 188.75
2010	1 347.24	1 341.07	1 187.17	1 056.92	1 218.35	1 309.67	1 249.10
2011	1 626.25	1 635.20	1 457.90	1 439.08	1 545.85	1 663.71	1 569.54
2012	2 027.43	1 809.53	1 644.35	1 784.13	1 724.43	1 938.65	1 769.74
2013	2 153.57	1 917.46	1 772.32	1 707.58	1 952.35	1 997.25	1 838.22
2014	2 165.96	1 947.03	1 947.73	1 782.30	1 929.49	1 921.42	1 845.26
2015	2 007.26	1 955.95	1 948.04	1 743.37	1 994.78	2 037.89	1 895.97
增长幅度	259.50%	225.09%	218.58%	206.49%	213.63%	207.85%	218.39%
年均增幅	8.90%	8.18%	8.03%	7.75%	7.92%	7.78%	8.03%

资料来源：同上。

附表 5　2000—2015 年全国生猪主产省份小规模养殖生猪生产总成本

单位：元/头

年份	全国平均	广东	河北	山西	内蒙古	辽宁	吉林
2000	520.20	446.62	500.05	527.90	594.12	526.45	532.68
2001	554.52	602.76	520.81	519.56	657.45	552.85	600.04
2002	514.50	563.87	511.22	510.94	637.12	559.44	567.17
2003	572.34	586.24	552.82	469.39	616.49	554.33	636.84
2004	761.59	849.80	764.74	791.39	790.35	741.86	798.30
2005	734.39	839.12	766.30	707.19	814.24	691.29	742.34
2006	721.28	767.85	699.59	749.66	773.68	653.71	737.35
2007	998.84	1 185.75	925.42	1 011.13	1 020.84	1 031.29	1 016.51
2008	1 283.80	1 458.30	1 121.61	1 176.53	1 398.93	1 256.44	1 283.82
2009	1 114.89	1 227.07	986.70	1 097.07	1 370.95	1 115.68	1 172.90
2010	1 164.81	1 214.73	1 046.02	1 179.84	1 391.47	1 217.26	1 156.30
2011	1 491.68	1 527.75	1 290.63	1 476.60	1 787.05	1 563.83	1 500.80
2012	1 621.07	1 565.72	1 434.34	1 519.42	1 990.73	1 638.75	1 687.80
2013	1 661.09	1 581.46	1 420.92	1 442.05	2 034.76	1 682.04	1 688.25
2014	1 631.30	1 579.83	1 440.95	1 408.25	2 005.87	1 623.09	1 675.30
2015	1 679.86	1 659.61	1 499.09	1 504.11	1 996.55	1 676.44	1 743.11
增长幅度	222.93%	271.59%	199.79%	184.92%	236.05%	218.44%	227.23%
年均增幅	8.13%	9.15%	7.59%	7.23%	8.42%	8.03%	8.22%

资料来源：同上。

附表 6　2000—2015 年全国生猪主产省份小规模养殖生猪生产总成本

单位：元/头

年份	黑龙江	广西	云南	甘肃	青海	宁夏
2000	512.27	483.43	551.59	403.87	525.41	435.45
2001	525.62	575.08	438.70	440.40	534.12	467.43
2002	538.36	578.30	501.82	281.02	511.16	441.17
2003	552.53	548.36	492.65	522.23	526.16	489.57

（续）

年份	黑龙江	广西	云南	甘肃	青海	宁夏
2004	678.27	735.94	736.35	869.13	595.65	483.65
2005	652.37	736.65	679.81	755.79	610.91	712.47
2006	615.74	772.32	681.23	736.27	642.77	706.32
2007	974.34	1 046.84	1 017.13	993.51	840.75	979.68
2008	1 156.38	1 342.84	1 393.86	1 085.22	1 124.90	1 224.62
2009	1 047.08	1 179.42	1 107.18	1 040.74	1 017.22	1 060.20
2010	1 022.81	1 225.58	1 138.70	1 139.11	1 099.70	1 121.93
2011	1 333.22	1 535.44	1 492.49	1 364.91	1 343.16	1 495.87
2012	1 484.06	1 668.42	1 757.76	1 533.78	1 624.49	1 520.39
2013	1 528.35	1 654.13	1 779.42	1 637.15	1 674.48	1 584.47
2014	1 422.50	1 654.28	1 655.84	1 568.68	1 682.97	1 628.44
2015	1 407.42	1 660.01	1 724.53	1 604.24	1 745.90	1 599.75
增长幅度	174.74%	243.38%	212.65%	297.22%	232.29%	267.38%
年均增幅	6.97%	8.57%	7.97%	9.63%	8.33%	9.06%

资料来源：同上。

附表 7　2000—2015 年全国生猪主产省份中规模养殖生猪生产总成本

单位：元/头

年份	全国平均	广东	河北	山西	内蒙古	辽宁
2000	582.42	771.99	489.93	478.94	533.49	499.39
2001	610.22	667.04	549.38	497.34	580.89	550.74
2002	534.45	593.33	516.16	461.04	568.9	538.22
2003	591.15	680.37	566.30	479.13	666.32	548.30
2004	769.02	875.16	733.72	724.74	776.39	751.05
2005	749.16	869.26	711.40	675.82	842.81	680.30
2006	725.48	834.37	671.63	704.56	737.26	642.67
2007	1 003.24	1 095.34	877.84	939.65	983.44	995.92
2008	1 273.04	1 416.72	1 053.43	1 134.76	1 442.19	1 256.27
2009	1 130.84	1 235.88	963.21	1 084.05	1 353.03	1 088.11
2010	1 179.65	1 364.26	996.43	1 131.69	1 406.17	1 192.56

（续）

年份	全国平均	广东	河北	山西	内蒙古	辽宁
2011	1 465.30	1 630.22	1 222.45	1 417.78	1 609.75	1 549.17
2012	1 585.63	1 661.66	1 381.95	1 584.92	1 759.97	1 646.98
2013	1 618.12	1 696.81	1 351.65	1 567.95	1 983.51	1 665.00
2014	1 598.88	1 675.70	1 390.77	1 569.41	2 014.21	1 623.89
2015	1 600.24	1 666.58	1 385.88	1 491.03	1 926.54	1 667.14
增长幅度	174.76%	115.88%	182.87%	411.32%	261.12%	233.84%
年均增幅	6.97%	5.26%	7.18%	7.86%	8.94%	8.37%

资料来源：同上。

附表 8　2000—2015 年全国生猪主产省份中规模养殖生猪生产总成本

单位：元/头

年份	吉林	黑龙江	云南	青海	宁夏	新疆
2000	514.95	467.43	624.81	565.05	474.32	488.43
2001	579.82	498.73	597.02	454.62	452.07	625.74
2002	589.50	510.56	545.51	531.64	444.06	567.37
2003	635.16	544.46	615.15	518.92	504.54	565.03
2004	838.75	663.74	795.35	649.99	670.03	723.33
2005	834.82	610.19	800.21	624.45	692.66	618.37
2006	737.96	617.30	746.11	677.43	654.55	661.23
2007	1 105.84	895.86	1 165.47	922.79	1 033.93	838.02
2008	1 322.28	1 109.39	1 517.79	1 248.11	1 231.21	1 031.89
2009	1 206.41	1 048.45	1 191.36	1 081.77	1 112.46	960.08
2010	1 192.21	1 105.71	1 220.85	1 172.13	1 151.08	1 052.91
2011	1 532.29	1 373.76	1 463.30	1 393.40	1 572.48	1 342.41
2012	1 696.36	1 493.92	1 730.58	1 615.17	1 513.17	1 433.45
2013	1 726.74	1 532.68	1 702.07	1 599.61	1 572.97	1 653.23
2014	1 667.04	1 426.37	1 637.61	1 620.13	1 587.23	1 557.60
2015	1 754.75	1 401.89	1 662.40	1 576.42	1 560.14	1 454.07
增长幅度	240.76%	199.92%	166.06%	178.99%	228.92%	197.70%
年均增幅	8.48%	7.60%	6.74%	7.08%	8.26%	7.54%

资料来源：同上。

附表 9　2000—2015 年全国生猪主产省份大规模养殖生猪生产总成本

单位：元/头

年份	全国平均	广东	河北	山西	内蒙古	辽宁
2000	553.89	788.44	478.77	516.82	627.22	507.50
2001	583.22	664.19	521.29	508.80	724.53	554.66
2002	547.53	700.30	503.26	476.44	634.42	527.82
2003	605.17	748.04	553.88	542.24	624.24	542.53
2004	774.89	939.73	732.77	675.83	999.55	732.09
2005	747.63	903.5	690.19	577.99	1 066.76	683.73
2006	739.63	922.05	698.93	652.38	809.54	641.50
2007	999.36	1 180.89	887.40	904.34	1 010.54	1 003.76
2008	1 234.77	1 384.59	1 004.37	1 050.23	1 301.36	1 238.50
2009	1 110.19	1 160.94	930.46	981.40	1 217.50	1 125.84
2010	1 164.57	1 239.03	966.45	1 099.27	1 340.00	1 225.59
2011	1 452.90	1 469.92	1 155.60	1 344.35	1 539.25	1 612.72
2012	1 555.48	1 562.77	1 296.12	1 515.25	1 641.35	1 623.90
2013	1 571.34	1 547.77	1 264.82	1 484.08	1 897.87	1 634.21
2014	1 546.06	1 477.72	1 249.98	1 377.53	1 944.71	1 576.48
2015	1 535.16	1 527.01	1 262.61	1 355.74	1 680.80	1 621.07
增长幅度	177.16%	93.67%	163.72%	162.33%	167.98%	219.42%
年均增幅	7.03%	4.51%	6.68%	6.64%	6.79%	8.05%

资料来源：同上。

附表 10　2000—2015 年全国生猪主产省份大规模养殖生猪生产总成本

单位：元/头

年份	吉林	黑龙江	广西	云南	甘肃
2000	451.98	523.54	710.98	656.95	531.71
2001	567.76	503.17	676.49	677.35	505.55
2002	552.91	514.17	620.87	641.31	307.06
2003	595.17	524.42	638.88	857.15	501.36

（续）

年份	吉林	黑龙江	广西	云南	甘肃
2004	804.42	628.95	816.25	842.33	692.77
2005	738.77	583.14	761.31	750.33	655.95
2006	745.25	571.25	759.01	878.16	757.47
2007	1 082.98	857.13	1 018.06	1 262.56	936.70
2008	1 317.16	1 026.64	1 377.57	1 473.58	1 199.06
2009	1 141.97	1 011.04	1 190.59	1 164.46	1 048.96
2010	1 166.99	1 039.73	1 218.12	1 205.47	1 051.84
2011	1 519.04	1 300.12	1 514.22	1 539.58	1 308.09
2012	1 650.12	1 432.74	1 611.74	1 728.25	1 468.75
2013	1 649.01	1 436.16	1 604.75	1 657.73	1 578.81
2014	1 618.28	1 367.63	1 578.97	1 664.32	1 714.29
2015	1 700.30	1 383.29	1 526.32	1 630.14	1 622.22
增长幅度	276.19%	164.22%	114.68%	148.14%	205.09%
年均增幅	9.23%	6.69%	5.23%	6.25%	4.55%

资料来源：同上。

附表 11　2000—2015 年甘蔗生产主产省份甘蔗生产净利润

单位：元/亩

年份	全国平均	广东	广西	海南	云南
2000	190.29	387.62	153.01	175.3	156.97
2001	243.41	144.44	235.59	305.26	174.34
2002	54.87	95.4	48.94	231.14	234.94
2003	74.92	284.19	41.8	157.12	206.07
2004	88.68	215.71	46.23	100.79	114.24
2005	393.11	658.67	414.54	192.84	250.04
2006	399.48	793.59	304.11	468.04	373.56
2007	358.93	461.64	352.62	349.42	322.8
2008	195.82	116.59	168.38	276.61	301.02
2009	348.74	499.68	361.49	390.62	257.93
2010	785.87	961.07	847.98	952.82	565.83
2011	700.52	811.21	644.01	818.91	871.25

（续）

年份	全国平均	广东	广西	海南	云南
2012	405.95	215.69	375.08	471.28	563.6
2013	116.81	−264.72	92.13	35.33	374.73
2014	−150.04	−679.15	−278.58	−142.49	534.37
2015	117.8	−63.74	72.17	−185.25	408.16
增长幅度	−38.09%	−116.44%	−52.83%	−205.68%	160.02%

资料来源：同上。

附表 12　2000—2015 年全国生猪主产省份散养生猪净利润

单位：元/头

年份	全国平均	广东	河北	山西	辽宁	黑龙江	陕西
2000	45.14	155.71	99.84	48.21	104.22	93.71	44.8
2001	34.99	29.67	66.91	−19.39	27.26	67.52	46.89
2002	34.34	51.36	61.16	−49.24	97.53	97.88	92.11
2003	89.29	130.24	123.48	53.19	42.06	114.06	66.45
2004	153.9	189.95	181.34	104.43	179.29	173.99	194.87
2005	10.45	41.01	77.73	−108.10	84.39	70.21	123.65
2006	96.30	127.07	148.13	121.95	125.09	161.91	152.16
2007	415.09	357.28	334.74	432.92	480.06	526.22	400.18
2008	234.86	251.01	243.86	259.97	311.78	339.15	213.87
2009	86.87	132.68	170.98	96.81	126.56	224.33	56.22
2010	90.81	79.65	125.42	8.76	32.65	167.67	−3.38
2011	377.57	412.22	390.61	351.32	400.85	467.53	261.61
2012	−32.35	−33.72	22.68	−113.81	8.37	152.42	−286.35
2013	−106.15	−175.71	36.07	−159.98	−60.13	121.25	−523.13
2014	−242.04	−327.28	−147.42	−355.65	−261.47	13.77	−664.19
2015	−8.16	−136.04	19.70	−143.43	−33.85	181.52	−389.93
增长幅度	−118.08%	−187.37%	−80.27%	−397.51%	−132.48%	93.70%	−970.38%

资料来源：同上。

附表 13　2000—2015 年全国生猪主产省份散养生猪净利润

单位：元/头

年份	湖南	广西	海南	四川	贵州	云南	青海
2000	84.38	2.54	108.72	−66.18	97.19	57.83	61.32
2001	67.33	−54.86	136.25	−37.10	195.94	−8.28	72.60
2002	45.23	−21.05	96.44	−44.39	174.27	7.86	67.02
2003	62.39	48.42	208.94	−38.98	131.58	17.48	68.86
2004	49.77	104.72	163.94	87.43	327.05	50.81	54.91
2005	−108.92	−20.78	51.09	−15.54	299.23	−90.09	−2.30
2006	−159.93	13.27	180.38	−18.09	294.06	−20.95	54.74
2007	448.50	176.39	507.64	523.50	649.80	374.76	447.87
2008	359.66	129.07	77.70	357.94	257.70	217.45	150.28
2009	116.56	−11.47	195.21	3.72	226.55	−33.07	−17.27
2010	53.53	−54.18	289.40	90.58	447.47	37.87	117.96
2011	500.81	283.77	495.71	491.86	823.40	308.58	265.12
2012	−129.32	−167.55	45.30	−11.88	367.72	−93.33	−82.65
2013	−208.74	−300.26	−50.39	−35.50	273.96	−190.45	−148.78
2014	−322.10	−417.03	−123.59	−279.67	208.56	−232.49	−246.62
2015	237.24	−167.07	−34.70	−26.68	340.00	−79.84	−103.69
增长幅度	181.16%	−6 677.56%	−131.92%	−59.69%	249.83%	−238.06%	−269.10%

资料来源：同上。

附表 14　2000—2015 年全国生猪主产省份小规模养殖生猪净利润

单位：元/头

年份	全国平均	广东	河北	山西	内蒙古	辽宁	吉林
2000	95.90	152.14	119.75	35.33	102.77	101.46	271.90
2001	76.40	103.79	110.16	49.29	36.94	100.82	154.89
2002	66.30	120.90	83.26	78.65	112.08	103.39	116.54
2003	93.37	174.27	145.87	243.00	166.57	123.63	157.56
2004	171.86	195.83	172.36	56.17	371.99	172.26	151.71
2005	94.60	82.05	74.53	55.49	115.32	90.97	66.07

（续）

年份	全国平均	广东	河北	山西	内蒙古	辽宁	吉林
2006	104.40	221.07	146.37	37.76	201.76	124.91	142.33
2007	381.64	354.31	378.03	367.71	441.58	434.78	491.36
2008	298.45	272.72	332.62	344.87	357.82	367.54	286.44
2009	141.62	90.76	212.56	110.13	134.05	183.66	184.37
2010	134.42	161.06	168.66	−10.26	225.72	128.08	147.63
2011	465.07	410.20	485.04	361.93	614.76	439.16	417.68
2012	123.89	174.08	184.24	162.16	112.19	123.98	105.73
2013	76.84	143.96	185.78	235.60	174.74	62.83	58.61
2014	−37.68	98.40	0.36	114.06	−60.59	−68.56	−73.67
2015	173.70	262.93	185.90	270.33	280.07	127.84	110.56
增长幅度	81.13%	72.82%	55.24%	665.16%	172.52%	26.00%	−59.34%

资料来源：同上。

附表 15　2000—2015 年全国生猪主产省份小规模养殖生猪净利润

单位：元/头

年份	黑龙江	广西	云南	甘肃	青海	宁夏
2000	108.68	56.62	157.82	209.99	44.18	101.29
2001	41.84	17.63	240.91	129.91	69.33	100.20
2002	52.20	10.73	153.17	67.78	38.90	96.26
2003	87.42	64.05	90.48	61.88	64.16	75.33
2004	173.14	94.91	220.26	17.47	86.18	164.86
2005	86.74	13.97	12.99	50.07	38.89	95.32
2006	115.31	53.27	15.80	−11.17	47.04	59.11
2007	421.51	246.02	328.82	201.16	263.51	285.03
2008	302.14	196.81	174.88	378.33	275.82	228.29
2009	184.30	64.34	87.56	67.70	76.86	120.57
2010	153.73	123.82	173.69	53.08	114.39	72.09
2011	406.58	423.14	519.62	415.26	388.55	302.13
2012	98.71	5.60	151.80	165.51	79.61	96.50
2013	80.49	6.45	117.35	64.16	50.39	20.24
2014	5.72	−72.86	86.80	−122.29	−34.93	−198.82
2015	202.76	190.68	310.02	160.77	4.08	64.19
增长幅度	86.57%	236.79%	96.44%	−23.44%	−90.77%	−36.63%

资料来源：同上。

附表 16　2000—2015 年全国生猪主产省份中规模养殖生猪净利润

单位：元/头

年份	全国平均	广东	河北	山西	内蒙古	辽宁
2000	64.58	28.55	97.79	116.92	63.93	84.29
2001	20.98	39.35	90.54	40.32	96.39	92.02
2002	56.87	65.52	94.19	34.30	123.46	90.34
2003	94.34	88.23	146.14	122.04	122.32	130.94
2004	152.86	145.68	167.36	148.54	241.32	157.71
2005	67.87	40.42	96.35	49.78	48.03	90.72
2006	100.65	117.21	109.11	61.34	118.63	133.07
2007	389.65	358.12	371.27	459.40	402.39	407.97
2008	321.37	151.42	346.85	394.42	370.09	376.12
2009	128.28	95.33	211.70	86.95	166.70	179.71
2010	160.58	108.62	205.48	27.88	316.32	104.04
2011	472.18	315.78	506.02	488.84	568.26	398.25
2012	145.23	74.63	211.58	176.34	176.49	87.46
2013	121.64	47.38	219.25	152.02	140.98	64.59
2014	－6.96	28.18	48.13	－43.06	－46.82	－69.53
2015	245.50	263.14	242.11	295.85	369.01	98.90
增长幅度	280.14%	821.74%	147.59%	353.04%	477.21%	17.33%

资料来源：同上。

附表 17　2000—2015 年全国生猪主产省份中规模养殖生猪净利润

单位：元/头

年份	吉林	黑龙江	云南	青海	宁夏	新疆
2000	102.54	104.77	－32.29	44.85	35.69	4.09
2001	101.28	78.08	－36.62	209.47	117.69	57.73
2002	90.69	66.34	81.44	98.78	121.27	44.79
2003	138.83	86.71	36.81	111.72	63.05	29.54
2004	148.48	170.68	217.01	138.72	150.09	206.90

（续）

年份	吉林	黑龙江	云南	青海	宁夏	新疆
2005	41.03	90.55	10.16	113.41	79.57	248.49
2006	153.16	108.86	215.82	57.77	156.08	162.76
2007	366.85	369.52	457.77	249.79	385.13	354.06
2008	288.19	273.56	349.81	235.50	284.21	303.59
2009	151.91	128.27	71.96	54.15	160.18	116.33
2010	135.38	107.09	138.23	107.84	98.91	76.92
2011	401.22	427.21	578.41	276.50	382.85	487.05
2012	70.57	87.78	181.67	89.49	159.22	475.41
2013	47.88	75.76	222.90	88.02	103.86	249.18
2014	−62.21	3.45	89.01	−41.67	−101.51	−66.86
2015	107.12	246.51	372.42	152.44	138.74	221.88
增长幅度	4.47%	135.28%	−1 253.20%	239.88%	288.74%	5 324.94%

资料来源：同上。

附表 18　2000—2015 年全国生猪主产省份大规模养殖生猪净利润

单位：元/头

年份	全国平均	广东	河北	山西	内蒙古	辽宁
2000	54.61	35.67	126.22	112.60	−82.24	38.64
2001	51.74	73.98	89.99	66.57	50.26	89.82
2002	48.06	8.14	93.02	40.14	51.38	93.51
2003	74.25	50.46	112.18	85.32	109.12	128.48
2004	135.97	53.55	105.97	162.92	294.69	136.18
2005	49.92	9.08	132.35	104.16	−29.29	49.47
2006	65.59	34.84	124.02	176.16	−31.61	116.04
2007	351.08	190.92	337.33	448.15	451.17	375.11
2008	292.88	171.05	373.03	336.00	361.40	348.82
2009	117.89	71.48	213.96	182.21	287.91	138.87
2010	125.33	22.50	207.47	71.09	191.97	123.53
2011	435.46	239.37	504.06	465.58	467.95	347.25
2012	131.77	21.79	236.88	118.30	183.76	113.15

（续）

年份	全国平均	广东	河北	山西	内蒙古	辽宁
2013	113.39	21.36	264.18	193.88	120.18	90.07
2014	2.28	3.86	108.84	93.23	121.62	－52.37
2015	232.10	192.95	300.71	327.62	578.29	138.02
增长幅度	325.01%	440.94%	138.24%	190.95%	－803.17%	257.19%

资料来源：同上。

附表 19　2000—2015 年全国生猪主产省份大规模养殖生猪净利润

单位：元/头

年份	吉林	黑龙江	广西	云南	甘肃
2000	－61.98	78.66	9.42	－3.55	74.29
2001	115.65	68.31	20.74	－48.72	86.48
2002	112.21	62.18	－22.76	－27.71	17.84
2003	116.43	64.24	58.60	－165.48	68.40
2004	152.44	163.01	50.36	76.76	185.56
2005	60.70	111.95	30.53	75.32	116.68
2006	128.42	111.96	50.81	27.34	－12.47
2007	327.51	384.70	280.23	227.36	361.46
2008	311.63	280.45	216.47	336.16	201.60
2009	140.53	167.63	75.87	99.43	－3.88
2010	123.89	112.84	123.86	196.43	46.80
2011	379.88	361.46	514.02	539.64	395.85
2012	80.75	117.42	113.46	193.95	52.29
2013	94.31	129.71	103.12	201.36	8.22
2014	－62.08	－10.30	12.67	114.56	－220.27
2015	150.69	210.03	289.36	392.16	96.03
增长幅度	－343.11%	167.02%	2 973.30%	111.47%	29.26%

资料来源：同上。

附表 20 各省份早稻 Malmquist 指数变化及其分解

省份	年份	技术效率指数	技术进步指数	纯技术效率指数	规模效率指数	Malmquist 生产率指数
全国	2001—2003 年平均	1.012	0.984	1.004	1.008	0.995
	2004—2015 年平均	1.000	1.009	1.000	1.000	1.007
浙江	2001—2003 年平均	1.000	0.923	1.000	1.000	0.923
	2004—2015 年平均	1.000	0.997	1.000	1.000	0.997
安徽	2001—2003 年平均	1.003	0.999	1.000	1.002	1.002
	2004—2015 年平均	1.008	1.009	1.004	1.001	1.016
福建	2001—2003 年平均	1.017	0.947	1.000	1.017	0.963
	2004—2015 年平均	0.996	1.073	1.000	0.995	1.069
江西	2001—2003 年平均	1.036	1.046	1.011	1.025	1.082
	2004—2015 年平均	0.992	1.014	0.997	0.994	1.005
湖北	2001—2003 年平均	1.000	1.008	1.000	1.000	1.008
	2004—2015 年平均	1.000	1.088	1.000	1.000	1.088
湖南	2001—2003 年平均	1.080	0.986	1.046	1.032	1.070
	2004—2015 年平均	0.985	1.001	0.991	0.993	0.989
广东	2001—2003 年平均	1.000	0.982	1.000	1.000	0.983
	2004—2015 年平均	1.000	0.999	1.000	1.000	0.999
广西	2001—2003 年平均	1.000	1.012	1.000	1.000	1.012
	2004—2015 年平均	1.008	0.999	1.007	1.001	1.007
海南	2001—2003 年平均	1.000	0.942	1.000	1.000	0.942
	2004—2015 年平均	1.000	1.036	1.000	1.000	1.036

附表 21 各省份晚稻 Malmquist 指数变化及其分解

省份	年份	技术效率指数	技术进步指数	纯技术效率指数	规模效率指数	Malmquist 生产率指数
全国	2001—2003 年平均	1.002	0.994	1.013	0.989	0.995
	2004—2015 年平均	1.007	1.014	1.005	1.002	1.019
浙江	2001—2003 年平均	1.000	0.985	1.000	1.000	0.985
	2004—2015 年平均	1.000	1.000	1.000	1.000	1.000
安徽	2001—2003 年平均	1.000	1.000	1.000	1.000	1.000
	2004—2015 年平均	1.001	1.027	1.000	1.001	1.028

（续）

省份	年份	技术效率指数	技术进步指数	纯技术效率指数	规模效率指数	Malmquist 生产率指数
福建	2001—2003 年平均	1.003	0.989	1.002	1.001	0.988
	2004—2015 年平均	1.000	1.119	1.000	1.000	1.118
江西	2001—2003 年平均	1.000	1.033	1.000	1.000	1.033
	2004—2015 年平均	1.004	1.039	1.000	1.004	1.044
湖北	2001—2003 年平均	1.000	0.972	1.000	1.000	0.972
	2004—2015 年平均	1.000	1.074	1.000	1.000	1.074
湖南	2001—2003 年平均	1.002	0.993	1.002	1.000	0.995
	2004—2015 年平均	1.001	1.005	1.000	1.001	1.007
广东	2001—2003 年平均	0.992	0.969	0.994	0.996	0.955
	2004—2015 年平均	1.020	1.044	1.018	1.004	1.060
广西	2001—2003 年平均	1.012	0.989	1.001	1.010	1.001
	2004—2015 年平均	1.001	1.047	1.005	0.998	1.045
海南	2001—2003 年平均	0.964	0.968	1.000	0.964	0.931
	2004—2015 年平均	1.048	1.040	1.000	1.048	1.089

附表 22　散养生猪 Malmquist 指数变化及其分解

省份	年份	技术效率指数	技术进步指数	纯技术效率指数	规模效率指数	Malmquist 生产率指数
全国	2001—2006 年平均	1.010	1.004	1.002	1.008	1.014
	2007—2015 年平均	0.997	1.077	1.000	0.997	1.072
河北	2001—2006 年平均	1.002	1.013	0.974	0.999	1.018
	2007—2015 年平均	1.008	1.052	1.003	1.005	1.060
山西	2001—2006 年平均	1.018	1.028	1.002	1.013	1.055
	2007—2015 年平均	1.003	1.092	1.007	0.995	1.099
辽宁	2001—2006 年平均	1.000	0.967	1.000	1.000	0.967
	2007—2015 年平均	1.021	1.054	1.005	1.021	1.074
吉林	2001—2006 年平均	1.000	0.930	1.000	1.000	0.930
	2007—2015 年平均	1.010	1.061	1.001	1.009	1.070
黑龙江	2001—2006 年平均	0.995	0.987	0.998	0.997	0.983
	2007—2015 年平均	1.000	1.052	1.000	1.000	1.052

（续）

省份	年份	技术效率指数	技术进步指数	纯技术效率指数	规模效率指数	Malmquist生产率指数
江苏	2001—2006 年平均	1.009	0.995	0.983	1.029	1.003
	2007—2015 年平均	0.989	1.051	1.001	0.989	1.039
浙江	2001—2006 年平均	1.000	1.106	1.000	1.000	1.106
	2007—2015 年平均	1.000	0.985	1.000	1.000	0.985
安徽	2001—2006 年平均	1.053	1.016	0.999	1.055	1.070
	2007—2015 年平均	0.987	1.087	1.000	0.986	1.074
山东	2001—2006 年平均	1.013	1.025	1.001	1.009	1.032
	2007—2015 年平均	1.003	1.057	1.004	0.999	1.061
河南	2001—2006 年平均	1.012	0.937	1.005	1.007	0.941
	2007—2015 年平均	0.998	1.036	1.001	0.998	1.032
湖南	2001—2006 年平均	0.995	0.998	1.002	0.993	0.998
	2007—2015 年平均	1.001	1.080	1.000	1.001	1.080
湖北	2001—2006 年平均	0.986	0.970	0.970	1.016	0.962
	2007—2015 年平均	0.998	1.076	1.000	0.998	1.072
广东	2001—2006 年平均	1.010	0.987	1.005	0.999	0.994
	2007—2015 年平均	0.990	1.066	0.985	1.005	1.052
广西	2001—2006 年平均	1.000	1.029	0.997	1.002	1.028
	2007—2015 年平均	0.999	1.067	0.987	0.996	1.061
海南	2001—2006 年平均	1.003	1.022	1.002	1.000	1.023
	2007—2015 年平均	1.003	1.059	1.002	1.001	1.062
重庆	2001—2006 年平均	1.009	1.034	0.986	1.022	1.033
	2007—2015 年平均	0.996	1.125	1.009	0.987	1.112
四川	2001—2006 年平均	1.029	1.002	1.025	1.004	1.030
	2007—2015 年平均	0.984	1.070	0.986	0.998	1.053
贵州	2001—2006 年平均	1.000	1.026	1.000	1.000	1.026
	2007—2015 年平均	1.001	1.095	1.000	1.001	1.099
云南	2001—2006 年平均	1.017	1.000	1.004	1.010	1.015
	2007—2015 年平均	0.990	1.046	0.998	0.992	1.040
陕西	2001—2006 年平均	1.000	1.022	1.000	1.000	1.022
	2007—2015 年平均	1.009	1.104	1.008	1.001	1.112

（续）

省份	年份	技术效率指数	技术进步指数	纯技术效率指数	规模效率指数	Malmquist生产率指数
甘肃	2001—2006 年平均	1.005	1.040	1.001	1.002	1.050
	2007—2015 年平均	1.130	1.409	1.081	1.039	1.620
青海	2001—2006 年平均	1.000	1.021	1.000	1.028	1.022
	2007—2015 年平均	1.019	1.122	1.019	1.001	1.140
宁夏	2001—2006 年平均	1.001	1.004	1.000	1.001	1.007
	2007—2015 年平均	1.016	1.063	1.014	1.005	1.082
新疆	2001—2006 年平均	1.017	0.993	1.000	1.022	1.008
	2007—2015 年平均	0.991	1.208	1.001	0.990	1.194

附表 23　小规模养殖生猪 Malmquist 指数变化及其分解

省份	年份	技术效率指数	技术进步指数	纯技术效率指数	规模效率指数	Malmquist生产率指数
全国	2001—2006 年平均	0.990	1.054	0.995	0.995	1.043
	2007—2015 年平均	0.995	1.083	0.999	0.996	1.075
河北	2001—2006 年平均	1.001	1.083	0.987	1.013	1.081
	2007—2015 年平均	0.993	1.045	0.996	0.994	1.039
山西	2001—2006 年平均	1.034	1.018	1.002	0.993	1.064
	2007—2015 年平均	0.986	1.087	0.879	0.995	1.075
内蒙古	2001—2006 年平均	0.982	1.017	0.969	1.011	0.992
	2007—2015 年平均	1.002	1.053	1.000	1.002	1.054
辽宁	2001—2006 年平均	1.003	1.016	1.000	1.001	1.013
	2007—2015 年平均	1.012	1.098	1.008	1.004	1.111
吉林	2001—2006 年平均	1.008	1.020	1.000	1.008	1.018
	2007—2015 年平均	1.000	1.076	1.000	1.000	1.077
黑龙江	2001—2006 年平均	0.994	1.035	0.996	0.998	1.026
	2007—2015 年平均	1.000	1.077	1.000	1.004	1.077
江苏	2001—2006 年平均	1.001	1.089	1.000	1.001	1.091
	2007—2015 年平均	1.004	1.036	1.000	1.004	1.040
浙江	2001—2006 年平均	0.938	1.186	0.968	0.967	1.113
	2007—2015 年平均	1.000	1.022	1.000	1.000	1.022

（续）

省份	年份	技术效率指数	技术进步指数	纯技术效率指数	规模效率指数	Malmquist生产率指数
安徽	2001—2006 年平均	1.008	1.094	0.978	1.036	1.099
	2007—2015 年平均	0.992	1.061	1.001	0.990	1.048
江西	2001—2006 年平均	—	—	—	—	—
	2007—2015 年平均	1.013	1.016	1.005	1.008	1.029
山东	2001—2006 年平均	1.000	1.110	1.000	1.000	1.110
	2007—2015 年平均	1.000	1.044	1.000	1.000	1.044
河南	2001—2006 年平均	0.996	1.053	1.006	0.990	1.049
	2007—2015 年平均	0.990	1.086	0.991	0.999	1.075
湖南	2001—2006 年平均	1.004	1.202	1.000	1.004	1.207
	2007—2015 年平均	1.000	1.075	1.007	0.999	1.074
湖北	2001—2006 年平均	0.988	1.078	1.007	0.981	1.067
	2007—2015 年平均	0.988	1.079	0.995	0.993	1.062
广东	2001—2006 年平均	0.960	1.038	0.982	0.977	0.999
	2007—2015 年平均	1.003	1.035	0.999	1.002	1.040
广西	2001—2006 年平均	0.963	1.068	0.984	0.978	1.030
	2007—2015 年平均	1.003	1.037	1.002	1.000	1.043
海南	2001—2006 年平均	1.000	1.037	1.000	1.000	1.037
	2007—2015 年平均	1.000	1.074	1.000	1.000	1.074
重庆	2001—2006 年平均	1.046	1.101	1.018	1.027	1.150
	2007—2015 年平均	1.000	1.004	1.000	1.000	1.004
四川	2001—2006 年平均	1.000	1.107	0.994	0.992	1.112
	2007—2015 年平均	1.000	1.097	1.000	1.000	1.097
贵州	2001—2006 年平均	1.005	1.041	1.000	1.005	1.066
	2007—2015 年平均	1.001	1.088	1.000	1.000	1.091
云南	2001—2006 年平均	1.001	1.047	1.000	1.002	1.051
	2007—2015 年平均	1.001	1.072	1.000	1.001	1.076
陕西	2001—2006 年平均	1.004	1.163	1.000	1.004	1.168
	2007—2015 年平均	1.002	1.095	1.002	0.999	1.095
甘肃	2001—2006 年平均	1.033	1.041	1.022	1.009	1.079
	2007—2015 年平均	0.995	1.109	0.997	0.998	1.099

（续）

省份	年份	技术效率指数	技术进步指数	纯技术效率指数	规模效率指数	Malmquist生产率指数
青海	2001—2006年平均	0.975	1.044	0.964	1.011	1.015
	2007—2015年平均	1.009	1.072	1.017	0.994	1.080
宁夏	2001—2006年平均	1.016	1.019	1.007	1.009	1.036
	2007—2015年平均	1.007	1.082	1.009	0.997	1.089
新疆	2001—2006年平均	1.000	0.963	1.027	0.960	0.958
	2007—2015年平均	1.002	1.030	1.000	1.002	1.038

附表24　中规模养殖生猪Malmquist指数变化及其分解

省份	年份	技术效率指数	技术进步指数	纯技术效率指数	规模效率指数	Malmquist生产率指数
全国	2001—2006年平均	2.174	2.267	1.871	1.015	1.010
	2007—2015年平均	0.990	1.085	0.992	0.998	1.073
北京	2001—2006年平均	2.710	3.549	1.639	0.975	1.039
	2007—2015年平均	0.988	1.045	0.987	1.001	1.032
天津	2001—2006年平均	2.450	3.277	1.592	0.936	1.019
	2007—2015年平均	1.001	1.053	1.000	1.001	1.057
河北	2001—2006年平均	1.910	2.005	1.219	1.292	1.017
	2007—2015年平均	1.000	1.057	1.000	1.000	1.058
山西	2001—2006年平均	2.253	2.281	1.017	2.409	1.092
	2007—2015年平均	0.991	1.125	0.993	0.998	1.114
内蒙古	2001—2006年平均	1.001	2.689	1.000	1.001	2.748
	2007—2015年平均	1.002	1.087	1.000	1.002	1.089
辽宁	2001—2006年平均	2.054	2.055	1.141	1.344	1.007
	2007—2015年平均	1.008	1.126	1.007	1.001	1.140
吉林	2001—2006年平均	2.019	2.272	1.871	1.023	1.003
	2007—2015年平均	0.998	1.078	1.000	0.998	1.078
黑龙江	2001—2006年平均	2.231	2.100	1.006	2.098	1.007
	2007—2015年平均	1.000	1.116	1.001	1.000	1.119
江苏	2001—2006年平均	1.694	3.058	1.000	1.694	1.067
	2007—2015年平均	1.000	1.040	1.000	0.997	1.040

（续）

省份	年份	技术效率指数	技术进步指数	纯技术效率指数	规模效率指数	Malmquist生产率指数
浙江	2001—2006 年平均	2.384	3.109	0.186	0.805	1.029
	2007—2015 年平均	1.004	1.008	1.000	1.004	1.011
安徽	2001—2006 年平均	2.139	4.113	1.821	0.779	1.142
	2007—2015 年平均	0.983	1.055	0.990	0.993	1.035
福建	2001—2006 年平均	—	—	—	—	—
	2007—2015 年平均	1.000	0.933	1.000	1.000	0.933
江西	2001—2006 年平均	—	—	—	—	—
	2007—2015 年平均	1.002	1.021	1.000	1.002	1.024
山东	2001—2006 年平均	2.150	3.794	1.672	0.869	1.057
	2007—2015 年平均	0.993	1.067	0.993	1.001	1.060
河南	2001—2006 年平均	2.122	3.815	1.614	0.884	1.022
	2007—2015 年平均	0.983	1.113	0.987	0.996	1.091
湖南	2001—2006 年平均	1.499	1.812	1.098	1.099	1.090
	2007—2015 年平均	1.000	1.055	1.000	1.000	1.055
湖北	2001—2006 年平均	1.903	3.761	2.127	0.926	1.012
	2007—2015 年平均	0.994	1.072	0.993	1.001	1.068
广东	2001—2006 年平均	1.779	1.914	1.226	0.988	0.971
	2007—2015 年平均	1.001	1.023	0.997	1.003	1.023
广西	2001—2006 年平均	1.755	1.957	1.282	1.258	0.992
	2007—2015 年平均	0.995	1.037	0.995	0.998	1.035
海南	2001—2006 年平均	2.178	2.430	1.318	1.364	1.095
	2007—2015 年平均	1.010	1.039	1.009	1.001	1.050
重庆	2001—2006 年平均	—	—	—	—	—
	2007—2015 年平均	1.000	1.038	1.000	1.000	1.038
四川	2001—2006 年平均	1.757	2.410	0.931	2.301	1.085
	2007—2015 年平均	1.000	1.075	1.000	1.000	1.075
贵州	2001—2006 年平均	—	—	—	—	—
	2007—2015 年平均	1.001	1.102	1.000	1.001	1.106
云南	2001—2006 年平均	2.085	3.247	2.236	0.834	0.973
	2007—2015 年平均	1.001	1.059	1.000	1.001	1.067
陕西	2001—2006 年平均	1.860	2.374	1.000	1.860	1.122
	2007—2015 年平均	1.000	1.308	1.000	1.000	1.308

（续）

省份	年份	技术效率指数	技术进步指数	纯技术效率指数	规模效率指数	Malmquist生产率指数
甘肃	2001—2006 年平均	3.186	2.219	2.226	1.111	1.507
	2007—2015 年平均	1.000	1.098	1.012	0.990	1.105
青海	2001—2006 年平均	2.410	2.784	1.012	2.750	1.038
	2007—2015 年平均	1.001	1.027	0.998	1.003	1.030
宁夏	2001—2006 年平均	2.111	2.285	1.168	1.407	1.117
	2007—2015 年平均	1.004	1.068	1.004	1.001	1.073
新疆	2001—2006 年平均	2.007	2.212	1.328	1.507	1.047
	2007—2015 年平均	1.000	1.091	1.000	1.000	1.093

附表 25　大规模养殖生猪 Malmquist 指数变化及其分解

省份	年份	技术效率指数	技术进步指数	纯技术效率指数	规模效率指数	Malmquist生产率指数
全国	2001—2006 年平均	1.009	1.032	0.989	1.021	1.042
	2007—2015 年平均	0.985	1.068	0.997	0.989	1.051
北京	2001—2006 年平均	0.952	1.081	0.970	0.978	1.024
	2007—2015 年平均	1.016	1.052	1.011	1.002	1.062
天津	2001—2006 年平均	1.001	1.022	1.001	1.000	1.023
	2007—2015 年平均	1.005	1.055	1.004	1.001	1.061
河北	2001—2006 年平均	1.036	1.050	1.020	1.016	1.083
	2007—2015 年平均	0.979	1.059	0.989	0.990	1.034
山西	2001—2006 年平均	1.001	1.045	1.001	1.000	1.041
	2007—2015 年平均	1.000	1.072	1.000	1.000	1.075
内蒙古	2001—2006 年平均	1.051	1.101	1.030	1.018	1.134
	2007—2015 年平均	0.972	1.060	0.982	0.989	1.031
辽宁	2001—2006 年平均	1.001	1.024	1.001	1.000	1.029
	2007—2015 年平均	1.009	1.093	1.008	1.001	1.102
吉林	2001—2006 年平均	1.028	1.098	1.000	1.026	1.134
	2007—2015 年平均	0.991	1.071	1.001	0.990	1.064
黑龙江	2001—2006 年平均	0.991	1.015	0.993	0.999	1.004
	2007—2015 年平均	1.003	1.109	1.001	1.001	1.114

（续）

省份	年份	技术效率指数	技术进步指数	纯技术效率指数	规模效率指数	Malmquist生产率指数
江苏	2001—2006年平均	0.989	1.027	0.979	1.012	1.022
	2007—2015年平均	1.002	1.055	1.001	1.001	1.056
浙江	2001—2006年平均	1.085	1.059	1.029	1.050	1.150
	2007—2015年平均	0.989	1.047	0.997	0.991	1.027
安徽	2001—2006年平均	1.056	1.014	1.023	1.033	1.069
	2007—2015年平均	0.984	1.052	0.994	0.990	1.036
福建	2001—2006年平均	1.023	0.958	1.000	1.023	0.979
	2007—2015年平均	0.993	1.038	1.000	0.989	1.030
江西	2001—2006年平均	—	—	—	—	—
	2007—2015年平均	1.001	1.082	1.000	1.001	1.090
山东	2001—2006年平均	1.026	1.041	1.019	1.005	1.065
	2007—2015年平均	0.993	1.057	0.993	0.998	1.048
河南	2001—2006年平均	1.070	0.986	1.005	1.065	1.054
	2007—2015年平均	0.985	1.118	1.004	0.981	1.103
湖南	2001—2006年平均	0.948	0.863	0.969	0.978	0.817
	2007—2015年平均	0.990	1.057	0.991	0.998	1.043
湖北	2001—2006年平均	1.116	0.971	1.031	1.083	1.077
	2007—2015年平均	0.963	1.075	0.990	0.972	1.026
广东	2001—2006年平均	1.017	1.090	1.025	0.984	1.053
	2007—2015年平均	0.984	1.052	0.992	0.992	1.035
广西	2001—2006年平均	0.968	1.044	0.987	0.978	1.007
	2007—2015年平均	0.996	1.023	0.998	0.998	1.015
海南	2001—2006年平均	1.010	0.977	0.996	1.014	0.979
	2007—2015年平均	0.996	1.001	1.002	0.994	0.997
重庆	2001—2006年平均	—	—	—	—	—
	2007—2015年平均	1.001	1.191	1.000	1.001	1.200
四川	2001—2006年平均	1.014	0.891	0.895	0.911	0.899
	2007—2015年平均	1.000	1.065	1.000	1.000	1.065
贵州	2001—2006年平均	—	—	—	—	—
	2007—2015年平均	0.968	1.040	1.000	0.968	1.006
云南	2001—2006年平均	1.000	1.224	1.000	1.001	1.222
	2007—2015年平均	1.004	1.037	1.000	1.004	1.049

（续）

省份	年份	技术效率指数	技术进步指数	纯技术效率指数	规模效率指数	Malmquist生产率指数
陕西	2001—2006年平均	1.000	0.948	1.000	1.000	0.948
	2007—2015年平均	1.001	1.084	1.001	1.000	1.086
甘肃	2001—2006年平均	1.007	1.037	1.001	1.000	1.023
	2007—2015年平均	1.015	1.089	1.010	1.005	1.107
青海	2001—2006年平均	1.000	1.169	1.000	1.000	1.169
	2007—2015年平均	1.007	1.025	1.000	1.008	1.032
新疆	2001—2006年平均	0.809	1.280	0.830	0.974	1.035
	2007—2015年平均	1.013	1.124	1.005	1.003	1.139

附表26　大规模养殖肉鸡Malmquist指数变化及其分解

省份	年份	技术效率指数	技术进步指数	纯技术效率指数	规模效率指数	Malmquist生产率指数
全国	2005—2010年平均	1.022	1.022	1.002	1.019	1.04
	2011—2015年平均	0.973	1.045	0.996	0.977	1.014
北京	2005—2010年平均	0.985	0.979	0.997	0.987	0.973
	2011—2015年平均	1	1.073	1	1	1.073
天津	2005—2010年平均	0.985	1.055	1	0.985	1.039
	2011—2015年平均	1	1.012	1	1	1.012
浙江	2005—2010年平均	1	1.017	1	1	1.017
	2011—2015年平均	1	1.046	1	1	1.046
安徽	2005—2010年平均	1	1.169	1	1	1.171
	2011—2015年平均	1	1.013	0.75	1	1.013
福建	2005—2010年平均	1.044	0.957	1.004	1.025	1.008
	2011—2015年平均	0.99	1.037	1	0.99	1.028
河南	2005—2010年平均	1.012	1.067	1	1.012	1.08
	2011—2015年平均	0.987	1.007	1	0.987	0.993
湖南	2005—2010年平均	1	1.004	1	1	1.004
	2011—2015年平均	1	1.119	1	1	1.119
广东	2005—2010年平均	1.057	1.055	1.08	0.986	1.111
	2011—2015年平均	1.014	1.028	1.058	1.013	1.029

（续）

省份	年份	技术效率指数	技术进步指数	纯技术效率指数	规模效率指数	Malmquist生产率指数
广西	2005—2010年平均	1.053	1.031	1.036	1.012	1.076
	2011—2015年平均	0.971	1.031	0.973	0.996	1.008
云南	2005—2010年平均	1.16	1.648	1.16	0.99	2.304
	2011—2015年平均	0.961	1.046	0.999	0.962	1.005

附表27 各省份花生Malmquist指数变化及其分解

省份	年份	技术效率指数	技术进步指数	纯技术效率指数	规模效率指数	Malmquist生产率指数
全国	2001—2005年平均	0.975	1.041	0.975	0.999	1.007
	2006—2010年平均	0.996	1.038	0.995	1.001	1.032
	2011—2015年平均	1.008	1.007	1.005	1.003	1.013
河北	2001—2005年平均	1.037	1.029	1.023	0.997	0.981
	2006—2010年平均	1.006	1.082	1.000	1.006	1.082
	2011—2015年平均	1.028	1.000	1.023	1.004	1.014
辽宁	2001—2005年平均	1.030	1.100	1.018	1.010	1.108
	2006—2010年平均	0.979	1.017	0.987	0.991	0.994
	2011—2015年平均	1.073	0.985	1.000	1.073	1.055
江苏	2001—2005年平均	1.093	1.015	1.099	0.997	1.135
	2006—2010年平均	0.917	0.946	0.863	1.045	0.862
	2011—2015年平均	—	—	—	—	—
安徽	2001—2005年平均	1.021	1.047	1.001	1.020	1.090
	2006—2010年平均	1.010	1.038	1.006	0.995	1.045
	2011—2015年平均	1.003	0.997	1.002	1.000	0.994
福建	2001—2005年平均	1.048	0.999	1.005	1.040	1.050
	2006—2010年平均	0.953	1.045	0.982	0.966	0.987
	2011—2015年平均	1.003	1.031	1.001	1.001	1.035
山东	2001—2005年平均	1.023	0.991	1.009	1.004	0.986
	2006—2010年平均	1.000	1.001	1.000	1.000	1.001
	2011—2015年平均	1.000	1.006	1.000	1.000	1.006
河南	2001—2005年平均	1.007	0.998	1.003	0.992	1.055
	2006—2010年平均	1.000	1.048	1.000	1.000	1.049
	2011—2015年平均	1.001	0.972	1.018	1.009	0.978

（续）

省份	年份	技术效率指数	技术进步指数	纯技术效率指数	规模效率指数	Malmquist生产率指数
湖北	2001—2005年平均	1.001	1.055	1.012	0.988	1.097
	2006—2010年平均	—	—	—	—	—
	2011—2015年平均	—	—	—	—	—
广东	2001—2005年平均	1.009	1.017	1.013	1.004	1.014
	2006—2010年平均	1.051	1.002	1.045	1.005	1.044
	2011—2015年平均	0.982	1.000	0.964	1.017	0.986
广西	2001—2005年平均	1.018	0.987	1.029	1.014	0.978
	2006—2010年平均	0.965	1.064	0.967	0.997	1.034
	2011—2015年平均	1.000	1.010	1.000	1.000	1.010
海南	2001—2005年平均	1.018	1.032	1.000	1.018	1.054
	2006—2010年平均	0.958	1.088	1.000	0.958	1.042
	2011—2015年平均	—	—	—	—	—
重庆	2001—2005年平均	1.000	0.997	1.000	1.000	0.997
	2006—2010年平均	1.000	1.809	1.000	1.000	1.809
	2011—2015年平均	1.000	1.098	1.000	1.000	1.098
四川	2001—2005年平均	0.996	1.004	1.000	0.996	1.012
	2006—2010年平均	1.000	1.144	1.000	1.000	1.144
	2011—2015年平均	1.000	1.031	1.000	1.000	1.031
贵州	2001—2005年平均	1.000	0.968	1.000	1.000	0.976
	2006—2010年平均	—	—	—	—	—
	2011—2015年平均	—	—	—	—	—
陕西	2001—2005年平均	1.003	0.951	1.001	1.000	0.954
	2006—2010年平均	1.078	1.061	1.069	1.009	1.142
	2011—2015年平均	—	—	—	—	—

附表28　大中城市西红柿Malmquist指数变化及其分解

城市	年份	技术效率指数	技术进步指数	纯技术效率指数	规模效率指数	Malmquist生产率指数
全国	2001—2005年平均	1.043	0.952	1.051	0.992	0.99
	2006—2010年平均	0.968	1.05	0.983	0.985	1.016
	2011—2015年平均	0.998	1.016	0.98	1.02	1.009

（续）

城市	年份	技术效率指数	技术进步指数	纯技术效率指数	规模效率指数	Malmquist生产率指数
北京	2001—2005 年平均	1.136	0.927	1.076	1.048	1.025
	2006—2010 年平均	1.017	1.077	1.036	0.967	1.067
	2011—2015 年平均	1.12	0.999	1.081	1.025	1.075
天津	2001—2005 年平均	1.046	0.98	1.011	1.035	1.031
	2006—2010 年平均	0.98	1.072	0.99	0.989	1.051
	2011—2015 年平均	1	1.01	1	1	1.01
石家庄	2001—2005 年平均	0.854	0.963	0.906	0.943	0.822
	2006—2010 年平均	1.027	1.09	1	1.027	1.121
	2011—2015 年平均	—	—	—	—	—
太原	2001—2005 年平均	1.073	1.04	1.06	1.011	1.133
	2006—2010 年平均	1.033	1.024	1.034	1.008	1.057
	2011—2015 年平均	0.954	1.066	0.943	1.015	0.999
沈阳	2001—2005 年平均	1	0.903	1	1	0.903
	2006—2010 年平均	1	1.054	1	1	1.054
	2011—2015 年平均	—	—	—	—	—
大连	2001—2005 年平均	1.007	1.053	1	1	1.059
	2006—2010 年平均	1.107	1.035	1.099	1.016	1.13
	2011—2015 年平均	—	—	—	—	—
长春	2001—2005 年平均	3.271	0.802	2.959	1.105	2.622
	2006—2010 年平均	0.924	1.078	0.875	1.087	1.007
	2011—2015 年平均	—	—	—	—	—
哈尔滨	2001—2005 年平均	0.991	0.882	1	0.991	0.893
	2006—2010 年平均	1.103	1.107	1	1.103	1.211
	2011—2015 年平均	1.046	1.024	1	1.046	1.051
合肥	2001—2005 年平均	0.962	0.94	0.958	1.02	0.897
	2006—2010 年平均	0.944	1.138	0.95	0.993	1.062
	2011—2015 年平均	1.001	1.06	0.995	1.011	1.052
福州	2001—2005 年平均	1.296	1.128	1.157	1.229	1.654
	2006—2010 年平均	0.959	1.238	1.003	0.926	1.362
	2011—2015 年平均	1.196	1.066	1.108	1.039	1.156

（续）

城市	年份	技术效率指数	技术进步指数	纯技术效率指数	规模效率指数	Malmquist 生产率指数
厦门	2001—2005 年平均	0.982	0.966	1	1.008	0.933
	2006—2010 年平均	0.929	1.026	0.922	1.004	0.949
	2011—2015 年平均	1.08	1.029	1.085	1.001	1.121
南昌	2001—2005 年平均	1.001	0.938	1.012	0.967	0.961
	2006—2010 年平均	1.312	1.077	1.195	1.036	1.394
	2011—2015 年平均	0.94	1.015	0.85	0.956	0.96
济南	2001—2005 年平均	1.061	0.974	1.038	1.028	1.028
	2006—2010 年平均	0.953	1.073	0.965	0.988	1.017
	2011—2015 年平均	1.033	1.036	1.032	1.001	1.072
青岛	2001—2005 年平均	1.143	0.968	1.099	1.022	1.117
	2006—2010 年平均	0.946	1.025	0.954	1.007	0.969
	2011—2015 年平均	1.029	1.036	1.032	1.001	1.041
郑州	2001—2005 年平均	0.983	0.982	1.013	0.972	0.966
	2006—2010 年平均	1.032	1.022	1.046	1.015	1.043
	2011—2015 年平均	0.98	0.998	0.954	1.03	0.972
武汉	2001—2005 年平均	0.963	0.972	1	0.963	0.923
	2006—2010 年平均	1.051	1.047	1.062	1.06	1.086
	2011—2015 年平均	0.994	0.978	1.001	0.99	0.967
长沙	2001—2005 年平均	—	—	—	—	—
	2006—2010 年平均	1.026	1.02	1.176	0.882	1.042
	2011—2015 年平均	—	—	—	—	—
广州	2001—2005 年平均	0.874	1.016	0.884	0.989	0.866
	2006—2010 年平均	1.046	1.143	1.035	1.009	1.099
	2011—2015 年平均	0.91	1.093	1	0.91	0.976
南宁	2001—2005 年平均	1.007	1.005	1.013	1.017	1.019
	2006—2010 年平均	1.09	1.059	1.071	1.021	1.129
	2011—2015 年平均	0.985	1.014	1.01	0.981	0.992
海口	2001—2005 年平均	0.984	1.017	1.059	0.941	1.014
	2006—2010 年平均	0.921	1.018	0.904	1.002	0.882
	2011—2015 年平均	1.2	1.169	1.149	1.04	1.41
重庆	2001—2005 年平均	0.957	0.927	0.956	1.01	0.905
	2006—2010 年平均	1.064	1.079	1.115	0.994	1.139
	2011—2015 年平均	1	1.04	0.986	1.036	1.034

（续）

城市	年份	技术效率指数	技术进步指数	纯技术效率指数	规模效率指数	Malmquist 生产率指数
贵阳	2001—2005 年平均	0.982	0.963	1.143	0.915	0.94
	2006—2010 年平均	0.972	1.056	0.97	1.004	1.024
	2011—2015 年平均	1.036	0.979	1.092	1.042	1.015
昆明	2001—2005 年平均	1.029	0.924	1.065	0.98	0.955
	2006—2010 年平均	0.943	1.026	0.958	0.986	0.958
	2011—2015 年平均	1.022	1.03	1.009	1.014	1.049
西安	2001—2005 年平均	1.008	0.895	0.979	1.026	0.881
	2006—2010 年平均	1.017	1.078	1.089	0.952	1.098
	2011—2015 年平均	—	—	—	—	—
银川	2001—2005 年平均	1.176	1.012	1.174	1.001	1.217
	2006—2010 年平均	1.046	1.098	1.053	0.992	1.162
	2011—2015 年平均	0.957	0.986	0.936	1.019	0.931
乌鲁木齐	2001—2005 年平均	0.995	0.906	0.995	1.001	0.902
	2006—2010 年平均	1	1.027	1	1	1.027
	2011—2015 年平均	1	1.041	1	1	1.041

附表 29　大中城市茄子 Malmquist 指数变化及其分解

城市	年份	技术效率指数	技术进步指数	纯技术效率指数	规模效率指数	Malmquist 生产率指数
全国	2001—2005 年平均	0.99	1.003	1.015	0.987	0.982
	2006—2010 年平均	1.007	0.992	0.992	1.032	0.991
	2011—2015 年平均	0.973	1.083	0.982	0.997	1.032
北京	2001—2005 年平均	1.079	1.04	1.065	1.009	1.106
	2006—2010 年平均	0.964	1.013	0.964	0.997	0.961
	2011—2015 年平均	1.107	1.052	1	1.089	1.15
天津	2001—2005 年平均	0.959	1.034	0.967	1.003	1.003
	2006—2010 年平均	1	1.002	1	1	1.002
	2011—2015 年平均	1	1.068	1	1	1.068
石家庄	2001—2005 年平均	0.974	1.042	1	0.974	1.015
	2006—2010 年平均	—	—	—	—	—
	2011—2015 年平均	0.989	0.979	0.994	0.996	0.969

（续）

城市	年份	技术效率指数	技术进步指数	纯技术效率指数	规模效率指数	Malmquist生产率指数
太原	2001—2005年平均	1.001	1.209	1	1	1.213
	2006—2010年平均	1.074	1.036	1.054	1.016	1.099
	2011—2015年平均	0.94	1.071	0.955	0.988	1.006
呼和浩特	2001—2005年平均	1	1.07	1	1	1.07
	2006—2010年平均	1.039	1.008	1.029	1.007	1.039
	2011—2015年平均	1.023	1.068	1.009	1.005	1.055
沈阳	2001—2005年平均	1.285	1.31	1.24	1.036	1.684
	2006—2010年平均	1.011	0.982	0.988	1.006	0.957
	2011—2015年平均	—	—	—	—	—
大连	2001—2005年平均	1.252	1.03	1.249	1.002	1.289
	2006—2010年平均	1.148	0.984	1.099	1.062	1.075
	2011—2015年平均	—	—	—	—	—
长春	2001—2005年平均	1.12	1.069	1.038	1.103	1.233
	2006—2010年平均	1.103	0.994	1.218	0.961	1.117
	2011—2015年平均	0.968	1.056	0.962	0.999	1.028
哈尔滨	2001—2005年平均	0.922	1.064	1	0.922	1.006
	2006—2010年平均	1.077	0.989	0.75	1.011	1.064
	2011—2015年平均	0.944	0.992	1	0.944	0.95
合肥	2001—2005年平均	1.027	0.949	1.163	0.883	0.975
	2006—2010年平均	1.017	1.025	1.093	1.002	1.046
	2011—2015年平均	0.778	0.985	0.746	1.043	0.766
福州	2001—2005年平均	0.976	1.047	1	0.976	1.018
	2006—2010年平均	1	1.038	1	1	1.038
	2011—2015年平均	1	1.16	1	1	1.16
厦门	2001—2005年平均	0.991	0.998	1.021	0.984	0.96
	2006—2010年平均	1.064	0.961	1.033	1.077	0.943
	2011—2015年平均	1.185	1.066	1.059	1.091	1.131
济南	2001—2005年平均	0.988	1.018	0.975	1.005	0.992
	2006—2010年平均	1.087	1.002	1.074	1.015	1.018
	2011—2015年平均	0.946	1.115	0.961	0.986	1.043
青岛	2001—2005年平均	1.12	1.044	1.12	1.006	1.151
	2006—2010年平均	0.937	0.917	0.954	0.987	0.833
	2011—2015年平均	1.093	1.003	1.082	1	1.072

（续）

城市	年份	技术效率指数	技术进步指数	纯技术效率指数	规模效率指数	Malmquist生产率指数
郑州	2001—2005 年平均	0.929	1.095	0.93	0.999	0.998
	2006—2010 年平均	1.139	1.053	1.06	1.065	1.195
	2011—2015 年平均	0.93	1.077	0.969	0.971	0.994
武汉	2001—2005 年平均	0.935	1.011	0.927	1.003	0.939
	2006—2010 年平均	1.102	0.994	1.104	1.001	1.058
	2011—2015 年平均	0.972	1.065	1.013	1.003	1.027
长沙	2001—2005 年平均	1.509	0.9	1.145	1.297	1.356
	2006—2010 年平均	0.922	0.998	0.986	0.94	0.904
	2011—2015 年平均	1.032	1.047	0.999	1.08	1.064
广州	2001—2005 年平均	1.033	1.006	1.095	0.95	1.034
	2006—2010 年平均	1.037	0.977	1.18	1.128	1.011
	2011—2015 年平均	0.992	0.995	0.949	1.042	0.958
南宁	2001—2005 年平均	1.257	0.996	1.176	1.069	1.252
	2006—2010 年平均	1.079	1.049	1.047	1.036	1.114
	2011—2015 年平均	0.929	1.063	0.966	0.982	0.966
海口	2001—2005 年平均	0.938	1.023	0.954	1.02	0.965
	2006—2010 年平均	1.641	1.014	1.56	1.005	1.411
	2011—2015 年平均	1.008	1.059	0.971	1.07	1.058
重庆	2001—2005 年平均	1.008	1.024	1.037	0.989	1.032
	2006—2010 年平均	0.994	0.971	0.955	1.041	0.941
	2011—2015 年平均	1.062	1.068	1.057	1.004	1.106
成都	2001—2005 年平均	0.959	0.888	1	0.959	0.851
	2006—2010 年平均	0.809	0.927	0.83	0.968	0.772
	2011—2015 年平均	1.124	1.17	1.104	1.022	1.264
贵阳	2001—2005 年平均	0.979	1.044	1.093	0.976	1.004
	2006—2010 年平均	1.022	1.032	1.052	0.992	1.014
	2011—2015 年平均	1.041	1.051	1	1.041	1.08
昆明	2001—2005 年平均	1.021	1.032	1.041	1.024	1.038
	2006—2010 年平均	1.019	1.095	0.982	1.035	1.092
	2011—2015 年平均	1.032	1.121	1.231	0.887	1.095
西安	2001—2005 年平均	1.09	1.046	1.049	1.039	1.14
	2006—2010 年平均	1.124	0.997	1.087	1.028	1.095
	2011—2015 年平均	—	—	—	—	—

（续）

城市	年份	技术效率指数	技术进步指数	纯技术效率指数	规模效率指数	Malmquist生产率指数
兰州	2001—2005 年平均	0.976	1.039	0.919	1.04	0.93
	2006—2010 年平均	1.009	1.095	1.001	1.005	1.079
	2011—2015 年平均	1.044	1.051	1.048	1.012	1.09
银川	2001—2005 年平均	0.843	1.039	0.881	0.954	0.892
	2006—2010 年平均	1.049	1.058	1.031	1.02	1.108
	2011—2015 年平均	0.973	1.021	0.99	0.99	0.97
乌鲁木齐	2001—2005 年平均	1.016	1.116	1	1.016	1.174
	2006—2010 年平均	1	1.028	1	1	1.028
	2011—2015 年平均	1	1.094	1	1	1.094

附表 30　大中城市黄瓜 Malmquist 指数变化及其分解

城市	年份	技术效率指数	技术进步指数	纯技术效率指数	规模效率指数	Malmquist生产率指数
全国	2001—2005 年平均	1.005	0.999	0.996	1.008	1.004
	2006—2010 年平均	1.014	0.972	1.015	1.004	0.969
	2011—2015 年平均	1.022	0.99	1.04	0.986	1.009
北京	2001—2005 年平均	1.079	1.629	1.023	1.053	1.888
	2006—2010 年平均	1.086	1.01	1.067	1.002	1.124
	2011—2015 年平均	1.039	1.023	1.065	0.978	1.066
天津	2001—2005 年平均	0.934	0.999	0.936	0.997	0.935
	2006—2010 年平均	1.082	1.075	1.069	1.008	1.162
	2011—2015 年平均	1.034	0.963	1.032	1.008	0.972
石家庄	2001—2005 年平均	0.979	1.004	0.998	0.98	0.98
	2006—2010 年平均	1.038	0.996	1.014	1.021	1.03
	2011—2015 年平均	—	—	—	—	—
太原	2001—2005 年平均	1.045	1.099	1.025	1.017	1.17
	2006—2010 年平均	1.067	1.007	1.044	1.031	1.046
	2011—2015 年平均	1.012	1.052	1.054	0.971	1.052
沈阳	2001—2005 年平均	1	0.971	1	1	0.971
	2006—2010 年平均	1.001	0.986	1	1	0.996
	2011—2015 年平均	—	—	—	—	—

（续）

城市	年份	技术效率指数	技术进步指数	纯技术效率指数	规模效率指数	Malmquist生产率指数
大连	2001—2005年平均	0.974	1.032	1.01	0.953	0.99
	2006—2010年平均	1.237	1.026	1.174	1.019	1.292
	2011—2015年平均	—	—	—	—	—
长春	2001—2005年平均	1.228	0.942	1.295	0.917	1.105
	2006—2010年平均	0.951	1.059	0.924	1.026	0.989
	2011—2015年平均	1.025	1.033	1.117	0.959	1.058
哈尔滨	2001—2005年平均	1	0.972	1	1	0.972
	2006—2010年平均	1.058	0.958	1	1.058	0.97
	2011—2015年平均	1.052	0.999	1	1.052	1.037
合肥	2001—2005年平均	0.921	1.06	0.881	1.036	0.889
	2006—2010年平均	1.047	1.011	1.034	1.018	1.049
	2011—2015年平均	0.964	0.995	0.989	0.972	0.957
福州	2001—2005年平均	0.977	1.044	1.075	0.923	1.002
	2006—2010年平均	1.087	1	1.091	1.027	1.074
	2011—2015年平均	0.9	1.02	0.901	0.999	0.92
厦门	2001—2005年平均	0.991	0.99	1.029	0.962	0.995
	2006—2010年平均	0.923	0.922	0.932	1.002	0.814
	2011—2015年平均	1.168	1.027	1.146	1.022	1.184
南昌	2001—2005年平均	1.201	0.978	1	1.201	1.414
	2006—2010年平均	1.111	1.043	1.129	1.049	1.152
	2011—2015年平均	1.015	0.982	1	1.015	1.022
济南	2001—2005年平均	1.022	1.035	1	1.022	1.058
	2006—2010年平均	0.994	1.015	1.007	0.985	0.999
	2011—2015年平均	1.016	1.078	1	1.016	1.096
青岛	2001—2005年平均	1.128	1.045	1.077	1.04	1.174
	2006—2010年平均	0.967	0.95	1.018	0.94	0.877
	2011—2015年平均	1.027	1.01	1.017	1.014	1.033
郑州	2001—2005年平均	0.999	1.063	0.993	1.001	1.048
	2006—2010年平均	1.089	1.002	1.062	1.022	1.058
	2011—2015年平均	1.006	0.994	1.032	0.981	0.995
武汉	2001—2005年平均	1.012	0.962	1.086	0.938	0.981
	2006—2010年平均	1.018	0.973	1.005	1.011	0.961
	2011—2015年平均	1.083	0.935	1.085	1.008	0.984

（续）

城市	年份	技术效率指数	技术进步指数	纯技术效率指数	规模效率指数	Malmquist生产率指数
广州	2001—2005年平均	0.847	0.928	0.861	0.982	0.771
	2006—2010年平均	1	1.089	1	1	1.089
	2011—2015年平均	1	1.092	1	1	1.092
南宁	2001—2005年平均	1.015	1.015	1.006	1.012	1.018
	2006—2010年平均	1.092	1	1.042	1.04	1.057
	2011—2015年平均	1.022	0.976	1.088	0.96	0.989
海口	2001—2005年平均	1.172	1.153	1.169	0.966	1.288
	2006—2010年平均	0.92	0.989	0.973	0.985	0.881
	2011—2015年平均	1.118	1.005	1.144	1.01	1.128
重庆	2001—2005年平均	0.906	1.102	0.977	0.941	0.998
	2006—2010年平均	0.984	1.018	0.982	1.005	0.977
	2011—2015年平均	1.043	0.999	1.047	0.997	1.032
贵阳	2001—2005年平均	0.958	1.115	1.068	0.906	1.049
	2006—2010年平均	1.051	0.987	1.047	1.006	1.021
	2011—2015年平均	1.039	0.971	1.134	1.059	1.008
西安	2001—2005年平均	1.079	0.861	1.017	1.061	0.928
	2006—2010年平均	1.122	1	1.094	1.015	1.065
	2011—2015年平均	—	—	—	—	—
兰州	2001—2005年平均	2.388	0.863	2.437	1.074	2.404
	2006—2010年平均	0.989	1.026	0.988	1.013	0.956
	2011—2015年平均	0.931	0.975	0.947	0.982	0.906
银川	2001—2005年平均	0.909	0.958	0.916	1.009	0.869
	2006—2010年平均	1.143	0.997	1.173	0.987	1.078
	2011—2015年平均	0.993	0.983	1.004	0.988	0.965
乌鲁木齐	2001—2005年平均	0.96	0.963	0.972	0.986	0.926
	2006—2010年平均	1	0.965	1	1	0.965
	2011—2015年平均	1.044	1.063	1.042	1.002	1.118

附表 31　各省份橘 Malmquist 指数变化及其分解

省份	年份	技术效率指数	技术进步指数	纯技术效率指数	规模效率指数	Malmquist 生产率指数
全国	2001—2005 年平均	1.027	0.879	1.051	0.978	0.903
	2006—2010 年平均	1.095	1.087	1.097	0.995	1.144
	2011—2015 年平均	1.024	1.006	0.942	1.078	1.019
浙江	2001—2005 年平均	1.026	1.313	1.017	1.008	1.350
	2006—2010 年平均	1.063	0.858	1.067	1.000	0.910
	2011—2015 年平均	0.867	1.036	0.886	1.019	0.898
福建	2001—2005 年平均	0.979	0.855	1.009	0.953	0.856
	2006—2010 年平均	1.192	1.110	1.154	1.084	1.268
	2011—2015 年平均	0.895	1.036	1.009	0.944	0.929
江西	2001—2005 年平均	—	—	—	—	—
	2006—2010 年平均	1.323	1.218	0.510	2.596	1.612
	2011—2015 年平均	0.958	1.033	1.129	0.890	0.989
湖北	2001—2005 年平均	1.000	0.963	1.000	1.000	0.963
	2006—2010 年平均	1.003	1.122	1.000	1.003	1.125
	2011—2015 年平均	1.017	1.085	1.000	1.017	1.083
湖南	2001—2005 年平均	1.000	1.122	1.000	1.000	1.122
	2006—2010 年平均	1.000	0.931	1.000	1.000	0.931
	2011—2015 年平均	1.043	1.106	1.000	1.043	1.164
广东	2001—2005 年平均	0.858	0.886	0.897	0.973	0.778
	2006—2010 年平均	1.240	1.053	1.240	0.999	1.155
	2011—2015 年平均	1.217	0.964	0.982	1.213	1.116
重庆	2001—2005 年平均	0.887	1.515	1.000	0.887	1.344
	2006—2010 年平均	0.966	0.973	1.000	0.966	0.877
	2011—2015 年平均	1.013	1.344	1.011	1.000	1.428

附表 32　各省份甘蔗 Malmquist 指数变化及其分解

省份	年份	技术效率指数	技术进步指数	纯技术效率指数	规模效率指数	Malmquist 生产率指数
全国	2001—2005 年平均	1.085	0.927	1.038	1.038	0.947
	2006—2010 年平均	1.052	1.047	1.070	0.975	1.075
	2011—2015 年平均	1.002	0.970	0.943	1.067	0.962
福建	2001—2005 年平均	1.032	0.965	1.000	1.032	0.789
	2006—2010 年平均	0.998	1.021	1.085	0.972	0.892
	2011—2015 年平均	1.020	0.890	1.002	1.009	0.874
江西	2001—2005 年平均	—	—	—	—	—
	2006—2010 年平均	1.145	1.405	1.000	1.145	1.558
	2011—2015 年平均	0.955	0.989	1.000	1.000	0.963
湖北	2001—2005 年平均	1.000	1.076	1.000	1.000	1.076
	2006—2010 年平均	1.000	1.140	1.000	1.000	1.140
	2011—2015 年平均	1.000	1.076	1.000	1.000	1.076
湖南	2001—2005 年平均	—	—	—	—	—
	2006—2010 年平均	1.000	1.089	1.000	1.000	1.089
	2011—2015 年平均	1.000	0.944	1.000	1.000	0.944
广东	2001—2005 年平均	1.023	0.922	1.014	1.004	0.877
	2006—2010 年平均	1.063	1.195	1.085	1.011	1.210
	2011—2015 年平均	1.171	0.972	1.000	1.168	1.040
广西	2001—2005 年平均	—	—	—	—	—
	2006—2010 年平均	1.067	1.117	1.089	0.982	1.174
	2011—2015 年平均	0.917	0.952	0.913	1.015	0.865
重庆	2001—2005 年平均	0.956	0.863	1.000	0.956	0.820
	2006—2010 年平均	1.003	0.982	1.003	1.000	0.990
	2011—2015 年平均	1.095	0.939	1.067	1.005	0.905